重庆市教育科学“十三五”规划2020年度重点课题
“教育治理现代化视域下建设高水平的‘六维三度’精准挂牌督导体系实践研究
——以重庆南岸探索为例”研究成果

教育治理现代化视域下
教育督导责任区督学挂牌督导实践研究
——以重庆市南岸区的探索创新为例

JIAOYU ZHILI XIANDAIHUA SHIYU XIA
JIAOYU DUDAO ZERENQU DUXUE GUAPAI DUDAO SHIJIAN YANJIU
YI CHONGQINGSHI NAN’ANQU DE TANSUO CHUANGXIN WEILI

主编◎董宏燕

编委◎董宏燕　苏　婷　赵孝梅　万　夏
史健兴　陈思思　李学英　陈瑜虹

重庆大学出版社

图书在版编目（CIP）数据

教育治理现代化视域下教育督导责任区督学挂牌督导实践研究：以重庆市南岸区的探索创新为例 / 董宏燕主编. -- 重庆：重庆大学出版社，2021.11

ISBN 978-7-5689-2642-3

Ⅰ.①教… Ⅱ.①董… Ⅲ.①教育视导 - 研究 - 南岸区 Ⅳ.①G526.4

中国版本图书馆CIP数据核字（2021）第152262号

教育治理现代化视域下教育督导责任区督学挂牌督导实践研究

——以重庆市南岸区的探索创新为例

主编 董宏燕

策划编辑：章 可

责任编辑：杨育彪 版式设计：章 可

责任校对：谢 芳 责任印制：赵 晟

*

重庆大学出版社出版发行

出版人：饶帮华

社址：重庆市沙坪坝区大学城西路21号

邮编：401331

电话：（023）88617190 88617185（中小学）

传真：（023）88617186 88617166

网址：http://www.cqup.com.cn

邮箱：fxk@cqup.com.cn（营销中心）

全国新华书店经销

重庆市正前方彩色印刷有限公司印刷

*

开本：787mm×1092mm 1/16 印张：18.5 字数：375千 插页：16开10页

2021年11月第1版 2021年11月第1次印刷

ISBN 978-7-5689-2642-3 定价：59.00元

1 加强队伍建设

制度保障

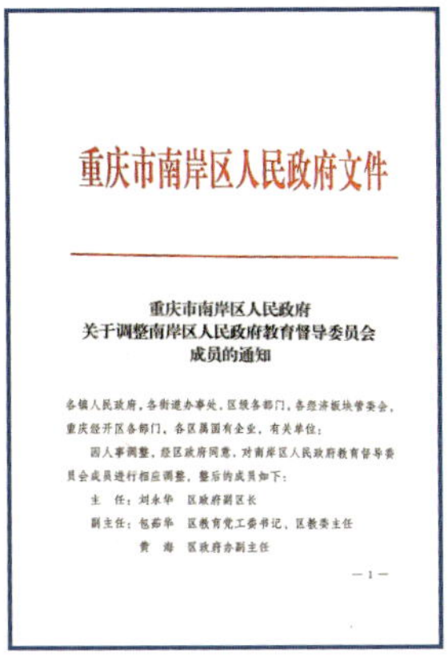

重庆市南岸区人民政府文件

重庆市南岸区人民政府
关于调整南岸区人民政府教育督导委员会
成员的通知

各镇人民政府，各街道办事处，区级各部门，各经济板块管委会，重庆经开区各部门，各区属国有企业，有关单位：

因人事调整，经区政府同意，对南岸区人民政府教育督导委员会成员进行相应调整，整后的成员如下：

主　任：刘永华　区政府副区长

副主任：包茹华　区教育党工委书记、区教委主任

　　　　黄　海　区政府办副主任

— 1 —

重庆市南岸区人民政府关于调整南岸区人民政府教育督导委员会成员的通知

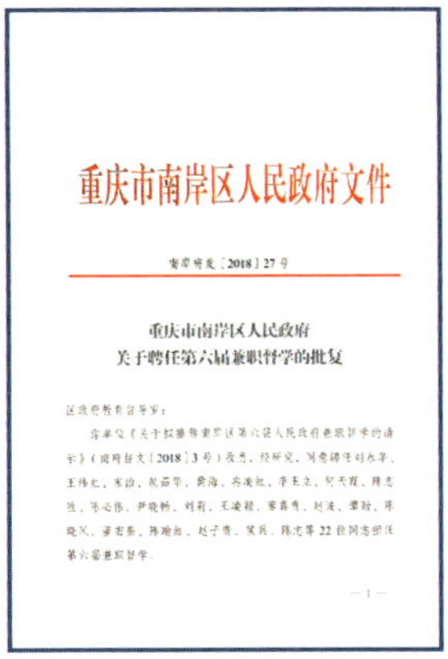

重庆市南岸区人民政府文件

南岸府发〔2018〕27号

重庆市南岸区人民政府
关于聘任第六届兼职督学的批复

区政府教育督导室：

你单位《关于拟聘任南岸区第六届人民政府兼职督学的请示》（南府督文〔2018〕3号）收悉。经研究，同意聘任刘永华、王伟光、宋治、包茹华、黄海、冉凌红、李玉立、何天霞、陈忠恒、张心伟、尹晓畅、刘莉、王凌颖、董勇青、赵凌、谭玲、陈晓义、廖君惠、陈瑞红、赵子贵、窦兵、陈忠等22位同志担任第六届兼职督学。

— 1 —

重庆市南岸区人民政府关于聘任第六届兼职督学的批复

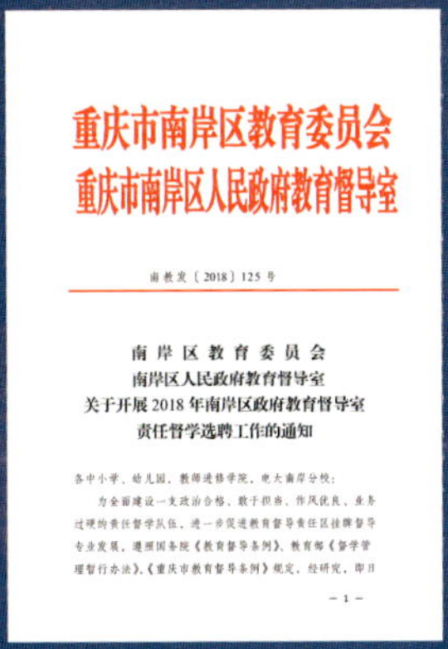

重庆市南岸区教育委员会
重庆市南岸区人民政府教育督导室

南教发〔2018〕125号

南岸区教育委员会
南岸区人民政府教育督导室
关于开展2018年南岸区政府教育督导室
责任督学选聘工作的通知

各中小学、幼儿园、教师进修学院、电大南岸分校：

为全面建设一支政治合格、敢于担当、作风优良、业务过硬的责任督学队伍，进一步促进教育督导责任区挂牌督导专业发展，遵照国务院《教育督导条例》、教育部《督学管理暂行办法》、《重庆市教育督导条例》规定，经研究，即日

— 1 —

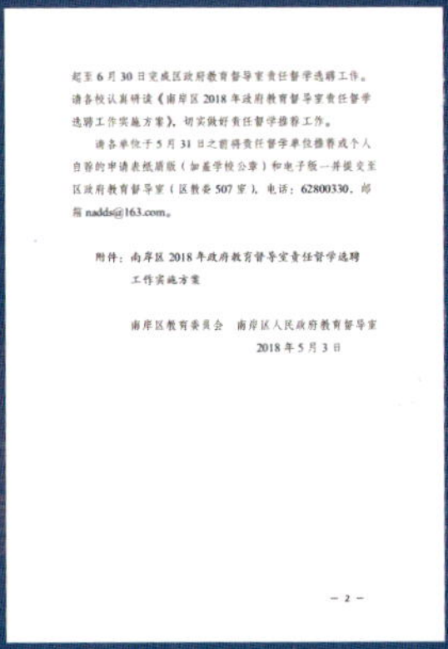

起至6月30日完成区政府教育督导室责任督学选聘工作。请各校认真研读《南岸区2018年政府教育督导室责任督学选聘工作实施方案》，切实做好责任督学推荐工作。

请各单位于5月31日之前将责任督学单位推荐或个人自荐的申请表纸质版（加盖学校公章）和电子版一并提交至区政府教育督导室（区教委507室），电话：62800330，邮箱nadds@163.com。

附件：南岸区2018年政府教育督导室责任督学选聘工作实施方案

南岸区教育委员会　南岸区人民政府教育督导室
2018年5月3日

— 2 —

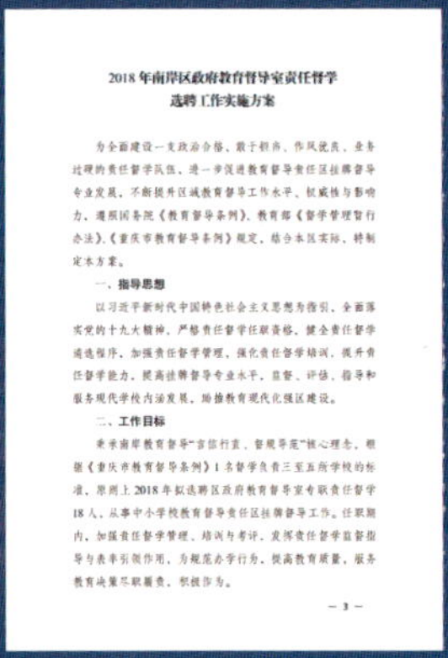

2018年南岸区政府教育督导室责任督学
选聘工作实施方案

为全面建设一支政治合格、敢于担当、作风优良、业务过硬的责任督学队伍，进一步促进教育督导责任区挂牌督导专业发展，不断提升区域教育督导工作水平、权威性与影响力，遵照国务院《教育督导条例》、教育部《督学管理暂行办法》、《重庆市教育督导条例》规定，结合本区实际，特制定本方案。

一、指导思想

以习近平新时代中国特色社会主义思想为指引，全面落实党的十九大精神，严格责任督学任职资格，健全责任督学遴选程序，加强责任督学管理，强化责任督学培训，提升责任督学能力，提高挂牌督导专业水平，监督、评估、指导和服务现代学校内涵发展，助推教育现代化强区建设。

二、工作目标

秉承南岸教育督导"言信行直，督规导范"核心理念，根据《重庆市教育督导条例》1名督学负责三至五所学校的标准，原则上2018年拟选聘区政府教育督导室专职责任督学18人，从事中小学校教育督导责任区挂牌督导工作。任职期内，加强责任督学管理、培训与考评，发挥责任督学监督指导与表率引领作用，为规范办学行为，提高教育质量，服务教育决策尽职履责，积极作为。

— 3 —

重庆市南岸区教育委员会　重庆市南岸区人民政府教育督导室关于开展2018年南岸区人民政府教育督导室责任督学选聘工作的通知

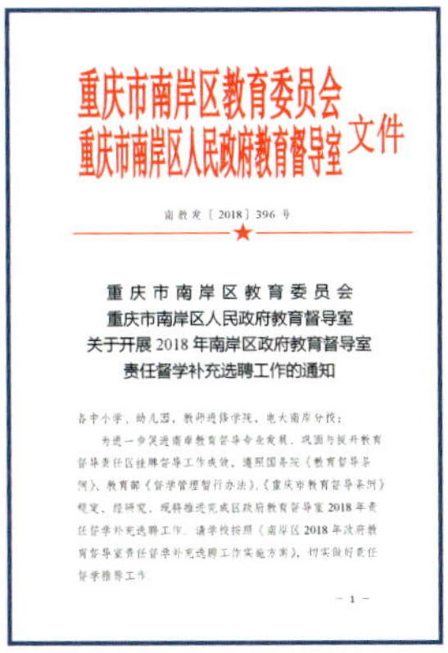

重庆市南岸区教育委员会
重庆市南岸区人民政府教育督导室 文件

南教发〔2018〕396号

重庆市南岸区教育委员会
重庆市南岸区人民政府教育督导室
关于开展2018年南岸区政府教育督导室
责任督学补充选聘工作的通知

各中小学、幼儿园、教师进修学院、电大南岸分校：

为进一步促进南岸教育督导专业发展，巩固与提升教育督导责任区挂牌督导工作成效，遵照国务院《教育督导条例》、教育部《督学管理暂行办法》、《重庆市教育督导条例》规定，经研究，现将推进完成区政府教育督导室2018年责任督学补充选聘工作。请学校按照《南岸区2018年政府教育督导室责任督学补充选聘工作实施方案》，切实做好责任督学推荐工作。

— 1 —

重庆市南岸区教育委员会　重庆市南岸区人民政府教育督导室关于开展2018年南岸区政府教育督导室责任督学补充选聘工作的通知

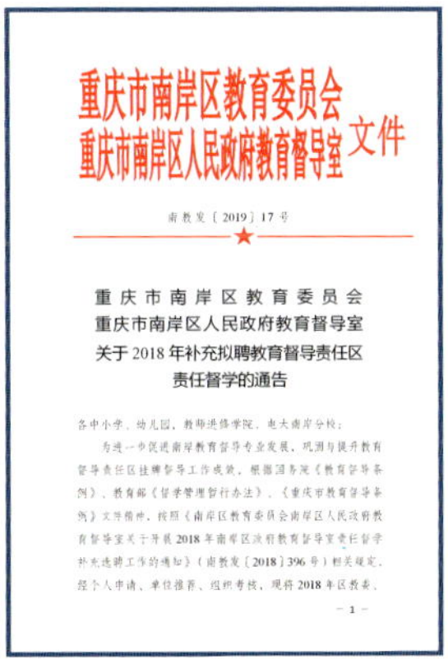

重庆市南岸区教育委员会
重庆市南岸区人民政府教育督导室 文件

南教发〔2019〕17号

重庆市南岸区教育委员会
重庆市南岸区人民政府教育督导室
关于2018年补充拟聘教育督导责任区
责任督学的通告

各中小学、幼儿园，教师进修学院，电大南岸分校：

为进一步促进南岸教育督导专业发展，巩固与提升教育督导责任区挂牌督导工作成效，根据国务院《教育督导条例》、教育部《督学管理暂行办法》、《重庆市教育督导条例》文件精神，按照《南岸区教育委员会南岸区人民政府教育督导室关于开展2018年南岸区政府教育督导室责任督学补充选聘工作的通知》（南教发〔2018〕396号）相关规定，经个人申请、单位推荐、组织考核，现将2018年区教委、

— 1 —

重庆市南岸区教育委员会　重庆市南岸区人民政府教育督导室关于2018年补充拟聘教育督导责任区责任督学的通告

督学选聘

南岸区 2018 年政府教育督导室责任督学补充选聘现场考评工作——笔试、面试

南岸区 2018—2019 学年教育督导责任区督学聘任仪式

南岸区 2020—2021 学年教育督导工作者聘任仪式

南岸区 2020—2021 学年教育督导责任区全体督导工作人员入职宣誓

督学培训

南岸区 2020—2021 学年上期教育督导队伍岗前培训暨第 1 期教育督导工作例会

南岸区 2019—2020 学年第 4 期教育督导工作暨月末工作例会

2017 年 2 月，召开南岸区“现代学校特色项目发展需求督评启动暨特色项目发展规划申报培训会”，中国基础教育质量监测协同创新中心地方服务平台副主任柯李作“加强基于数据的学校治理能力——理论与实务分析”专题报告

2018 年 3 月，召开南岸区 2017 年现代学校特色项目发展需求督评结果反馈暨培训指导会，北师大大兴附中原校长宋怡作“以学生为中心的现代学校课程文化建设”专题培训

2015 年 5 月 6 日，南岸区教育督学队伍赴深圳南山考察学习

2019 年 5 月，南岸区教育督导队伍赴上海参加全国教育督学沙龙研修班学习

南岸区责任督学陈志在 2018—2019 学年第 9 期教育督导工作暨月末工作例会上作题为“督过程中 访谈法·座谈法——一种系统而有计划地收集资料的科学方法应用”微培训

南岸区责任督学万夏在 2019—2020 学年第 9 期教育督导工作暨月末工作例会上作题为“回访督导建议落实情况的方式方法”微主题交流

学期评价

2019 年责任区主任作工作总结

2020 年责任区主任作工作总结

2021 年责任区微主题交流互动效果评价

南岸区 2018—2019 学年下期教育督导责任区建设档案专家评审会

南岸区 2019—2020 学年第 10 期教育督导工作暨学期末责任区同伴观摩互学交流责任区建设经验

南岸区2019-2020学年教育督导责任区考核用表

责任区：　　考核专家：　　考核时间：

考核指标			考核要点	要点得分	备注
出勤 20分	出勤 20分		1.会议签到表(10分)（8月岗前培训、9月、11月、12月、现场观摩活动、指标修订会） 2.网络签到（10分）		
工作开展 70分	常态工作 30分	工作计划 10分	1.责任区内学校基本情况采集准确。（2.5分） 2.工作目标符合实际。（2.5分） 3.工作举措务实落地。（2.5分） 4.工作月历操作性强。（2.5分）		
		工作总结 10分	1.工作梳理有序详实。（2.5分） 2.督导发现有亮点、可借鉴。（2.5分） 3.督导建议针对性、指导性强。（2.5分） 4.下期工作思考突出重点。（2.5分）		
		工作手册 10分	1.基本表册填写完整（含学校基本情况、督导汇总情况、学校需求定制内涵式发展主题情况增值性要点意向征集表、学校内涵式发展主题情况指标体系、校园巡视情况、座谈访谈、问卷调查、教育教学活动观察、督导建议书、整改通知书等）。（5分） 2.基本表册填写与督导主题吻合，内容详实，书写规范。（5分）		
	重点工作 38分	学校需求定制内涵式发展主题相关资料 （5分）	1.2020-2021学年南岸教育督导责任区学校需求定制责任督学挂牌督导内涵式发展主题下增值性要点集中协商会资料（含签到表、责任区与挂牌督导学校关于需求定制主题增值性要点协商汇总表专家签字版）（1分） 2."一校一策"个性化指标集（学校需求定制内涵式发展主题情况增值性要点意向征集表、学校内涵式发展主题情况指标体系）（3分） 3. "一校一策"个性化指标切合学校需求，指导服务现代学校内涵发展有实效。（1分）		
		需求/常态主题督导回访整改情况 6分	1.至少有1次对学校整改或改进问题的回访，有印证的整改通知书或督导建议书。其中整改学校需提交学校推进落实报告书。（3分） 2.回访督导书内容完整，记录详实，督导学校改进效果明显。（3分）		
		协作督导 4分	1.联动片区督导方案、议程（有责任督学名字）。(2分） 2.照片、督学讲话稿、活动记录、信息报道等。（2分）		
		工作简讯 4分	1.每学期每个责任区上传不少于2篇工作简讯(含常规督导和专项督导)。（2分） 2.信息质量高。（2分）		
		督导报告 10分	1.每学期上传不少于4篇督导报告（专项督导报告、工作报告、调研报告）。（6分） 2.观点鲜明、针对性、指导性和可操作性强。（4分）		
		随笔案例 4分	1.每区每学期至少上交2篇随笔、或案例、或论文等。（2分） 2.质量高，汇编入册，或刊载发表，或参赛获奖。（2分）		
		督导议题 5分	1.每区每学期至少提出1个上会议题，提出议题未达到上会要求一个议题得1分。（4分） 2.议题及时有效得以解决。（1分）		
	增值性工作 2分	协同助力 2分	责任区协助参与研制中小学版、幼儿园版及职教版指标与工具对点匹配（1分） 参与南岸区第三片区组对学校（幼儿园）开展寒假前疫情防控工作检查（1分）		
民意测评 5分			根据教育督导责任区主任现场工作总结（2.5分），教育督导责任区档案建设情况（2.5分），完成民意测评。		
线上满意度　5分			学校对责任区教育督导工作效能的满意度。（5分）		
合计：					

区政府教育督导室　制

南岸区 2019—2020 学年责任区工作效能考核评价指标

2 规范挂牌督导

制度健全

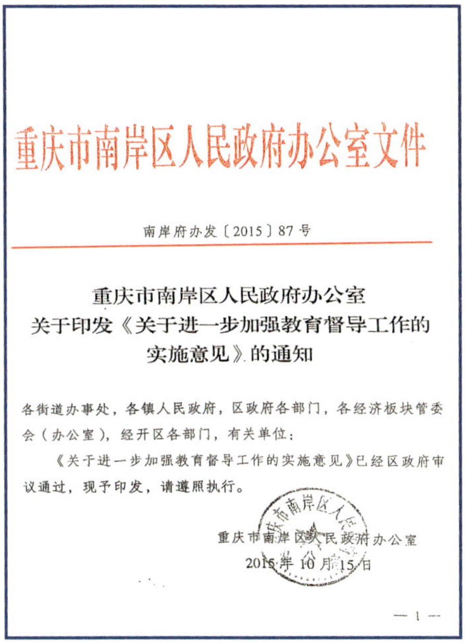

重庆市南岸区人民政府办公室文件

南岸府办发〔2015〕87 号

重庆市南岸区人民政府办公室
关于印发《关于进一步加强教育督导工作的
实施意见》的通知

各街道办事处，各镇人民政府，区政府各部门，各经济板块管委会（办公室），经开区各部门，有关单位：

《关于进一步加强教育督导工作的实施意见》已经区政府审议通过，现予印发，请遵照执行。

重庆市南岸区人民政府办公室
2015 年 10 月 15 日

— 1 —

重庆市南岸区人民政府办公室关于印发《关于进一步加强教育督导工作的实施意见》的通知

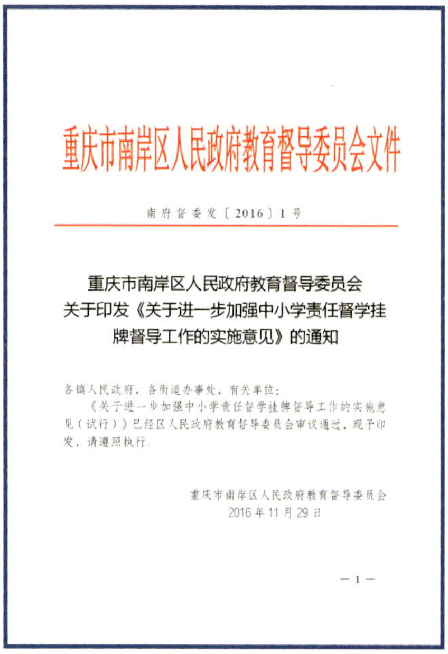

重庆市南岸区人民政府教育督导委员会文件

南府督委发〔2016〕1 号

重庆市南岸区人民政府教育督导委员会
关于印发《关于进一步加强中小学责任督学挂
牌督导工作的实施意见》的通知

各镇人民政府，各街道办事处，有关单位：

《关于进一步加强中小学责任督学挂牌督导工作的实施意见（试行）》已经区人民政府教育督导委员会审议通过，现予印发，请遵照执行。

重庆市南岸区人民政府教育督导委员会
2016 年 11 月 29 日

— 1 —

重庆市南岸区人民政府教育督导委员会关于印发《关于进一步加强中小学责任督学挂牌督导工作的实施意见》的通知

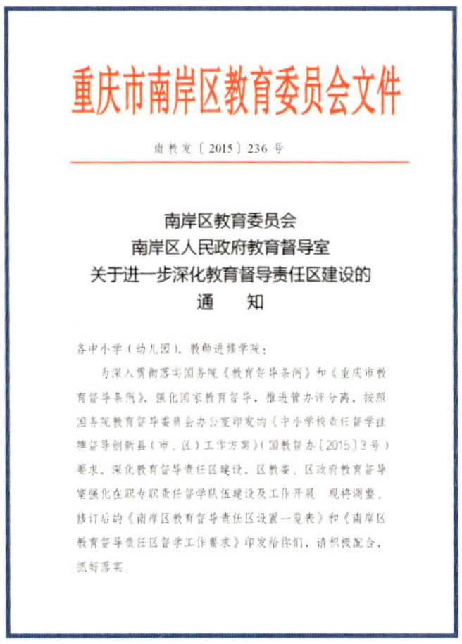

重庆市南岸区教育委员会文件

南教发〔2015〕236 号

南岸区教育委员会
南岸区人民政府教育督导室
关于进一步深化教育督导责任区建设的
通　　知

各中小学（幼儿园），教师进修学院：

为深入贯彻落实国务院《教育督导条例》和《重庆市教育督导条例》，强化国家教育督导，推进管办评分离，按照国务院教育督导委员会办公室印发的《中小学校责任督学挂牌督导创新县（市、区）工作方案》（国教督办〔2015〕3 号）要求，深化教育督导责任区建设，区教委、区政府教育督导室强化在职专职责任督学队伍建设及工作开展。现将调整、修订后的《南岸区教育督导责任区设置一览表》和《南岸区教育督导责任区督学工作要求》印发给你们，请积极配合，抓好落实。

南岸区教育委员会　南岸区人民政府教育督导室关于进一步深化教育督导责任区建设的通知

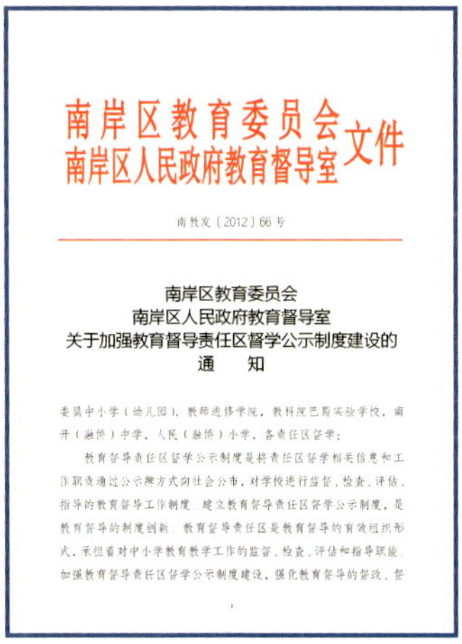

南岸区教育委员会
南岸区人民政府教育督导室 文件

南教发〔2012〕66 号

南岸区教育委员会
南岸区人民政府教育督导室
关于加强教育督导责任区督学公示制度建设的
通　　知

委属中小学（幼儿园），教师进修学院，教科院巴蜀实验学校，南开（融侨）中学，人民（融侨）小学，各责任区督学：

教育督导责任区督学公示制度是将责任区督学相关信息和工作职责通过公示牌方式向社会公布，对学校进行监督、检查、评估、指导的教育督导工作制度。建立教育督导责任区督学公示制度，是教育督导的制度创新。教育督导责任区是教育督导的有效组织形式，承担着对中小学教育教学工作的监督、检查、评估和指导职能。加强教育督导责任区督学公示制度建设，强化教育督导的督政、督

1

南岸区教育委员会　南岸区人民政府教育督导室关于加强教育督导责任区督学公示制度建设的通知

重庆市南岸区人民政府教育督导室电子公文

南府督发〔2014〕2 号

南岸区人民政府教育督导室
关于加强督学责任区制度建设的通知

各中小学（幼儿园），教师进修学院：

为深化中小学校责任区督学挂牌督导工作，不断完善督导制度，加强对中小学校的督促指导，依据《教育督导条例》《中小学校责任督学挂牌督导办法》（国教督办〔2013〕2 号）《中小学校责任督学挂牌督导规程》（国教督办〔2013〕6 号），结合区域教育督导实际，拟制《南岸区责任督学挂牌督导工作要求》《南岸区教育督导联动片区工作职责（试行）》，现印发给你们，请遵照执行。

加强中小学校责任区督学挂牌督导工作，延伸了教育督导触角，将协同学校及时发现和解决发展进程中出现的新问题，增添新举措，推动学校内涵发展。

各校要高度重视，加强学习，提高认识，积极协同责任区督学开展工作。2014 年，按照责任区督学调整情况，配合区政府教育督

1

南岸区人民政府教育督导室关于加强督学责任区制度建设的通知

八个主题经常性督导

2019 年 3 月，弹子石教育督导责任区责任督学在金山路小学就“校务管理和制度执行”与家长代表进行座谈访谈

2019 年 5 月，茶园第二教育督导责任区责任督学在江南艺术中学对“校风、教风、学风建设情况”进行校园巡视

2019 年 9 月，南坪第二教育督导责任区责任督学在观塘初级中学就“校园及周边安全情况，学生交通安全情况”开展学生访谈

2019 年 10 月，茶园教育督导责任区责任督学在南坪长江实验学校就“食堂、食品、饮水及宿舍卫生情况”进行现场督导反馈

2019 年 12 月，南坪第三教育督导责任区责任督学在怡丰实验学校就“课程开设和课堂教学情况”进行课堂观察

开学工作专项督导

南岸区责任督学落实学校新冠肺炎疫情防控暨2020年春期开学准备工作专项督导检查专题培训暨工作布置会

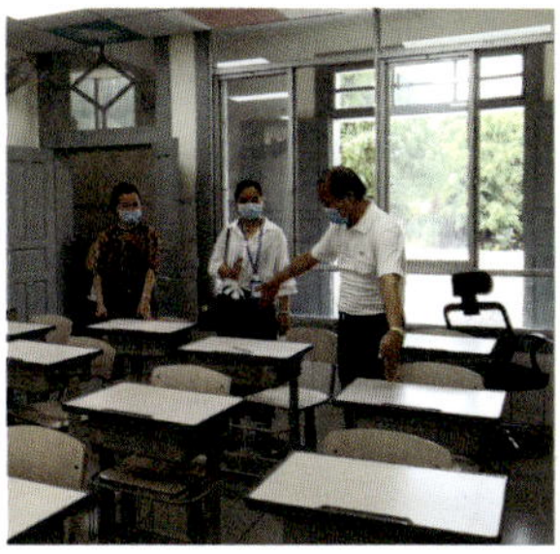

南岸区责任督学进校开展2020年春季开学防疫工作检查——指导学校座位排法

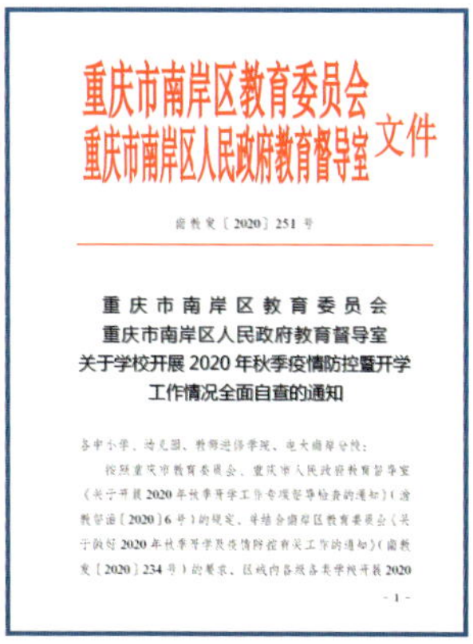

重庆市南岸区教育委员会
重庆市南岸区人民政府教育督导室 文件

南教发〔2020〕251号

重庆市南岸区教育委员会
重庆市南岸区人民政府教育督导室
关于学校开展2020年秋季疫情防控暨开学工作情况全面自查的通知

各中小学、幼儿园、教师进修学院、电大南岸分校：

按照重庆市教育委员会、重庆市人民政府教育督导室《关于开展2020年秋季开学工作专项督导检查的通知》（渝教督函〔2020〕6号）的规定，并结合南岸区教育委员会《关于做好2020年秋季开学及疫情防控有关工作的通知》（南教发〔2020〕234号）的要求，区域内各级各类学校开展2020

- 1 -

重庆市南岸区教育委员会　重庆市南岸区人民政府教育督导室关于学校开展2020年秋季疫情防控暨开学工作情况全面自查的通知

南岸区责任督学进校开展2020年春季开学防疫工作检查——查看热成像体温检测室

组织实施质量监测

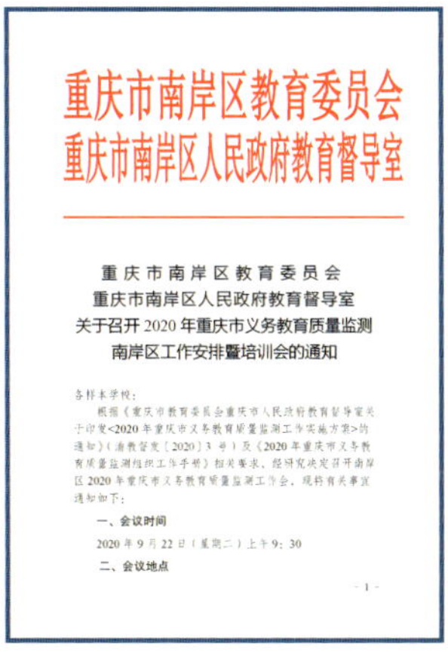

重庆市南岸区教育委员会
重庆市南岸区人民政府教育督导室

重庆市南岸区教育委员会
重庆市南岸区人民政府教育督导室
关于召开2020年重庆市义务教育质量监测南岸区工作安排暨培训会的通知

各样本学校：

根据《重庆市教育委员会重庆市人民政府教育督导室关于印发<2020年重庆市义务教育质量监测工作实施方案>的通知》（渝教督发〔2020〕3号）及《2020年重庆市义务教育质量监测组织工作手册》相关要求，经研究决定召开南岸区2020年重庆市义务教育质量监测工作会，现将有关事宜通知如下：

一、会议时间

2020年9月22日（星期二）上午9：30

二、会议地点

- 1 -

重庆市南岸区教育委员会　重庆市南岸区人民政府教育督导室关于召开2020年重庆市义务教育质量监测南岸区工作安排暨培训会的通知

2020年重庆市义务教育质量监测南岸区工作安排暨培训会

南岸区2018年国家义务教育质量监测迎接国家督导组实地调研指导筹备工作

2018 年 5 月 9 日，国家督导组调研南岸组织实施国家义务教育质量监测情况

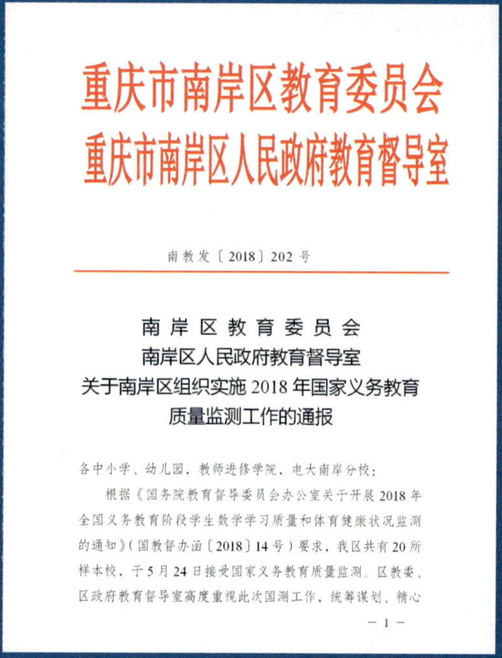

重庆市南岸区教育委员会
重庆市南岸区人民政府教育督导室

南教发〔2018〕202 号

南岸区教育委员会
南岸区人民政府教育督导室
关于南岸区组织实施 2018 年国家义务教育
质量监测工作的通报

各中小学、幼儿园，教师进修学院，电大南岸分校：

根据《国务院教育督导委员会办公室关于开展 2018 年全国义务教育阶段学生数学学习质量和体育健康状况监测的通知》（国教督办函〔2018〕14 号）要求，我区共有 20 所样本校，于 5 月 24 日接受国家义务教育质量监测。区教委、区政府教育督导室高度重视此次国测工作，统筹谋划、精心

－ 1 －

重庆市南岸区教育委员会　重庆市南岸区人民政府教育督导室关于南岸区组织实施 2018 年国家义务教育质量监测工作的通报

办园行为专项督评

南岸区 2020 年幼儿园办园行为督导评估自查自评培训暨实地督评、复评工作布置会

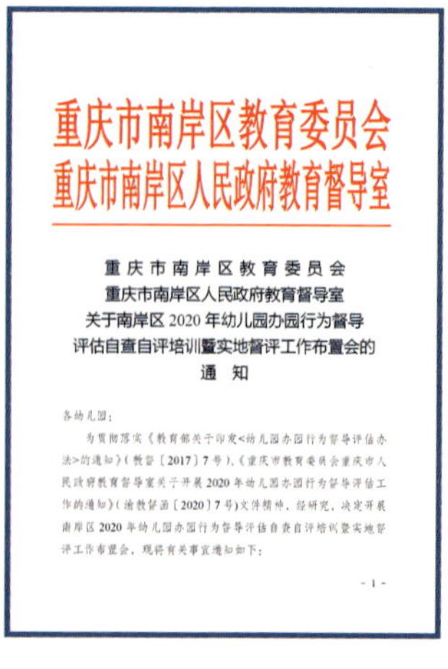

重庆市南岸区教育委员会
重庆市南岸区人民政府教育督导室

重庆市南岸区教育委员会
重庆市南岸区人民政府教育督导室
关于南岸区 2020 年幼儿园办园行为督导
评估自查自评培训暨实地督评工作布置会的
通　知

各幼儿园：

为贯彻落实《教育部关于印发<幼儿园办园行为督导评估办法>的通知》（教督〔2017〕7 号）、《重庆市教育委员会重庆市人民政府教育督导室关于开展 2020 年幼儿园办园行为督导评估工作的通知》（渝教督函〔2020〕7 号）文件精神，经研究，决定开展南岸区 2020 年幼儿园办园行为督导评估自查自评培训暨实地督评工作布置会，现将有关事宜通知如下：

- 1 -

重庆市南岸区教育委员会　重庆市南岸区人民政府教育督导室关于南岸区 2020 年幼儿园办园行为督导评估自查自评培训暨实地督评工作布置会的通知

2019 年 10 月，南岸区幼儿园规范办园行为督评小组针对全区 84 所幼儿园开展现场督评

教育督导议题处置

南坪第三教育督导责任区协同海棠溪街道、食药监局、派出所、社区物管等相关部门解决蓝滨城幼儿园地陷发热问题

弹子石教育督导责任区协同区公安分局、城管局、海棠溪街道解决南坪四海小学校门口安全隐患问题

南坪第一教育督导责任区协调花园路街道、派出所、南湖社区召开联席会议解决天台岗小学高空抛物问题

茶园教育督导责任区协同江南新城管委会、金科物业管理公司、交巡警、公交公司解决第十一中金科学校周边环境及校门口安全隐患问题

3 深化实践研究

创新需求定制挂牌督导主题

2020 年 9 月 15 日，邀请 13 所学校校级领导参加南岸区学校需求定制责任督学挂牌督导内涵式发展主题调研座谈会

2020 年 9 月 25 日，在八个责任区初步研讨基础上，召开南岸区学校需求定制责任督学挂牌督导内涵发展主题指标与工具对点匹配专家指导审议会

2020 年 9 月 28 日，茶园第一教育督导责任区、茶园第二教育督导责任区、南坪第二教育督导责任区学校需求定制责任督学挂牌督导内涵式发展主题下增值性要点集中协商会

2020 年 9 月 29 日，弹子石教育督导责任区学校需求定制责任督学挂牌督导内涵式发展主题下增值性要点集中协商会

2020 年 9 月 30 日，龙门浩教育督导责任区学校需求定制责任督学挂牌督导内涵式发展主题下增值性要点集中协商会

研讨挂牌督导实操策略

南岸区 2019—2020 学年教育督导责任区挂牌督导建议汇总方式方法现场观摩活动

南岸区 2018—2019 学年责任督学校园巡视及听课评课经验交流现场观摩活动

南岸区 2017—2018 学年责任区与联动片区协作督导现场观摩

重庆市教育科学规划重点课题实践研究

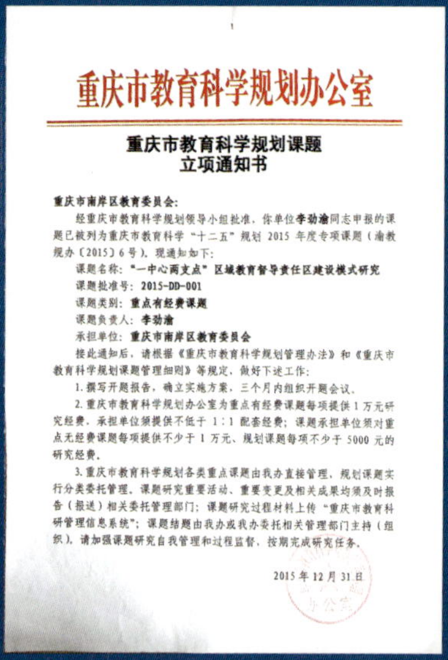

重庆市教育科学规划办公室

重庆市教育科学规划课题
立项通知书

重庆市南岸区教育委员会：

经重庆市教育科学规划领导小组批准，你单位**李劲渝**同志申报的课题已被列为重庆市教育科学“十二五”规划 2015 年度专项课题（渝教规办〔2015〕6 号）。现通知如下：

课题名称：**“一中心两支点”区域教育督导责任区建设模式研究**

课题批准号：**2015-DD-001**

课题类别：**重点有经费课题**

课题负责人：**李劲渝**

承担单位：**重庆市南岸区教育委员会**

接此通知后，请根据《重庆市教育科学规划管理办法》和《重庆市教育科学规划课题管理细则》等规定，做好下述工作：

1. 撰写开题报告，确立实施方案，三个月内组织开题会议。

2. 重庆市教育科学规划办公室为重点有经费课题每项提供 1 万元研究经费，承担单位须提供不低于 1：1 配套经费；课题承担单位须对重点无经费课题每项提供不少于 1 万元、规划课题每项不少于 5000 元的研究经费。

3. 重庆市教育科学规划各类重点课题由我办直接管理，规划课题实行分类委托管理。课题研究重要活动、重要变更及相关成果均须及时报告（报送）相关委托管理部门；课题研究过程材料上传“重庆市教育科研管理信息系统”；课题结题由我办或我办委托相关管理部门主持（组织），请加强课题研究自我管理和过程监督，按期完成研究任务。

2015 年 12 月 31 日

重庆市教育科学“十二五”规划 2015 年度重点课题立项通知书

重庆市教育科学“十二五”规划 2015 年度重点课题开题论证会

重庆市教育科学“十二五”规划 2015 年度重点课题中期汇报暨南岸区第七期教育督导队伍培训活动

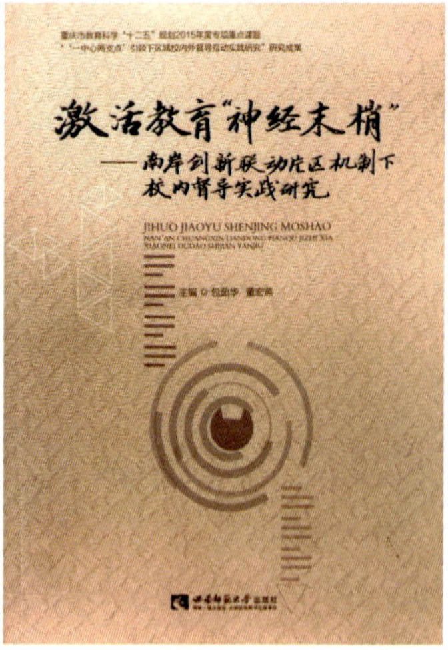

《激活教育“神经末梢”——南岸创新联动片区机制下校内督导实践研究》

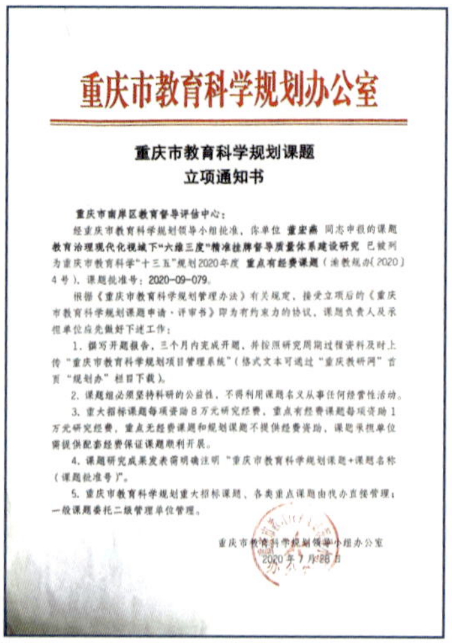

重庆市教育科学规划办公室

重庆市教育科学规划课题
立项通知书

重庆市南岸区教育督导评估中心：

经重庆市教育科学规划领导小组批准，你单位 **董宏燕** 同志申报的课题 **教育治理现代化视域下“六维三度”精准挂牌督导质量体系建设研究** 已被列为重庆市教育科学“十三五”规划 2020 年度 **重点有经费课题**（渝教规办〔2020〕4 号），课题批准号：2020-09-079。

根据《重庆市教育科学规划管理办法》有关规定，接受立项后的《重庆市教育科学规划课题申请·评审书》即为有约束力的协议，课题负责人及承担单位应先做好下述工作：

1. 撰写开题报告，三个月内完成开题，并按照研究周期过程资料及时上传“重庆市教育科学规划项目管理系统”（格式文本可通过“重庆教研网”首页“规划办”栏目下载）。

2. 课题组必须坚持科研的公益性，不得利用课题名义从事任何经营性活动。

3. 重大招标课题每项资助 8 万元研究经费，重点有经费课题每项资助 1 万元研究经费，重点无经费课题和规划课题不提供经费资助，课题承担单位需提供配套经费保证课题顺利开展。

4. 课题研究成果发表需明确注明“重庆市教育科学规划课题+课题名称（课题批准号）”。

5. 重庆市教育科学规划重大招标课题、各类重点课题由我办直接管理；一般课题委托二级管理单位管理。

重庆市教育科学规划领导小组办公室

2020 年 7 月 28 日

重庆市教育科学“十三五”规划 2020 年度重点课题立项通知书

重庆市教育科学“十三五”规划 2020 年度重点课题开题论证会

重庆市教育科学“十三五”规划 2020 年度重点课题《教育治理现代化视域下教育督导责任区督学挂牌督导实践研究》书稿现场审议工作会

鼓励基层实践研究

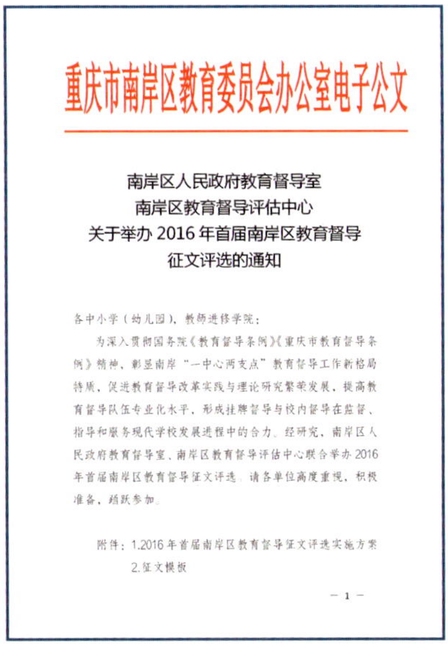

重庆市南岸区教育委员会办公室电子公文

南岸区人民政府教育督导室
南岸区教育督导评估中心
关于举办 2016 年首届南岸区教育督导
征文评选的通知

各中小学（幼儿园），教师进修学院：

为深入贯彻国务院《教育督导条例》《重庆市教育督导条例》精神，彰显南岸“一中心两支点”教育督导工作新格局特质，促进教育督导改革实践与理论研究繁荣发展，提高教育督导队伍专业化水平，形成挂牌督导与校内督导在监督、指导和服务现代学校发展进程中的合力。经研究，南岸区人民政府教育督导室、南岸区教育督导评估中心联合举办 2016 年首届南岸区教育督导征文评选。请各单位高度重视，积极准备，踊跃参加。

附件：1.2016 年首届南岸区教育督导征文评选实施方案
2.征文模板

— 1 —

南岸区人民政府教育督导室　南岸区教育督导评估中心关于举办 2016 年首届南岸区教育督导征文评选的通知

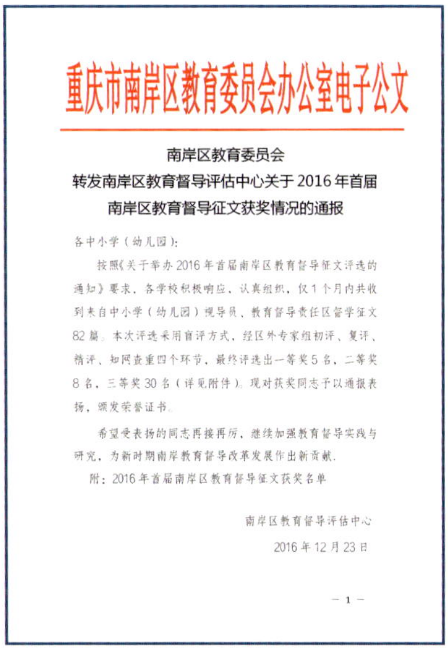

重庆市南岸区教育委员会办公室电子公文

南岸区教育委员会
转发南岸区教育督导评估中心关于 2016 年首届
南岸区教育督导征文获奖情况的通报

各中小学（幼儿园）：

按照《关于举办 2016 年首届南岸区教育督导征文评选的通知》要求，各学校积极响应，认真组织，仅 1 个月内共收到来自中小学（幼儿园）视导员、教育督导责任区督学征文 82 篇。本次评选采用盲评方式，经区外专家组初评、复评、精评、知网查重四个环节，最终评选出一等奖 5 名，二等奖 8 名，三等奖 30 名（详见附件）。现对获奖同志予以通报表扬，颁发荣誉证书。

希望受表扬的同志再接再厉，继续加强教育督导实践与研究，为新时期南岸教育督导改革发展作出新贡献.

附：2016 年首届南岸区教育督导征文获奖名单

南岸区教育督导评估中心
2016 年 12 月 23 日

— 1 —

南岸区教育委员会转发南岸区教育督导评估中心关于 2016 年首届南岸区教育督导征文获奖情况的通报

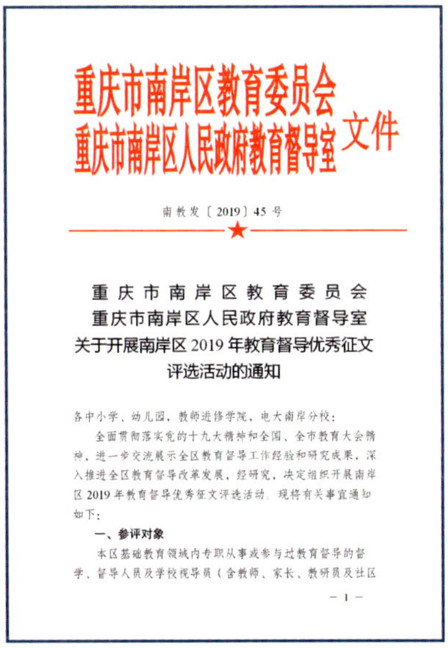

重庆市南岸区教育委员会
重庆市南岸区人民政府教育督导室 文件

南教发〔2019〕45 号

重 庆 市 南 岸 区 教 育 委 员 会
重庆市南岸区人民政府教育督导室
关于开展南岸区 2019 年教育督导优秀征文
评选活动的通知

各中小学、幼儿园，教师进修学院，电大南岸分校：

全面贯彻落实党的十九大精神和全国、全市教育大会精神，进一步交流展示全区教育督导工作经验和研究成果，深入推进全区教育督导改革发展，经研究，决定组织开展南岸区 2019 年教育督导优秀征文评选活动。现将有关事宜通知如下：

一、参评对象

本区基础教育领域内专职从事或参与过教育督导的督学、督导人员及学校视导员（含教师、家长、教研员及社区

— 1 —

重庆市南岸区教育委员会　重庆市南岸区人民政府教育督导室关于开展南岸区 2019 年教育督导优秀征文评选活动的通知

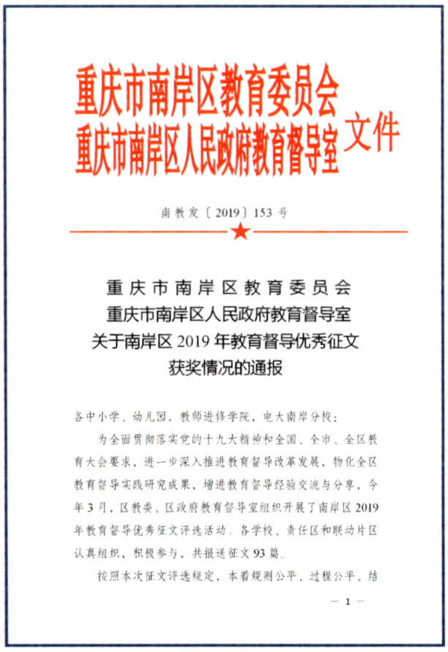

重庆市南岸区教育委员会
重庆市南岸区人民政府教育督导室 文件

南教发〔2019〕153 号

重 庆 市 南 岸 区 教 育 委 员 会
重庆市南岸区人民政府教育督导室
关于南岸区 2019 年教育督导优秀征文
获奖情况的通报

各中小学、幼儿园，教师进修学院，电大南岸分校：

为全面贯彻落实党的十九大精神和全国、全市、全区教育大会要求，进一步深入推进教育督导改革发展，物化全区教育督导实践研究成果，增进教育督导经验交流与分享，今年 3 月，区教委、区政府教育督导室组织开展了南岸区 2019 年教育督导优秀征文评选活动。各学校、责任区和联动片区认真组织，积极参与，共报送征文 93 篇。

按照本次征文评选规定，本着规则公平、过程公平、结

— 1 —

重庆市南岸区教育委员会　重庆市南岸区人民政府教育督导室关于南岸区 2019 年教育督导优秀征文获奖情况的通报

4 成果总结推广

成果物化

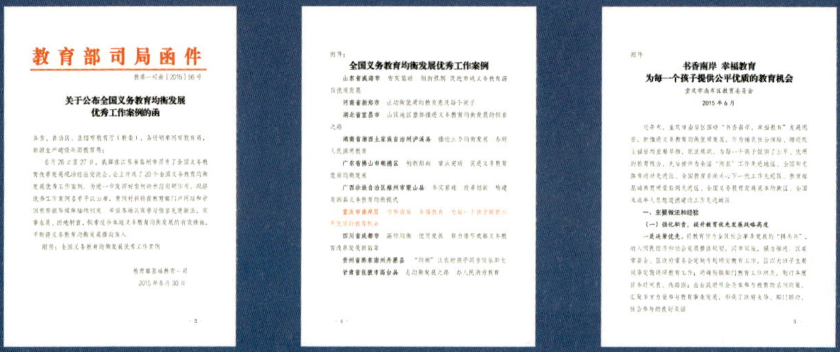

教育部司局函件

教基一司函〔2015〕56号

关于公布全国义务教育均衡发展优秀工作案例的函

2015年6月30日

全国义务教育均衡发展优秀工作案例

书香南岸 幸福教育
为每一个孩子提供公平优质的教育机会

2015年6月

南岸案例入选教育部《关于公布全国义务教育均衡发展优秀工作案例的函》

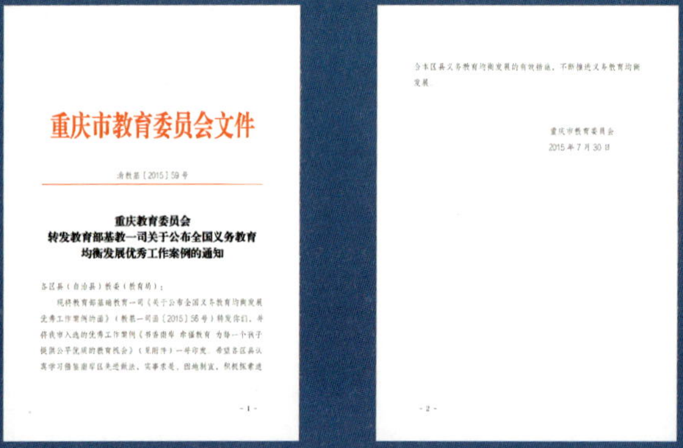

重庆市教育委员会文件

重庆市教育委员会
转发教育部基教一司关于公布全国义务教育均衡发展优秀工作案例的通知

重庆市教育委员会
2015年7月30日

重庆市教育委员会转发《教育部基教一司关于公布全国义务教育均衡发展优秀工作案例的通知》

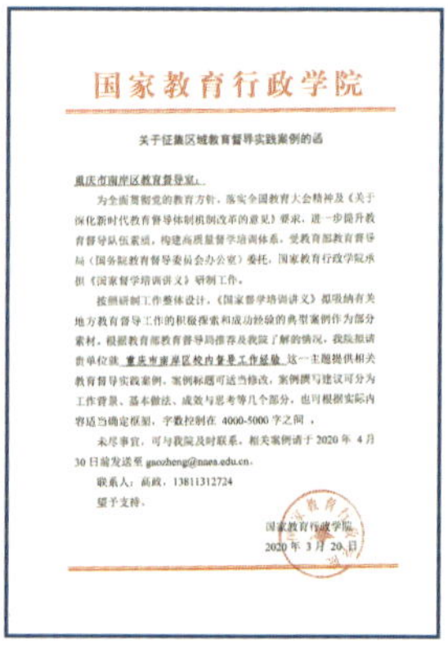

国家教育行政学院

关于征集区域教育督导实践案例的函

重庆市南岸区教育督导室：

为全面贯彻党的教育方针，落实全国教育大会精神及《关于深化新时代教育督导体制机制改革的意见》要求，进一步提升教育督导队伍素质，构建高质量督学培训体系，受教育部教育督导局（国务院教育督导委员会办公室）委托，国家教育行政学院承担《国家督学培训讲义》研制工作。

按照研制工作整体设计，《国家督学培训讲义》拟吸纳有关地方教育督导工作的积极探索和成功经验的典型案例作为部分素材。根据教育部教育督导局推荐及我院了解的情况，我院拟请贵单位就重庆市南岸区校内督导工作经验这一主题提供相关教育督导实践案例。案例标题可适当修改，案例撰写建议可分为工作背景、基本做法、成效与思考等几个部分，也可根据实际内容适当确定框架，字数控制在4000-5000字之间。

未尽事宜，可与我院及时联系。相关案例请于2020年4月30日前发送至gaozheng@naea.edu.cn。

联系人：高政，13811312724

望予支持。

国家教育行政学院
2020年3月20日

国家教育行政学院印发《国家督学培训讲义》中将南岸区校内督导工作经验，作为地方教育督导工作的成功案例纳入国家级培训教材

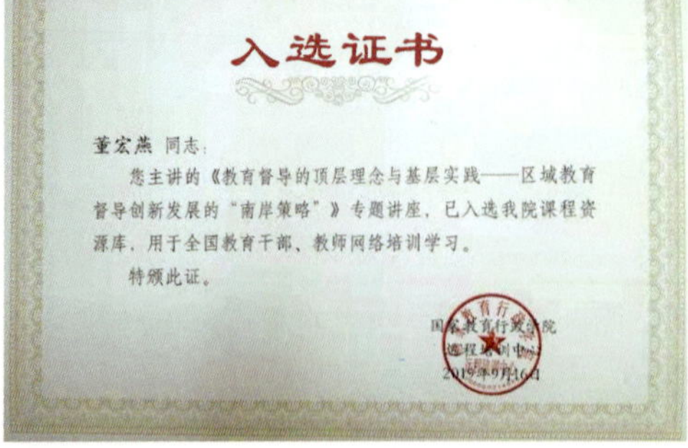

入选证书

董宏燕 同志：

您主讲的《教育督导的顶层理念与基层实践——区域教育督导创新发展的"南岸策略"》专题讲座，已入选我院课程资源库，用于全国教育干部、教师网络培训学习。

特颁此证。

国家教育行政学院
远程培训中心
2019年9月16日

《南岸教育督导顶层理念与基层实践——区域教育督导创新发展南岸策略》入选国家教育行政学院课程资源库

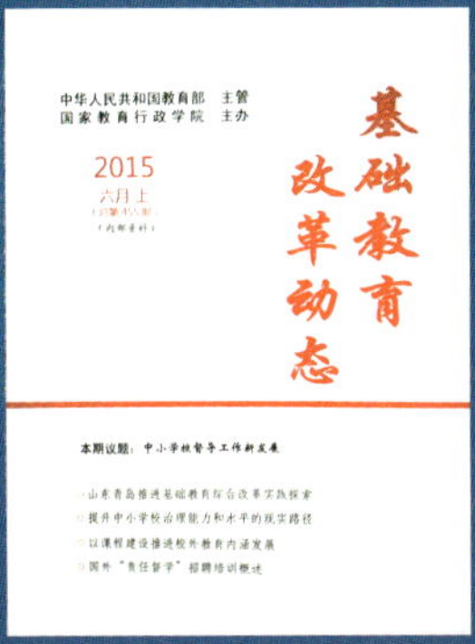
基础教育改革动态

中华人民共和国教育部 主管
国家教育行政学院 主办

2015

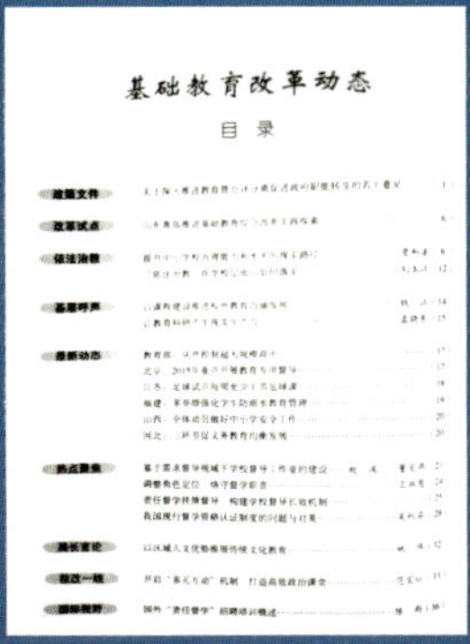
基础教育改革动态

目录

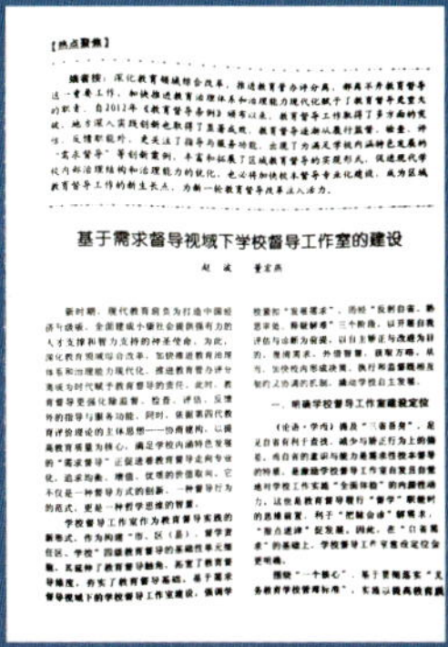
基于需求督导视域下学校督导工作室的建设

中华人民共和国教育部主管、国家教育行政学院主办的《基础教育改革动态》刊发《基于需求督导视域下学校督导工作室的建设》

中华人民共和国教育部主管
国家教育行政学院主办

中小学校长

PRIMARY AND SECONDARY SCHOOL PRINCIPALS

2020.01

(总第261期)

教育治理视域下现代学校特色项目发展需求督评分析

——以重庆市南岸区为例

中华人民共和国教育部主管、国家教育行政学院主办的《中小学校长》刊发《教育治理视域下现代学校特色项目发展需求督评分析——以重庆市南岸区为例》

区域周刊

集团化办学背后的政府推力

校内外合力督导助现代学校发展

“一题一策”破师资难题

《中国教育报》刊登《校内外合力督导助现代学校发展》

决策/交流

“全面改薄”中，第三方能做什么

将责任传导到“神经末梢”

大变革时代县域高中的课改选择

——以内蒙古鄂尔多斯市乌审旗高级中学的课改为例

《中国教育报》刊登《将责任传导到“神经末梢”》

区域周刊

教师游学收获了什么

指标“跳起来够得着”

城乡手拉手 学区共成长

《中国教育报》刊登《重庆市南岸区督导评估体系接地气指标“跳起来够得着”》

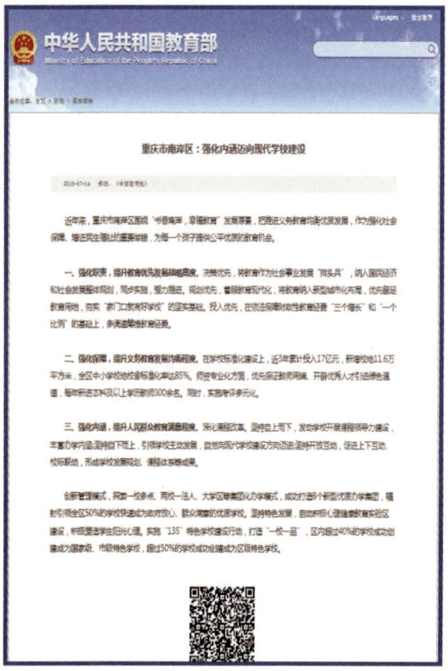
中华人民共和国教育部
Ministry of Education of the People's Republic of China

重庆市南岸区：强化内涵迈向现代学校建设

中华人民共和国教育部网站刊登《重庆市南岸区：强化内涵迈向现代学校建设》

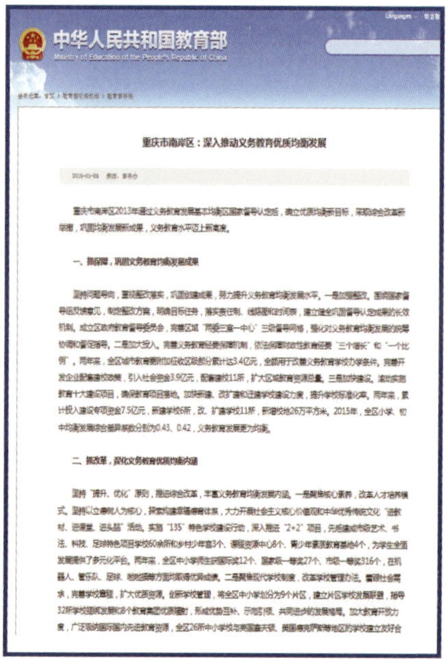
中华人民共和国教育部
Ministry of Education of the People's Republic of China

重庆市南岸区：深入推动义务教育优质均衡发展

中华人民共和国教育部网站刊登《重庆市南岸区：深入推动义务教育优质均衡发展》

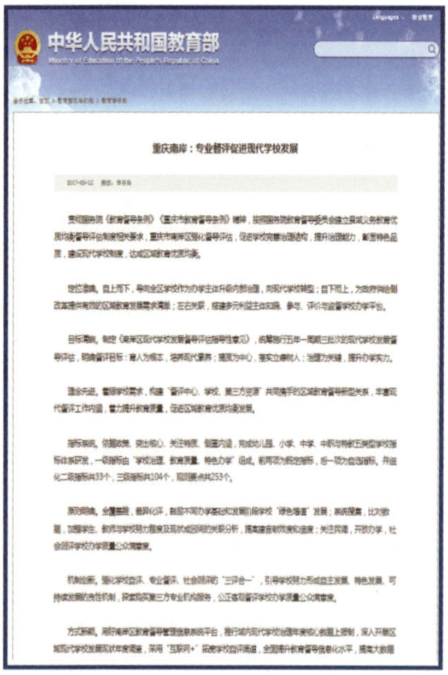
中华人民共和国教育部
Ministry of Education of the People's Republic of China

重庆南岸：专业督评促进现代学校发展

中华人民共和国教育部网站刊登《重庆南岸：专业督评促进现代学校发展》

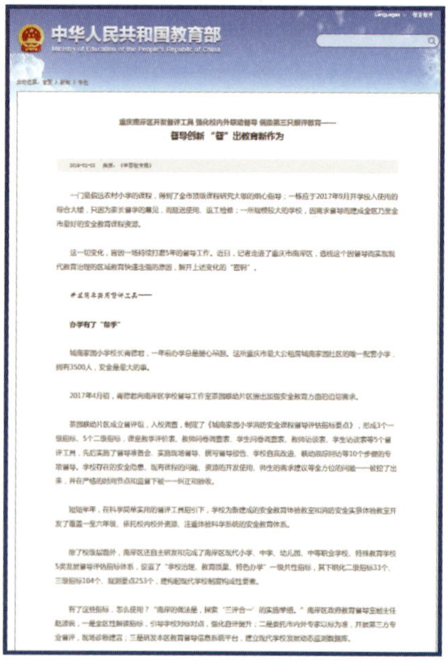
中华人民共和国教育部
Ministry of Education of the People's Republic of China

督导创新“督”出教育新作为

中华人民共和国教育部网站刊登《督导创新，“督”出教育新作为》

基层新闻

重庆南岸：督出现代学校

加强校内督导工作 探索"现代学校发展"专业督评

良师伴我二十年

陕西汉阴："1+1"津补贴"强壮"乡村校

足球在这里安了"家"

《中国教育报》报道《重庆南岸：督出现代学校》

中国教育报

ZHONGGUO JIAOYU BAO

2018年1月2日 星期二

大学中国留学生重要回信精神

认真学习贯彻习近平总书记给莫斯科

中共教育部党组发出通知

重庆南岸区开发督评工具，强化校内外联动督导，借助第三只眼评教育——

督导创新，"督"出教育新作为

学习贯彻十九大精神 写好教育奋进之笔

深化督导改革助推区域教育现代化

河南擘画教育政务"互联网+"路线图

到2020年实现政务服务事项"应上尽上，全程在线"

8名大学生奔波千余公里考察湘西贫困村，写出10万字报告

"走过泥巴地，感知真实的农村"

《中国教育报》头版报道《重庆市南岸区开发督评工具 强化校内外联动督导 借助第三只眼评教育——督导创新 "督"出教育新作为》

中国教育报

特别报道

让法治成为改革的"保护神"

——重庆市推进依法治教工作透视

A 先立规矩，再来改革

B 用法治解决办学困惑

C 用第三只眼看教育

D 教师也可以做律师

中国教育报

区域教育

重庆：试水"家长督学"

抚松的校长为啥这么牛

《中国教育报》报道《让法治成为改革的"保护神"》（左图）

《中国教育报》报道《重庆：试水"家长督学"》（右图）

对外交流

2014 年 9 月，国务院教育督导办调研南岸教育督导工作

2015 年 4 月，南岸区政府教育督导室副主任赵波受江苏省无锡市人民政府教育督导室之邀为无锡市政府督学及责任区挂牌督学培训班作题为“推进教育督导改革，服务教育治理现代化”的专题报告

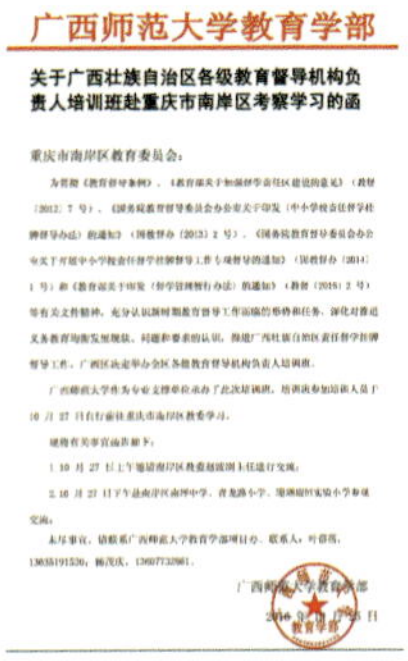

广西师范大学教育学部

关于广西壮族自治区各级教育督导机构负责人培训班赴重庆市南岸区考察学习的函

重庆市南岸区教育委员会：

2016 年 10 月，广西壮族自治区各级教育督导机构负责人培训班赴重庆市南岸区考察学习

教育部基础教育质量监测中心

教质监函〔2017〕107 号

邀请函

重庆市南岸区教委教育督导评估中心：

联系人：

电话：010-58802924

2017 年 6 月，教育部基础教育质量监测中心邀请南岸区教育督导评估中心董宏燕同志为广州市开展义务教育质量监测培训班学员作题为“信息时代创新县域内学校督评工作‘南岸策略’”的讲座

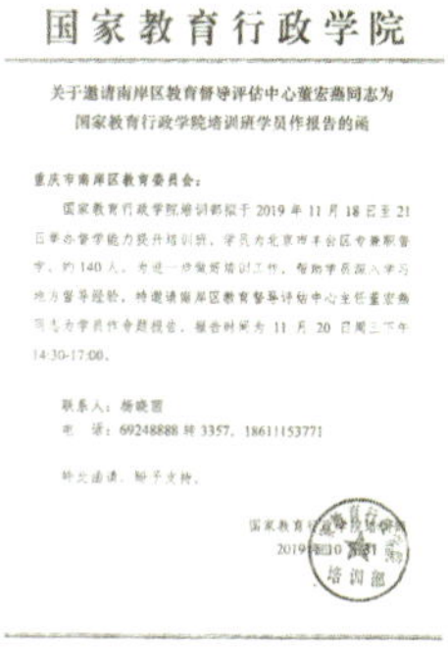

国家教育行政学院

关于邀请南岸区教育督导评估中心董宏燕同志为国家教育行政学院培训班学员作报告的函

重庆市南岸区教育委员会：

14:30-17:00。

联系人：

电　话：69248888 转 3357，18611153771

2019 年 11 月，国家教育行政学院邀请南岸区教育督导评估中心主任董宏燕同志到北京市丰台区作督学能力提升专题报告

2017 年 12 月，南岸区教育督导评估中心副主任董宏燕同志在北师大主办的“新时代中国特色社会主义教育督导制度改革与发展——暨纪念邓小平发表关于恢复教育督导制度建设讲话四十周年研讨会”上作题为“聚焦双轮驱动、共创发展新局——重庆南岸：校内外督导合力助推现代学校发展”的报告

2021 年 9 月，南岸区教育督导评估中心主任董宏燕在中国教科院主办的“2021 年中国教育科学论坛”之分论坛六“新时代教育评价改革的理论回应与实践探索”上作题为“重庆南岸‘一中心两支点’教育督导评估转型升级推动现代学校优质发展的实践探索”的报告

序　言

解密南岸教育督导革新中发展的源动力

于发友　中国教育科学研究院副院长

2020年9月24日，一改近日阴雨连绵，灿烂的阳光慷慨地照进重庆市南岸区人民政府6309室，明媚了一室，也温暖了与会双方人员的心，更寓示着中国教育科学研究院与重庆市南岸区人民政府合作共建“教育治理现代化视域下教育督导助推区域义务教育优质均衡发展”项目的光明前程。

为何南岸义务教育优质均衡发展会以教育督导为突破口？南岸教育督导又有何为能肩负撬动区域教育优质均衡发展之使命？在为何与何为的思考追溯中，我通过聆听、询问与查阅资料，一步步解密南岸教育督导革新中发展的源动力。

三位一体，勾勒出南岸教育督导革新发展的整体轮廓

一是督政工作，当好了党委政府统筹领导教育工作的助手。在党委政府领导下，2012年，牵头协同相关单位推进南岸获评全国“两基”工作先进地区。2013年，牵头协同相关单位推进南岸以全市最高分获评首批全国义务教育发展基本均衡区，工作经验评选为全国20个优秀案例之一（重庆唯一入选），并由教育部向全国公布。

二是督学工作，当好了教育行政部门引领学校发展的推手。2016年至今，南岸教育督导经验在国家级层面对外交流4次，教育部官网报道2次，《中国教育报》

报道6次，国家级刊物发表2次，教育部、市级领导专家实地调研4次。2018年，重庆市教委、市政府教育督导室推荐南岸申报全国中小学责任督学挂牌督导创新区。2019年，市级重点课题成果——专著《激活教育‘神经末梢’——南岸创新联动片区机制下校内督导实践研究》出版。2020年3月，南岸校内督导工作案例入选《全国督学培训讲义》（全国仅遴选26个区县案例）。

三是评估监测，当好了透析研判教育发展基础数据的帮手。2012、2016、2018年，连续三次获评“国家义务教育质量监测实施县级先进单位”，其中2018年南岸质量监测工作经验得到国务院教育督导委专家组实地调研后高度评价。同时，历年的监测数据分析结果运用于推动区域教育优质均衡发展实践行动。

现象背后，隐藏着南岸教育督导革新发展的内涵实质

一是党委政府全面保障。一方面，深化教育督导体制改革，完善教育督导组织机构。1989年成立教育督导机构。1992年更名为南岸区人民政府教育督导室。2014年成立南岸区教育督导评估中心。2015年成立南岸区人民政府教育督导委员会，负责统筹、协调、指导全区教育督导工作，研究重大事项推进与重大问题处置，大力助推教育领域综合改革与发展。全区形成“一委四室一中心”三级教育督导机构网格，创建与挂牌督导责任区相匹配的校内督导联动片区，建构“一中心两支点”引领下区域校内外督导良性互动机制。另一方面，教育督导经费列入财政专项经费预算，2016—2020年，教育督导总投入670.4万元，用于责任区办公室建设、挂牌督导、校内督导、现代学校发展专项督评等系列工作开展和教育督导队伍多渠道、多形式的培训学习。

二是督导机构追求专业。第一，深化制度建设，健全《南岸区教育督导责任区主任岗位能力标准》《南岸区教育督导责任区挂牌督导实施细则》《南岸区教育督导责任区档案建设基本规范》《南岸区教育督导责任区跟踪整改督查制度》等涉及队伍建设、专业发展、过程管理与结果运用四方面29项督导制度。

第二，规范工作管理，研制覆盖幼儿园、小学、中学、中职、特教5类型学校挂牌督导8个主要事项指标体系，形成40条一级指标、112条二级指标、263条督导要点及586条督评细则，匹配988条工具信息采集点，梳理“1+8+1”督导流程，创新“1+N”书整改跟踪机制。

第三，提升督学素质，形成选聘管培评五位一体队伍专业发展整体规划，制定《南岸区政府教育督导室责任督学选聘工作实施方案》，创建周、月、学期、学年四级分段周期性培训模式，实现岗前培训、专题培训、跟岗培训三结合，创新线上线下相结合的微主题交流与项目申领机制，借力各级领导专家智慧，引领督导队伍专业发展。

第四，深入实践研究，先后申报重庆市教育科学“十二五”规划2015年度重点课题“‘一中心两支点’引领下区域校内外督导实践研究”现已结题，形成研究成果专著；重庆市教育科学“十三五”规划2020年度重点课题“教育治理现代化视域下建设高水平的‘六维三度’精准挂牌督导体系实践研究——以重庆南岸探索为例”已成功立项并开题。

第五，研发系统平台，加快信息技术融合教育督导专业发展进程。创建南岸区教育督导管理信息系统平台，设计挂牌督导、校内督导、质量监测、现代学校发展督评、督导互动等11个板块内容，研制平台使用7类对象操作手册，拟定《南岸区教育督导信息系统平台使用管理办法》。

三是现代学校认可成效。第一，健全区级集中培训、教育组与法律组专家审核指导、督导室复核备案的学校章程建设机制。截至2020年，指导全区76所委属公办学校完成“一校一章程”建设。第二，创建责任区内部、责任区与联动片区协同、区教委党政联席会、区政府教育督导委四级议题研究处置机制，撬动区级相关部门、镇街，共助学校解决热点、难点问题。第三，探索“3+1+2+N”8个主要事项挂牌督导组合模式，试行学校需求定制挂牌督导内涵式发展主题，尝试区级基础性指标与学校增值性指标相结合的方式，持续提高精准性挂牌督导质量。第四，建立年度调研学校及学校督导工作室满意度机制，虚心听取督评对象的意见和建议，完善与丰富年度区域教育督导工作要点与实施举措。

谋划布局，预示了南岸教育督导革新发展的未来前景

一是探索整体建构区域教育治理现代化体系。健全教育治理现代化体系建设急需的政府、教育行政主管部门、学校三层面核心制度，倡导构建具有区域特色的“政校家社”教育治理责任主体框架，形成区政府组织领导下的政、校、家、社聚力而行的良好教育生态。

二是创新区域教育优质均衡发展督政督学体系。按照国家有关要求，形成区域义务教育优质均衡发展督导评估指导意见，完善区域内督政督学督导评估指标体系，建立面向区域相关部门、镇街的督政指标体系，与覆盖幼儿园、小学、中学、中职、特殊教育5类型学校的督学指标体系，并不断强化督评结果运用力度。

三是创建区域教育优质均衡发展满意度自测机制。设计面向学生、家长、教师、校长、人大代表、政协委员及其他群众认可的网络问卷题库，全面落实国家义务教育优质均衡发展区指标要求，健全年度区域动态监测与结果预测预警机制，切实提高信息时代督评数据运用的及时性、准确性。

百舸争流千帆过，勇立潮头竞风流！南岸教育督导人用真诚、求实、创新的作风，驱动教育督导在革新中发展，全面践行中共中央办公厅、国务院办公厅《关于深化新时代教育督导体制机制改革的意见》精神，为全国有志于教育督导改革和创新的同仁们提供了可资借鉴的思路与策略，也为区域助推教育优质均衡发展提供了典型案例。

希望南岸教育督导匠心耕耘筑梦行，一路前行，一路风景！

是为序。

前　言

奋斗中坚守　革新中发展

唯改革者进，唯创新者强，唯改革创新者胜！改革创新是万事万物发展与进步所必须历练、成长和提升的过程。

“推进教育治理体系和治理能力现代化”作为《中国教育现代化2035》十大战略任务之一，其明确规定要“健全教育督导体制机制，提高教育督导的权威性和实效性”。

新时期，重庆南岸视教育督导为推动区域教育治理现代化发展的有效策略，为攻克教育领域综合改革难点的积极方式。牵住教育督导这一“牛鼻子”，尤其是革新与发展教育治理现代化视域下责任督学挂牌督导，不仅是完善督学运行机制的有益探索，而且将进一步促进区域督政、督学、评估监测职能三位一体的深度融合，更是深化新时期区域教育督导体制机制改革的重要抓手。充分发挥教育督导在监督、评估、指导与服务各级各类教育健康持续发展中的积极作用，也将进一步激活区域教育优质均衡发展的更大活力，切实满足人民群众日益增长的对公平且高质量教育的需求。

自“十二五”以来，重庆南岸教育督导人凝聚“言信行直・督规导范”核心理念，坚持“秉章持度・格物治理”工作标准，基于追溯中外教育督导时代变革在制度建设领域的异同辨析，力保区域责任督学挂牌督导的顶层设计谋划全局，强化协调，保证持续，做正确的事；基层实践瞄准纵深，突出重点，先行示范，正确地做事。让顶层设计的战略全局认识深入人心，让基层实践的战略执行定力落到全员，从而形成南岸教育督导“顶层”与“基层”同向而行的强劲合力，让南岸教育督导创先的工作成为创新的工作，大力促进教育督导改革纵深发展。

一方面，坚守法治思维，持续丰富责任督学挂牌督导质量保障体系，先后由区人民政府、区政府教育督导委员会、区教委、区政府教育督导室印发《进一步加强教育督导工作的实施意见》《进一步加强中小学责任督学挂牌督导工作的实施意见》《进一步深化教育督导责任区建设的通知》《关于加强教育督导责任区督学公示制度建设的通知》《关于加强督学责任区制度建设的通知》《南岸区政府教育督导室责任督学选聘管理办法》《南岸区教育督导和评估监测结果运用制度（试行）》等意见办法，确保责任督学挂牌督导在法治化轨道上有序、有效、优质地运行。

另一方面，追求精耕细作，持续完善责任督学挂牌督导质量管理体系，先后开展八个方面主要事项挂牌督导指标及工具的研发与运用、十项督导流程与五类督导方式的操作技巧梳理与培训，整改追踪与议题机制的创新与发展，督导队伍选、聘、管、培、评的系列化专业发展，督导信息系统平台的运用与管理，以及责任督学挂牌督导常见问题答疑整理等专业事项，保障责任督学挂牌督导质量在系统化、专业化、精准化方面不断提升。

本书作为重庆市教育科学“十三五”规划2020年度重点课题“教育治理现代化视域下建设高水平的‘六维三度’精准挂牌督导体系实践研究——以重庆南岸探索为例”研究成果，是对近年来区域责任督学挂牌督导革新与发展主要做法与点滴实绩的再现。书中将理性认知与案例分析、常规管理与探索创新、经验总结与做法呈现、实操运用与释疑解惑相结合，旨在指导与服务责任督学挂牌督导工作开展，特别适宜新责任督学岗前培训，亦可作为学校内部督导工作开展的参考。

为此，本书定位于“操作实用型”读本，书中所列内容均是南岸区责任督学挂牌督导工作开展与组织管理的实操与心得，希望它能为从事教育督导基层实践和理论研究的同仁提供一些较为真实、较为鲜活、较为丰富的参阅信息，也能对现代学校建设与发展有所启示。

由于水平有限，虽经努力书中仍难免有不足之处，敬请读者指正！

董宏燕

2020年10月于重庆

目 录

第一章 中外教育督导发展的时代变革

纵观我国教育督导制度的发展历程，源远流长，积淀深厚，同时迂回曲折，但总体上呈现出一种上升发展的态势。随着我国教育领域综合改革的不断深入，加强教育综合改革促进教育治理现代化需要新的视角和思路，关注中外教育督导发展的前沿与动态，截取全球教育督导的热点与主题，辩证分析国外教育督导制度的经验与做法，比较中外教育督导制度顶层设计与基层实践的不同特点，探索中外责任区制度的关联与异同，提炼我国责任区挂牌督导制度的优势与亮点，探索教育督导顶层设计之南岸方案，对进一步促进区域教育治理现代化和教育发展综合水平的提升具有重要意义。

第一节
中外教育督导制度之总体简析

一、中外教育督导制度发展之概览

（一）中国教育督导制度的发展沿革

1. 古代教育督导制度的发展

萌芽于周。中国的教育督导制度源远流长，有文字可考的历史记载最早可追溯至周代，《礼记·文王世子》中明确记载周代已经建立天子视学制度。每年春、夏、秋三季，周天子均要亲自到当时中央政府设置的大学“辟雍”进行视察，并举行隆重的视学典礼。天子视学那天早晨，先击鼓以集合大众，诸侯、大臣等至，然后天子至。先行设奠祭之礼表达对先贤先师的尊重，其后还要详细了解学校运作和学生们的学习情况。《礼记·王制》记载：“凡养老……五十养于乡，六十养于国，七十养于学……”由此可见，这一时期的视学制度，除具有天子躬亲示范、诸侯效仿参与的特点以外，其还与养老典礼结合在一起进行，目的是通过视学宣扬孝悌之道，以达到教化民众、巩固统治的作用。因此，此时的中国教育督导制度也具有政教合一的特点。

开创先河。北宋，中央政府成立提举学事司，设置提举学事事官，主管地方学校的教育行政监督。“提举”包含领导、管理、监督等多重含义，“学事”指学校事务，主要负责统计辖区内学生人数，对地方官学提出改进建议，监督学规的执行、学田不被侵占等。由此，开创了我国在学校教育中建立督导制度的先河，这也是中国教育史上正式设立地方教育行政官署的开端。北宋提举司的建立克服了历史上中央政府缺乏对地方学校进行行政监督的弊端，不仅加强了中央政府对地方学校的管理和监督，及时了解地方学校发展中的问题，并采取措施加以解决，更为后代进一步建立健全教育行政监督机构，完善教育监督机制提供了经验和范式，具有深远的历史影响。

走向正规。元代，仍设提举司和提举官，统一管理当时地方官学中的儒学、医学、蒙古字学，具体负责管理监督学校的祭祀、教学、经费以及审核地方人士的著作等。除了在行省一级建立的儒学提举司，行省、宣慰司即当时的国家监察机构有权考核、任命直学、学录、教谕等长官，还可举荐本地官学的生员出仕等。明初沿袭元制，于各省设儒学提举司，统一管理各级儒学师生的定额与待遇，统一规定儒学经义文本格式等，并颁发8条禁例，命令各地镌刻于石，竖立在各级地方官学的明伦堂前，史称“洪武卧碑”。[1]英宗正统元年，明代朝廷还颁布了督学官的工作条例《敕谕》，对学校的建制、视学的指导思想、提学官的职责范围及管理都作了详细规定。由此，中国封建社会的视学制度走向了正规化。这一时期与宋代相比，有一个突出特点是国家监察机构参与了对负有视导责任的地方行政官员、提举学校官和教官的监督。

因袭改进。清代，政府更加注重发展学校教育，对地方官学的管理和监督也有所加强。清初因袭明制，在直隶设提学御史，地方各省设提学道，雍正四年，统一改称“钦命提督学政”，由皇帝亲自选任，主要负责一省的学政事务，具体职责包括衡文取士、举优黜劣、选拔教官等。顺治八年，朝廷还建立了学政考核制度，三年任期满，须向吏部述职，接受考核。因由皇帝钦命，学政地位高，责任重、职责明、纪律严、俸禄高，是清代学政的显著特点。

2. 近代教育督导制度的发展

确立近代视学制度。近代中国教育督导制度主要是学习和借鉴日本。甲午中日战争后，日本一跃成为东亚首屈一指的强国，“日本视导制度”传入中国，为中国近代视学制度的建立提供经验和参考。1905 年，中国历史上发生了一件大事，即存在了 1300 年的科举制度终于被废除。同年，国家成立学部，参照日本，设置视导官，专门负责巡视京外学务。1909 年，学部正式颁布《视学官章程》，该章程共 7 章 33 条，对视学区域、视学资格、视学权限、视学经费等都作了明确规定，既规范了视学官员的行为，又提高了视学活动的效益，为此后教育视导制度在形式和内容上的发展都奠定了基础，是中国近代史上第一部教育视导法规性文件，标志着近代视学制度在我国的确立。

形成三级视导网络。辛亥革命推翻清王朝的统治，建立中华民国，中国迎来翻天覆地的变化。1912 年，中华民国教育部在北京成立，教育制度随之迎来一场除旧迎新的改革，建立起了部、省、县三级视学网络。部级层面，从 1913 年起，教育部先后颁布《视学规程》《视学处务细则》《视学留部办事规程》《视学室办事细则》等，规定了部级视学的范围、权限、经费及资格等。省级层面，1914 年，民国政府批准设立省视学，实施省内教育视察活动。初期，各省教育制度混乱，有些省并未设置视学，直到 1917 年，政府颁布《教育厅暂行条例》，规定各省设省视学 4~6 人，由厅长委任。1918 年，颁布《省视学规程》，详细规定视学的任职资格、视学内容和范围、视学的程序等。这是我国近代以来第一个由国家颁布的省级教学视察制度，标志着近代省视学制度正式确立。县级层面，1918 年，教育部颁布《县视学规程》。与此同时，此前

1 石灯明．我国教育督导制度的发展历史及其经验教训［J］．当代教育论坛，2005（19）：5-9.

由各省市自行确立的县视学暂行规程一律废止。《县视学规程》共 16 条，规定各县设视学 1~3 人，负责视察本县教育工作，具体包括视察学校学务执行情况、经费使用情况、学龄儿童就学情况、课程开设及学业情况等。《县视学规程》的颁布标志着我国地方视学制度的正式确立。

波折中逐渐成熟。1927 年，也就是民国后期，国民政府迁至南京，设立大学院，作为全国最高教育行政机关。但初期，没有进行专门的教育视导活动。1931 年，民国政府第三次修正教育部组织法，规定教育部内设 4~6 名督学。随着《教育部督学规程》《教育部督学办事细则》的颁布，标志着中断数年的教育视导制度正式恢复，但发生了一大变化，即原来的“视学” 统一变为“督学”，这一变化的意义在于，由原来的消极视察，更强调积极的指导。1935 年，国民政府通过第五次修正教育部组织法，督学名额增加至 6~10 人，后由于抗日战争，督学活动被迫中断。1941 年和 1942 年，先后两次召开教育视导会议，审视各省教育视导发展情况，并作出新的规定，如确定分区分类视导、制订视导表格等，并通过《督学规程》规范各省视导人员名称。总的来说，民国后期视导制度日趋成熟和完善，一是进一步巩固了三级视导体系；二是扩充了督学队伍；三是视导方式更多元化。

3. 现代教育督导制度的发展

制度初建。1949 年，中华人民共和国成立。同年 11 月，设教育部，下设六司，含视导司，各大学区、省、市、县教育行政部门内也设视导机构，通常叫作监学室或视学室。视导司主要负责监督、检查各行政区对国家各项教育方针、政策的落实执行情况。1953 年，教育部正式明确视导司职责，主要对中央教育方针、政策、指令执行情况，各级各类学校教学工作开展情况，部长交办的专项工作完成情况等九大内容进行视察、督办。

恢复重建。由于受“左”倾思想影响，教育视导工作遭到忽视和削弱。20 世纪 50 年代后期，从中央到地方各级视导机构陆续撤销，其他有关工作交给其他职能部门完成，教育视导工作几乎完全停滞。“文革”结束后，在邓小平的亲自关心下，开始恢复与重建我国教育督导制度。1978 年，教育部任命 4 位同志为教育部视导员。1984 年，教育部设立视导室，负责巡视、检查和指导全国的普教工作。1986 年，国务院批准教育部将“视导室”更名为“国家教委督导司”，这标志着我国的教育督导制度正式恢复建立。此后，全国各省、市、自治区陆续恢复设立教育督导机构，并开展教育督导实践与研究。

规范推进。1991 年，国家发布了《教育督导暂行规定》，该规定明确了督导机构和督学的任务、职权，同时还把督导分为经常性督导、专项督导、综合督导三类。该规定是中华人民共和国第一部国家级教育督导规章。1995 年颁布的《中华人民共和国教育法》规定“国家实行教育督导制度和学校及其他教育机构教育评估制度”，从而奠定了教育督导不可撼动的法律地位，为促进教育督导政策体系的完善奠定了基础。1998 年，教育部设立独立的教育督导团办公室，主要职责是组织督学对全国中等及以下学校教育的督导评估和检查验收。2000 年，经中央编办批准同意，原“国家教委教育督导团”更名为“国家教育督导团”，主要负责研究制定教育督导评估方针、政策，对省级政府贯彻执行国家教育方针、政策、制度等的执行情况进行监督检查。此后，全国大多数地方都陆续将原来教育行政部门的督导机构更名为政府的教育督导机构。

创新发展。一是立法树权威。从 1977 年邓小平同志提出恢复重建教育督导制度以来，我国教育督导工作已经走过了 40 多年的发展历程，教育督导制度伴随着国家的改革开放和教育的改革发展逐步完善。1995 年，国家颁布的《中华人民共和国教育法》将教育督导制度列为国家基本教育制度。此外，国家颁布实施的《义务教育法》《职业教育法》《民办教育促进法》等一系列法律法规中，都规定了教育督导的职能作用。但是，一直还没有一个专门的、完整的关于教育督导的法律法规。直到 2012 年，国务院《教育督导条例》重磅发布，迎来了我国首部教育督导法规，标志着我国教育督导从此走上法制化的轨道，此后国家陆续出台了一系列配套的规章制度。二是治理促改革。为加快推进教育治理体系和治理能力现代化，进一步理顺政府、学校和社会的关系，实现教育管办评分离，形成政府依法管理、学校依法自主办学、社会广泛参与的格局，2015 年 5 月，教育部印发《关于深入推进教育管办评分离 促进政府职能转变的若干意见》，从 5 个方面对深入推进教育管办评分离，促进政府职能转变提出了具体的要求。为全面贯彻党的十九大和十九届二中、三中、四中、五中全会精神及全国教育大会精神，基本建成全面覆盖、运转高效、结果权威与问责有力的中国特色社会主义教育督导体制机制，2020 年 2 月，中共中央办公厅、国务院办公厅印发《关于深化新时代教育督导体制机制改革的意见》，明确从教育督导管理体制、运行机制、问责机制以及督学聘用和管理等方面，深化我国新时代教育督导体制机制改革，促进中国特色社会主义督导体制机制进一步完善与优化。三是建标提质量。在先后发布《中小学校责任督学挂牌督导办法》《中小学校责任督学挂牌督导规程》《中小学校责任督学工作守则》《督学管理暂行办法》等的基础上，2015 年，国务院教育督导委员会办公室印发《中小学校责任督学挂牌督导创新县（市、区）工作方案》，鼓励各地因地制宜，积极创新，开展中小学校责任督学挂牌督导创新县（市、区）创建工作；2018 年，其印发《关于补充全国中小学校责任督学挂牌督导创新县（市、区）评估认定内容的函》增加督导效果指标，重点对责任督学挂牌督导在规范学校管理、促进教育公平、提升教育质量方面取得的实际效果进行核查，切实推进中小学责任督学挂牌督导取得扎实成效；2018年，其印发《关于全国中小学校责任督学挂牌督导创新县（市、区）评分标准的函》，从领导重视、制度健全、队伍精干、工作规范、保障有力、方式科学、结果运用、效益明显 8 个方面对评分标准予以细化，探索实施挂牌督导工作开展新路径。

纵观我国教育督导制度的发展，源远流长，积淀深厚，同时曲折迂回。但总体而言，呈现出一种上升发展的态势。我们这一代教育督导人需要再接再厉，深入探寻中国教育督导工作发展的规律，深刻认识人民群众日益增长的对优质均衡教育发展的需求与优质均衡教育资源不足之间的矛盾，不断适应新时代对教育督导工作的新要求，不断探索深化中国特色社会主义教育督导制度。

（二）国外教育督导制度的主要特点

1. 国外教育督导理念

（1）注重科学与民主

新加坡教育部 15 个职能部门中，具体负责教育督导工作的有两个，即课程规划与发展署和学校督导署，两个部门的督导工作有不同的分工和清晰的权责。课程规划与发展署主要负责研发全国性的课程计划和教学大纲并监督它们的贯彻实施，改进课程内容等。学校督导署主要负责直接面向所有政府中小学校进行管理和监督。新加坡的教育督导分工明确，既重视中宏观顶层设计的督导，又重视微观执行实施的督导；既重视课程教学改革为核心的教育质量督导，又重视学校规范管理为重点的办学行为督导。双管齐下，促进学校依法治校与提升教育质量。这使得新加坡逐渐形成了一套分工明确、职责清晰、运行高效的现代教育督导体系，并使得新加坡的教育督导较早走向正规化、专门化和科学化。同时，为了避免权力的集中可能造成的工作生硬、僵化的弊端，新加坡教育督导强调充分发挥民主性，要求督导人员在工作中多给予学校帮助和指导，调动被督导对象的积极性，使教育督导既能在集中领导下顺利高效开展，又能在实际工作中充分发挥民主性。

日本教育督导强调科学性和民主性。要求从事实出发，以事实说话，避免个人主观因素可能对督导工作产生的不良影响。同时，日本各级教育督导机构独立存在，避免行政命令过多而影响工作开展的民主性。日本实施分类督导和分科督导。分类督导是指督导人员按照学校类型的不同进行分工指导、横向负责，确保督导效果的专业性、针对性。分科督导是指督导人员按照学科划分，从低年级到高年级一贯到底，纵向全面负责，确保督导效果的一致性、连续性。同时，日本还强调督导人员工作时间安排的科学性与合理性，要求督导人员科学合理分配深入学校督导、参加培训研修以及完成事务性工作的时间。

加拿大教育督导制度具有较高的透明性，从教育督导政策的制定，督导人员的任命到督导过程的实施与评价，以及对督导结果的处理都比较透明，确保督导人员能够认真负责、客观公正地处理督导工作，避免受到人为不良干预，开展督导工作的自主性、民主性较强。同时，加拿大的教育督导制度比较完善和细致，督导评估指标易于操作，这些都为督导工作的科学民主开展提供了有力保障。

法国坚持“宏观督导”与“微观督导”相结合的理念，法国国民教育总督导处主要对全国教育工作进行宏观评估和协调，如对全国重大的教育改革和实验进行研究、论证和部署，确保全国教育改革与实施的科学性。而国民教育行政总督导处主要进行“微观督导”，侧重于对新学校、新教师进行督导。通常情况下，对一般学校的督导，原则上由相应学区的督学来完成。“宏观”与“微观”的结合，既从国家层面充分保障原则上的正确性与科学性，又给予地方学区较多的权力和自由，民主开展教育督导活动。

（2）兼顾质量与效益

德国为了提高教育督导的质量与效益，其基本职能有非常明确的规定，即业务监督、公务监督、法律监督等，将教育督导的职能与权力细化到每一个教育环节和教育部门，甚至对政府部门颁布的有关教育法律条款的执行情况都加以监督。明确细致的职责划分，确保教育督导内容的全面性与系统性，避免教育督导的随意性、重复性，促进教育督导质量和效益提升。

澳大利亚没有单设教育督导部门，而是将之融合在各学区的教育行政管理部门之内，如新南威尔士州的教育培训部下设质量评估局，就是行使教育督导职能的部门。另外，各学校也有督导组织，如学校董事会、家长委员会、教师工会等，对学校日常事务进行监督和指导。这符合其国家地域辽阔、人口分散的国情，充分运用各级、各地资源提高教育督导的质量和效益。

荷兰秉持“为了更好的教育而实施督导”的理念，通过开展教育质量评估检查学校依法办学情况，督促薄弱学校改进，确保所有学生都能接受高质量的教育。督导局实施“基于风险的督导”，每年都要对全国中小学办学质量进行风险分析，以检查学校表现低于国家标准的情况。如果学校质量不佳，督导局会指出该校需要改进的方面并监督改进过程，对其实施定制式督导，以此来确保所有学校办学质量都能符合国家要求，所有学生能够接受公平而有质量的教育。

（3）强化改革与提升

英国由于督导制度本身存在的问题和受相关政治因素的影响，尤其是受撒切尔主义思潮的影响，于1993年对教育督导制度进行了前所未有的改革，成立了教育标准局，取代了先前的女王督学处。先前英国的教育，尤其是中小学教育是地方和学校的事务，不受中央政府统一管理，因而学校与学校之间差别很大，就课程设置而言，各校迥然不同，课程教学方法、教学效果和质量没有可比性，给教育督导工作尤其评估工作带来很大困难。成立教育标准局后，建立了统一的评价标准，为先进的教学理念、教学方法和模式等推广起到了很好的促进作用，形成了在同一标准和要求下的良好竞争态势，在很大程度上提高了学校教学质量。

美国实行公立学校与私立学校并行制度。由于经费投入、竞争意识欠缺等原因，美国公立学校尤其中小学校教学质量、声誉日趋下降，入学率降低，因此学校数量逐步减少。基于这种情况，美国政府在20世纪80年代实施了一系列的教育改革，改革措施主要针对改善学校教学、提高学业成绩等方面，教育督导的职能也侧重于教学过程的监督和教学质量的评估。经过改革，美国公立学校的教学质量得到明显提高。

比利时的教育督导制度改革独具匠心。当政府发现教学督导的监督和检查职能已不能满足教育发展的需求时，便适时增加了一项新职能——教育咨询服务。比利时于1991年创建了教育咨询服务系统，教育督导在履行教学监督与检查职责的同时，以全新的理念为学校提供各种咨询，如考试与学习咨询、学科教学咨询、心理咨询、职业指导咨询等。教育咨询服务使教育督导为社会服务做出了巨大贡献。

2. 国外教育督导体制

根据不同的标准，将国外教育督导体制划分为不同的类型。根据建立教育督导体制的价值取向进行划分，我们将国外教育督导体制分为行政型体制、视导型体制和混合型体制三类。

一是行政型体制。行政型体制是以行政监督为核心构建的一种教育督导体制。其主要价值取向是以行政权威监督下级政府、政府教育主管部门、学校执行国家教育法规、政策。这种教育监督体制反映的是政府管理教育的职能体制，是政府依法治教体制。如第二次世界大战前的日本政府监督下级教育部门和学校按照天皇的敕令开展教育工作而形成的提示，就是行政型体制的代表。行政型教育督导体制对学校教育软件环境，特别是课堂教学质量提高的监督效果极其有限，甚至会出现监督越勤越细，越遭到被监督者内心的抵制，导致监督效果反而不好的现象。

二是视导型体制。视导型体制是以观察和指导为核心构建的体制，这种体制的主要价值取向是以视察或指导教育行政部门或学校按照教育规律、教育法规开展教育活动并促进其提高教育质量和教育效益。这种教育督导体制反映的是教育主管部门管理教育的职能体制，是教育主管部门依法主管教育，促进行政辖区内的学校执行国家教育法律、政策和方针，执行国家课程计划和标准，提高学校教育质量的一种教育督导体制。这一体制主要依靠视导人员的专业权威，更加注重教育督导的科学性、民主性、公平性，通过集体或个别指导、帮助或服务发挥其作用，这是一种以学校为主要对象，重在观察和指导，重在为学校教师排忧解难，较为灵活的教育督导体制。如美国形成的没有统一，而是自成体系、独立的教育督导机构和制度，联邦教育部既可以对本部所资助的一些项目进行检查和视导，也可以由地方教育行政部门负责开展辖区内的检查和视导，还可以由有关学术组织，如全国学校评估研究会，通过出版学校教育标准和视导指南，对各地教育督导机构或学校进行指导。视导型教育督导体制与行政型教育督导体制相比，虽然也强调行政权威，但是行政权威不如后者，相反主要依靠非权力因素开展有效的教育督导。

三是混合型体制。混合型体制是综合了行政型、视导型体制的优势而形成的综合性体制。这种体制兼顾行政监督与专业指导，能够较好地实现优势互补。这一体制既能充分发挥政府职能，促进督导人员专业优势的发挥，实现权力因素和非权力因素的结合，也能更好地促进学校自主办学、自我控制。国外大多数国家都是这种教育督导体制，典型的是英国，英国的教育督导体制在重视对教育工作进行指导的同时，也充分发挥其对政府履行教育职责的监督和检查功能。这种混合型教育督导体制能够发挥督导和督学两个方面的优势。

3. 国外教育督导的亮点

一是法制建设较完备。教育发达国家非常注重督导工作的法制化建设。例如，英国的教育督导制度已有 100 多年的历史，其间历经数次大的变革，每次变革都有立法依据。比较著名的如：1839 年根据教育法案设立的皇家督学团，1871 年通过的《初等义务教育法》，1902 年通过的《中等义务教育法》，等等。这些法规在保证教育督导制度改革的同时，也为英国教育督导树立了很高的权威。法国也是较早建立教育督导法规的国家之一，1988 年修订了《国家教育行政总督导章程》，1989 年颁布了《国民教育总督学特别章程》，1990 年颁布了《地区—学区督学和国民教育督学特别章程》，这一系列的法规为教育督导改革提供了法律依据和保障，使法国的教育督导体系更加完善。俄罗斯联邦的督导制度与众不同，2004 年 4 月成立的俄罗斯联邦教育和科学部，

2004年6月俄联邦政府先后颁布的《关于俄联邦教育和科学部条例》《联邦教育署条例》和《联邦教育和科学督察署条例》，从根本上对教育管理的立法权、执行权和监督权进行了明确的划分，其督导机构单列，立法权、执行权和监督权各自独立。教育法规的制定使得这些国家的教育行政管理活动有法可依，从而有序、有效运行，从根本上推动整个国家教育事业的发展。

二是指导功能较突出。在俄罗斯，过去督导工作人员一直被认为是很威严的上司，给被督导者一种被监督、被检查的感觉。而近年来，督导更加重视“导”的作用，强调督导的目的是帮助学校和教师解决困难，帮助学校改进工作，提高教育教学质量。澳大利亚的督导不是简单听取学校的意见，然后给予大致建议如此而已，而是根据具体指标体系来帮助学校找到欠缺和不足，提供咨询，并在学校制订重要决策时给以相关意见，从而帮助学校发展。在美国，教育辅导的作用远远大于监督的作用，辅导人员不对教师实行考核，事后也不进行奖惩，强调教育辅导以改进教学为目的。

三是指标体系较完善。如英国国家教育标准局的首要任务就是制定评估标准，建立高效的评估体系，其内容涵盖全国所有中小学校和幼儿教育以及教育行政主管部门的管理工作。澳大利亚联邦政府和州政府设置了各种教育质量指标体系及评估标准，如将学生的英语水平、算术能力等量化为具体的等级和指标，并以此来衡量学校工作的质量，当学校没有达到标准时，政府将提供相关的服务，如指导、咨询等，这实际上就是一种新型的建立在政府和学校合作型关系基础上的督导形式，从而充分发挥教育督导的“方向标”作用。

二、中外教育督导制度建设比较

（一）中外教育督导制度顶层设计比较

1. 教育督导机构的设置

教育督导机构是指教育督导主体为达到共同的教育目标，按特定的管理结构形式、活动规律所设计建构起来的教育督导组织。各国教育督导机构的设置都直接受到本国教育行政体制的影响，但根据其履行职能的独立性，教育督导机构大体上可分为完全独立型、相对独立型和职能分散型三类。

一是完全独立型的教育督导机构。它是指完全独立于教育行政主管部门，不受其干预，代表国家或政府对教育行政主管部门或教育机构进行督导。英国、新西兰等国均属于这种类型。以英国为例，英国负责教育督导的教育标准局只对议会负责，属于非政府机构序列的独立部门，每年直接向议会进行教育质量报告，而无须向英国的教育行政主管部门，即教育与就业部进行报告。新西兰负责教育督导工作的教育检查办公室，也是完全独立于教育行政主管部门，直接隶属于国会。此类教育督导机构权力大、独立性强，能够客观进行教育督导工作，不容易受其他因素干涉。但正因如此，容易出现“重督轻导”的现象。

二是相对独立型的教育督导机构。它是指教育督导机构设在教育行政主管部门内，在教育行政主管部门的领导下开展督导工作，教育督导机构是教育行政主管部门的一个职能机构，受教育行政主管部门的领导和管理。目前，世界上大多数国家的教育督导机构都是此种类型，典型代表是日本和法国。日本从中央到地方，分别在文部省、都道府、市镇村教育委员会的事务局内部设立教育督导机构，各自承担全国或者辖区内的学校检查、指导工作。法国在国民教育部内设总督察局，总督察局内分设教育总督学和教育行政总督学，分别负责教育教学督导和教育行政督导。这些国家的教育督导机构，从形式上看都是设在教育行政部门内，不同程度地受教育行政部门的组织领导。教育督导部门的领导干部往往是从教育行政系统中选任。此类相对独立的教育督导机构，由于其督导人员往往与教育行政部门有或多或少的关系，其“教育专业性”较强，开展教育督导的针对性也较强，但存在对教育行政主管部门自身的督导弱化的现象。

三是职能分散型的教育督导机构。它是指将教育督导职能分散，由教育行政部门内的相应科室承担有关教育督导的职责。此类教育督导机构的典型代表有加拿大、德国、澳大利亚以及美国部分州。以德国为例，德国没有独立的教育督导机构，但有教育督导工作，教育主管部门负责人既是行政官员，也是教育督导人员，校长既是学校领导，也是学校教育督导人员。美国的部分州，也将教育督导职能分散在教育行政部门内的各科室中，既履行教育行政职责，又履行教育督导职责。此种职能分散型的教育督导机构，避免了各部门工作布置的脱节，有利于保证教育管理过程的完整性和一体化，同时有利于减轻人员编制和财政负担，但不可避免存在“自己决策、自己监督、自己评价”的现象，使教育督导的公信力下降。

而我国的教育督导机构与国外的教育督导机构的一个不同之处在于：国务院《教育督导条例》规定：“国务院教育督导机构和县级以上地方人民政府负责教育督导的机构在本级人民政府领导下独立行使督导职能。”但在实践中，由于各地经济、文化、教育水平等方面发展的差异，很多地方的教育督导机构往往设在当地教育行政主管部门内，受政府和教育行政部门双重领导。因此，我国的教育督导机构存在独立型与相对独立型并存的特点。

2. 教育督导职能的发挥

教育督导职能是指教育督导活动本身所具有的能力和作用以及教育督导机构及其工作人员在执行督导任务中的职责，它是教育督导及其机构和人员的能力、作用与职责的统一。教育督导的职能决定了教育督导的基本内容和功能定位，对教育督导作用的发挥有重要影响。

以视察为基本手段、监督为主要目的的“行政监督型”。行政监督型一般是与中央集权型的教育行政体制相适应的。在中央集权型国家，教育属于国家事业，中央政府对教育负有直接责任，地方自主的思想居于次要位置。这种体制决定了教育督导是以检查、督察为主，其优点在于可有效保障地方办学遵循中央的教育方针、政策和法令。德国和法国是行政监督型体制的典型代表。德国在法律上明确规定，教育督导的三大基本职能是法律监督、公务监督和业务监督。法国教育督导的主要目的也是为教育管理服务，旨在通过教育督导对教育政策实施情况和教育体制运转情况进行评估和督导，强化中央政府对地方教育的宏观指导。

以指导为主要手段、改进为基本宗旨的“业务指导型”。业务指导型一般是与地方分权型的教育行政体制相适应的。在这些国家，地方教育自治的思想占据主导地位，教育主要由地方政府自主管理。这种体制最典型的国家是美国。美国的教育督导主要采取业务指导和教育服务的方式，如推广先进的教育教学经验、协助教师提升教学技能等。而且越是在基层组织，教育督导的指导职能比重就越大，服务性、指导性就越明显。需要指出的是，日本虽然也属于中央集权体制国家，但由于在“第二次世界大战”后受美国教育督导体制的影响，日本的教育督导制度实为指导或视导制度，以导为主、以督为辅，带有明显的重“视”不重“督”、重“导”不重“令”的特征。

兼顾监督和指导两种职能的“督、导并重型”。这种类型一般是与共同合作管理教育的体制相适应的，最具代表性的国家是英国。在英国，中央教育督导机构和地方教育督导机构属于两个独立的系统，各自负责教育督导的两个方面。中央教育督导机构侧重对全国教育工作进行督导，地方教育督导机构的任务则聚焦于帮助学校提升教育教学质量，两者各有分工，并不存在明显的职能交集。

督政、督学、评估监测三位一体的“督、监、导综合型”。近年来，中国不断完善教育管理体制改革，着重强调督政、督学、评估监测相互融合的综合型督导。因此，从教育督导职能的发挥上来讲，是一种督政、督学、评估监测三位一体的综合型教育督导职能。总体而言，世界各国的情况不尽相同，各有侧重。基本上各国早期的教育督导往往偏重于视察和监督，是一种自上而下的、依靠行政手段执行的居高临下的督导，其目的主要是检查和考核，而不是指导学校如何具体改进。近年来，随着教育督导的地位和作用不断提升，教育督导的观念也在不断深化和拓展，教育督导的职能发挥也由视察、监督逐渐转向提供指导和服务，具有一种指导性、劝告性、建议性，帮助学校及时解决问题与促进学校更优质发展。

3. 教育督导队伍的选拔

教育督导队伍是指教育督导机构中专门从事教育督导工作的人员，或由教育督导机构聘请的从事教育督导工作的人员，是教育督导工作的具体组织者或实施者，一般包括专职督学、兼职督学、相关专业人员等。世界上不少国家都拥有一支精细化、专门化、职业化的教育督导队伍。据统计，如英国国家教育标准局有皇家督学 400 余人，全国有 3000 余名独立督学；荷兰共有教育督导人员 442 名，其中 65% 为督学，15% 为分析人员，20% 为辅助人员；西班牙按督学与学生 1 ∶ 3000 的比例配备督学，每位督学负责 14~15 所学校。这些国家高度重视教育督导人员的选拔任用，被聘用的督导人员都应满足严格的任职标准，具备相当的学历和资历，并拥有丰富的教育管理和教学经验，任职前和就职后还要接受长时间的职业培训[1]。截至 2018 年，我国共有专兼职督学 12 万余名，教育督导人员的数量明显增加，队伍进一步壮大，成为开展教育督导工作的中坚力量。

国外教育督导人员的选拔。英国的教育督导人员遴选程序包括：一是在全国范围发布公告，由申请人填报申请表；二是从应征者中挑选符合标准的人进行面试，同时审核应征者的教育背景、工作动机、个人能力及品质等；三是通过面试，由督学团成员及教育主管部门人事官员组成的遴选委员会进行评价，并实行一票否决制；四是通过面试的应征者进入培训和模拟练习；五是培训结束后进行为期一年的实习期，实习期满考核通过才能被正式任命为督学。由于选拔的基本原则是宁缺毋滥，这五个阶段都有被淘汰的可能性。因此，英国皇家督学团成员的素质均较高，其权威性较强。法国教育督导人员大致分为总督学、学区督学、省督学三级，因此分别有三种对应的选拔方式：一是审议。由于总督学的候选人大多是学区督学、博物馆馆长、教育部部长、学校校长等，这些候选人本身就具有一定的权威性，无须经过考试。因此，总督学的选拔是由国家总督导处以审议的方式进行，其中包括初审和复审两个环节。二是审议加实习。学区督学的任职标准很严格，候选人必须向学区长提出报名申请，通过审查后递交到总督导处进行审议，审议通过后由教育部长确定人选并上报到总统处，由总

1 周海涛，朱玉成. 教育督导的国际共性特征和我国变革动向［J］. 社会科学战线，2018（6）：227-236.

统宣布任命，任命后，见习督学进入为期两年的实习环节，必须在通过实习考察后，才能够转为正式的学区督学。三是考试、培训和实习。省督学的任职标准相对较低，候选人首先要通过考试，对于在职的小学教师，还需要通过预考才能报名参加正式考试。通过考试后，候选人需要进行两年的培训，第一年以见习和学习的方式交替进行，年底进行口试，通过口试后，进入第二年的职业实习，最后进行年终考试，通过考试并取得能力证书者可以到学区进行实习，一年后通过考核，才转为正式的国民教育省督学。日本教育督导人员中的最高督学长官需要通过国家公务员资格考试，由日本文部大臣任命，其他教育督导人员则是通过推荐与面试相结合的方式进行选聘，为了规范督导人员的选聘，日本出台了相应的法律，如《地方教育行政的组织和运营法》《教育公务员法》等。

我国教育督导人员的选拔。目前，我国教育督导队伍的选拔主要有两种方式：一是推荐任命。这是按照干部管理相关要求和程序组织实施，一般的做法是，党委、政府根据教育督导工作需要，通过同级或者下级党委、政府、教育行政部门、学校推荐等方式，对符合任职条件的人员进行组织考察，然后按照干部管理权限进行任命，被任命的督学享受同级公务员待遇。二是招聘考试。为适应新时期教育督导工作的需要，一些省市结合地方实际，积极引入竞争机制，通过公开招聘的方式选拔教育督导人员，大致的流程有：发布招聘公告；申请人报名；资格初审；组织考试，一般有初试（笔试）、复试（面试）；培训实习、任命并向社会公布。

总体而言，各国对教育督导队伍的选拔准入严格，但方式各异。国外一些国家对教育督导人员的选拔，已经形成较为成熟的制度体系，我国的教育督导人员选任制度也在不断发展完善。

（二）中外教育督导制度基层探索比较

1. 督导对象的差异

外国教育督导的对象。英国皇家督学团的主要任务是“向国务大臣报告有关教育制度好坏的评价”，依据督导法案，督导对象是除了高等教育之外的各级各类学校，具体包括学前教育机构、初等教育机构、中等教育机构、继续教育机构和师范教育机构。地方视导组织的督导对象与中央督导组基本一致，其对象是从事初等、中等、继续教育和在职培训的教育机构。法国的教育督导包括中央的教育督导、学区的教育督导和省的教育督导，其内容大致可分为行政方面的督导和教育及其他方面的督导，教育部、学区行政部门、公立学校、教育培训机构等均为其督导对象。美国作为一个分权制国家，教育督导主要是通过教育辅导来实现的，全国设有统一的教育辅导制度。美国的教育督导对象主要是学校和教师。日本的教育督导分为中央和地方两级，中央的文部科学省主要负责对教育机构的设置、管理、教科书的编审、课程设置等进行督导，而地方督导主要负责教育局内部工作、学校具体工作的开展和教师进修等，可见日本的教育督导对象包括政府和学校两个层面。综上所述，各个国家教育督导的对象有所不同，有的既包括政府，也包括学校，但总体而言，国外的教育督导对象主要是学校。

我国的教育督导对象。一是督导地方各级政府。国务院《教育督导条例》明确规定："县级以上人民政府对下级人民政府落实教育法律、法规、规章和国家教育方针、政策的督导。"由此可见，地方各级人民政府都是督导的对象。二是督导学校及其他教育机构。国务院《教育督导条例》规定："教育督导包括县级以上人民政府对本行政区域内的学校和其他教育机构（统称学校）教育教学工作的督导。"这就决定了教育督导的对象还包括各级各类学校和其他教育机构。这些机构具体包括：公立学校及其他教育机构；各类全日制民办学校及举办机构；各类民办培训机构及举办机构。由此可见，事实上我国教育督导的对象分为"督政"和"督学"两个方面。

2. 督导内容的差异

国外教育督导的内容。英国教育督导的内容主要包括四个方面：被督导学校达到教育标准的程度；被督导学校教育的质量；被督导学校的领导和管理质量，包括可获得的应用于学校的财政资源和管理效率；被督导学校的学生在精神、道德、社会、文化方面的发展情况。法国教育督导的内容主要包括：对教育部、学区、公立学校等机构进行行政、财务、会计及经济运行情况的效益进行研究和评估；评价和研究国家的教育制度；对教育培训机构进行调研和紧急情况的处理；对教师教学质量进行评价等。美国教育督导的主要内容大致包括两个方面：课堂教学和教师发展。课堂教学督导旨在提高课堂教学质量，指导教师改进教学设计和教学策略等。教师发展督导，主要是对教师定期进行教师资格、培训情况等进行审查和鉴定。

我国教育督导的内容。由于我国的教育督导对象包括政府和学校两个方面，因此督导的内容也分别有所不同。督政的主要内容：各级各类学校的规划布局、协调发展等情况；义务教育普及水平和均衡发展情况；法律、法规、规章和国家教育政策规定的其他事项。督学的主要内容：学校实施素质教育的情况，教育教学水平、教育教学管理等工作情况；学校教师队伍建设、招生、学籍管理制度建设和执行情况，学校安全、卫生制度建设和执行情况，教学和生活设施设备配备、使用等教育条件的保障落实情况、教育投入的管理和使用情况等。总体而言，教育督导的内容越来越全面和细致，它使教育督导的目标更明确，意义更深刻，更有价值。

3. 督导方式的差异

国外的教育督导方式。美国有三种教育督导方式：行政性辅导、服务性辅导和二者的结合。行政性辅导一般由教育机构组织进行，目的在于了解情况、发现问题。服务性辅导是一项经常性的繁杂工作，一般由专职辅导人员实施。总之，美国实施督导的方式因时、因地、因人而异，具有较强的灵活性。法国和西班牙教育督导的方式也非常灵活，常根据不同的任务需要临时编组。英国将教育督导工作分成一般性的普遍督导和针对性的专题督导，如按等级划分为初等、中等、高等教育督导，或按学科分成数学、英语、历史督导等。日本的教育督导则没有明确的分工，有些地方甚至是采取综合的方式进行。综上所述，各国的督导方式并不存在一个统一的模式，而是具有灵活多样的特点。

中国的教育督导方式。中国的教育督导方式经历了由强制命令式督导向启发民主式督导的转化。教育督导是督导者与被督导者双方共同活动的过程，其效果取决于双方的共同参与和合作，取决于一种协调的督导氛围。因而，近年来，民主式的督导越来越受到欢迎。同时，随着教育督导工作信息化水平的不断提升，督导工作人员开始将数据统计与分析的一些方法用于教育督导过程中，对一些可以量化的指标进行科学的定量分析和评价，实施精准督导，用数据说话，改变过去只能用较为模糊的语言去描述某些督导情况的不科学性和不准确性。具体来说，中国目前常用的督导方式有经常性督导、专项督导与综合性督导三种方式。

（三）中外教育督导区划制度关联分析

1. 按区划制度类别

责任区制度是教育督导制度建设的一个重要环节，2012 年开始，我国教育部向全国推广责任区制度。国务院《教育督导条例》规定：“县级人民政府负责教育督导的机构应当根据本行政区域内的学校布局设立教育督导责任区。”也就是将若干所学校按一定规律划分责任区。由于督导工作的性质，发达国家的督导制度都包含责任区制度这一内容，有些国家称为分区制度，例如英国、荷兰、新西兰等；有些国家称为联络员制度，例如法国、西班牙；还有的国家称为学区制度，如美国、澳大利亚；我国台湾地区称为督学驻区制度。总体而言都是按一定规律相对集中划分区域，是督导学校的一种常态管理模式，如英国将全国划分为 7 个责任区，分别设立督学办公室，西班牙将全国划分为 17 个大区，每区派驻督学代表作为联络员。

2. 责任区办公模式多样化

与国外相比，我国的责任区制度层次更加丰富，主要是在区县一级的地方建立和实施，因此不同地方因地制宜，办公模式灵活多样。异地集中办公模式，即督导责任区有独立的办公场所、经费和运行机制，每个督导责任区工作人员集中在一处办公，其人员具有专职编制的性质，这一模式以湖南醴陵市为典型，常被称为“醴陵模式”。驻校模式，即督导责任区设立于所在区域的学校之中，在某所学校内办公并对所在学校和责任区的其他学校进行督导的一种督导责任区建设模式。这种模式以长沙市宁乡市为代表，督导责任区设在该市的示范高中内。分离模式，即督导责任区和学校相分离，既不是督导责任区的工作人员都聚集在一起办公，也不是在所管辖的某一所学校内办公，这种模式解决了前两种模式可能会产生的责任区工作人员集中在一起的成本、人员编制、单独预算，以及驻校模式的公平问题和独立性问题，该种模式也是目前我国大多数地区广泛采用的责任区办公模式。

3. 责任区职能定位有异同

与国外相似的是，教育督导责任区“把每一所学校都纳入督学的责任区范围，实现学校督导全覆盖，责任区督学深入学校的各个方面，不放过任何细枝末节，实现了学校的全方位督导”。不同的是，督导力度有所区别，在我国对辖区内每一所学校督导的主题和内容几乎都是明确和一致的，重在强调规范、公平与均衡。而国外一些国家，如荷兰、英国比较强调根据学校存在的不同风险或问题来决定督导的任务，以及督导的频率和深度，中外教育督导责任区制度各有所长，也值得互相借鉴学习。

三、植根国情的责任区挂牌督导制度

（一）丰富教育治理现代化手段

1. 增强教育行政的影响力

国务院《教育督导条例》规定，“国务院教育督导机构和县级以上地方人民政府负责教育督导的机构在本级人民政府领导下独立行使督导职能”，这一规定实际上指明了教育督导机构是政府管理教育的一个独立的行政机构，教育督导依法根据国家赋予的权力实施监督、检查、评估、指导和服务的职能。其次，教育督导必须依法实施，督导机构和被督导单位均应按照职能职责履行其相应的义务，并各自承担相应的法律后果。教育督导的行政性是教育督导实施有效性的重要保障，如果教育督导活动没有强有力的行政权力作支撑，对政府和学校的教育督导效果将会大大削弱。实行挂牌督导有利于延伸教育督导的触角，是国家落实依法办学，转变政府管理职能，推进教育治理改革的一项重要举措，有利于防范以至避免教育法治的力度随着政府层级的下移而逐级衰减，确保教育法律法规在各级各类教育工作中得到切实执行，增强教育行政的影响力。

2. 提高教育决策的科学性

挂牌督导深入基层，一方面将实地看到、听到、了解到的教育现象和问题以及在基层中挖掘到的创新经验进行梳理、研究、分析，如实向相关政府部门反馈上报，为教育科学决策做好调研和咨询。另一方面又在实际督导过程中，监督政府的教育决策是否做到尊重教育规律和学生的身心发展规律，发挥教师智慧，释放学生创造性，使教育更好地为国家“五位一体”的发展战略服务，有效促进人的全面发展，确保教育科学发展和国家人才培养战略目标的实现，防范和纠正错误的或不恰当的决策。

3. 强化教育政策执行效能

挂牌督导作为教育督导的触角，切实推动教育督导“长牙齿”，提高教育督导的权威性和实效性，确保制度优势能转化为治理效能。同时，挂牌督导通过集中力量聚焦解决教育领域发现的一系列群众关切的热点、难点、痛点问题，强化政府兜底性保障，实现高效与公平并举，让人民群众能够享受区域深化教育改革发展带来的红利。对于在督导实践中发现的问题，挂牌督导可以依法通过下发整改通知书、跟踪回访、发布督导报告、约谈相关责任人等方式督导被督导对象及时纠错改错，切实推进教育决策在执行环节得到正确、有效的落实。对督导结果为优秀的被督导单位及其责任人进行表彰，在政策支持、资源配置、干部考核任免方面进行统筹考量。

（二）促进现代学校内涵式发展

1. 规范办学行为

规范办学行为是学校坚持正确的办学方向和发展学生核心素养的首要条件，是将学校建设纳入规范化轨道，从而不断提高学校的办学水平、办学质量和办学品质的迫切要求，是挂牌督导工作的重要内容和职责。责任督学依法履职，像“片警”一样定期到自己辖区内的学校进行督促、指导，帮学校排查安全隐患，纠正办学中违法违规之处，解决教育治理的“最后一公里”问题，成为助推教育改革发展的重要抓手。中小学责任督学挂牌督导制度已经成为我们教育治理现代化体系中的亮点，进一步规范了办学行为。

2. 促进师生成长

挂牌督导通过对教师师德及专业发展、课堂教学等内容进行直接督导，帮助教师发现自己的亮点与优势，指出其不足与努力的方向，促进教师专业成长。同时，通过结果反馈，将督导结果作为学校对教师的考核依据之一，使教师的工作与聘用、晋升和绩效挂钩，促进教师考核与激励机制的进一步完善，保障教师合法权益的同时，充分调动教师工作积极性。挂牌督导通过指导学校深化教育教学改革，落实新课改理念，加强课程建设，丰富课程资源，提高课程品质和育人质量，指导学校加强学生思想道德建设，强化学校树立以学生发展为本的思想，帮助学校排查处理校园欺凌等问题，切实维护教育公平，提高教育质量，促进学生身心健康发展。

3. 深化特色发展

挂牌督导围绕“校务管理和制度执行情况”“招生、收费、择校情况”“课程开设和课堂教学情况”“教师师德和专业发展情况”等八大主题，开展经常性督导，不断规范学校办学行为，助力学校优化内部治理结构，完善现代学校制度体系建设，帮助学校结合校情彰显办学特色和优势，不断提升学校开放办学水平，促进自主发展、特色发展、可持续发展。

（三）推进教育领域“管办评”分离

深入推进教育“管办评”分离，是深化教育领域综合改革的一项重大命题。新时代新形势下，在教育督导推进教育“管办评”分离的制度设计和实践中，教育督导主要承担着“管”的监督者、“办”的指导者、“评”的主导者三种重要角色。

1. “管”的监督者

“管”的监督者是指在政府宏观管理中充分发挥监督作用，按照“决策、执行、监督”相分离的要求，监督是教育管理中必不可少的一个环节。教育督导“督政、督学、评估监测”三位一体的体系中，“督政”主要是指教育督导机构在本级人民政府领导下对下级人民政府落实教育法律、法规、规章和国家教育方针、政策的督导。通过行使“督政”职能，教育督导成为监督和督促地方政府履行优先发展教育职责的关键举措，在监督政府及有关部门依法落实教育投入、基本条件保障等方面发挥重大作用[1]。

2. “办”的指导者

“办”的指导者是指在学校自主办学中发挥指导作用。教育督导机构在本级人民政府领导下对本行政区域内的学校和其他教育机构教育教学工作的督导，是教育督导

1 何秀超. 教育督导推进“管办评”分离的思考［J］. 教育研究，2019（2）：124.

的“督学”职能。在“管办评”分离中，政府向学校放权、落实学校办学主体地位、激发学校活力，是建设现代学校制度的关键。在“放”的同时，必须加强“管”与“服”。“放”并不意味着撒手不管，学校的自主办学必须符合有关规定，其办学方向和办学行为必须纳入科学和严格的督导中。教育督导通过深入开展“督学”工作，指导学校规范办学行为，提高学校办学水平和质量，强化对其帮扶。

3.“评”的主导者

“评”的主导者是指组织实施学校办学质量评估监测工作。中共中央办公厅、国务院办公厅《关于深化新时代教育督导体制机制改革的意见》指出：“在评估监测方面，建立教育督导部门统一归口管理、多方参与的教育评估监测机制，为改善教育管理、优化教育决策、指导教育工作提供科学依据。”教育督导部门要进一步深化管理体制改革，将推进教育评价改革作为重要内容，充分发挥专业机构和社会组织的作用。对委托社会第三方专业督评机构开展的教育评估监测，要加强监督和管理，加强过程把控，并以强化评估监测结果运用为突破口，不断提高教育督导质量和学校办学水平。

第二节 教育督导顶层设计之南岸方案

一、区域教育督导机构设置

（一）区级教育督导机构

1.“一中心”——区人民政府教育督导委员会

为贯彻落实国务院《教育督导条例》和《重庆市教育督导条例》精神，围绕区域教育改革与发展工作，服务区域教育治理现代化，南岸区积极构建以“一中心两支点”为主体的区级教育督导组织架构。需要说明的是此处所指的“一中心”是指区人民政府教育督导委员会，与下文所提及的单位名称，即区教育督导评估中心不要混淆。南岸区人民政府教育督导委员会成立于2015年10月，作为非常设领导机构，委员会主任由分管教育工作的副区长担任，副主任分别由区政府办公室联系教育工作的副主任和区委教育党工委书记、区教委主任担任，成员由区委组织部、区委宣传部、区委编办、区发改委、区教委、区财政局、区人社局、区公安局等区内相关部门领导组成。委员会负责统筹、协调、指导全区教育督导工作，每年召开1次以上专题会议、联席会议等，审议教育督导工作的重大事项，协调解决区域教育督导工作中的重大问题。

2.“两支点”——区人民政府教育督导室；区教育督导评估中心

区人民政府教育督导室作为区教育督导机构的一支点，具体负责督政、教育督导责任区挂牌督导、国家与市级布置的各类专项督导、义务教育优质均衡发展以及质量监测等相关工作的组织实施与结果运用。

区教育督导评估中心经南岸区机构编制委员会批准，于2014年8月成立，它是具有独立法人资格的正科级事业单位。该中心作为区教育督导机构的另一支点，主要负责教育督导评估理论与政策研究、技术开发、成果推广等工作，牵头指导学校督导工作室开展好校内教育教学督导工作，以及教育督导评估信息资源开发、信息发布和数据库建设等工作。区人民政府教育督导室与区教育督导评估中心，既相互独立，又互为补充，有效促进区域在“一中心两支点”引领下校内外督导形成良性互动。

（二）片区级教育督导机构

1. 区域教育督导责任区

2009年，全区设立教育督导责任区，每个片区设教育督导责任区主任1名。按照区人民政府教育督导室的要求，在辖区范围内开展经常性督导、专项督导、综合督导等，主要负责对学校的规范办学与内涵发展开展督导工作，监督、指导和服务学校发展。

2. 区域教育督导联动片区

南岸创新教育督导管理方式，于2016年设立6个教育督导联动片区，每个片区设主任1名。在区教育督导评估中心组织管理下，开展学校督导工作室校本督导、指导片区内联动督导、需求督导等校内督导工作，旨在通过联动片区主任牵头，整合资源、兼顾各校，侧重于以结合校情，彰显学校内部治理特色为亮点，促进学校办学综合水平和育人质量提升。

（三）校级教育督导机构

为充分提高学校办学自主性，完善自我监督机制，2009年起，南岸率全市之先探索校本督导，先后印发《南岸区学校督导工作室工作指导性意见（试行）》（南府督发〔2013〕27号）、《南岸区学校督导工作室工作实施意见（试行）》（南府督发〔2015〕3号），倡导区域内学校创建学校督导工作室。自2012年底开始，南岸区人民政府教育督导室大力倡导各校设立相对独立的学校督导工作室，并结合校情，组建队伍，提供必要的办公场所、设施、设备等开展校本督导工作。学校督导工作室作为区域“三级督导网格”的重要组成部分，主要负责对本校的办学行为、制度建设、课程实施、师生发展等开展督导工作，促进学校自我评价、自我改进与自我发展。

二、区域教育督导整体设计

（一）区域教育督导文化思想凝练

1. 探寻区域教育督导价值追求

南岸教育督导践行“监督保障、评估导向、指导服务”的价值追求，做到依法监督学校规范办学，确保学校基本办学条件落实到位；评估学校发展质量，向学校客观反馈评估监测中发现的问题和不足，引导学校内涵特色发展；强化指导与服务功能，紧扣学校发展需求，帮助学校释疑解难，挖掘特色，提炼亮点，促进学校形成新的内涵发展生长点。

2. 构建区域教育督导核心理念

南岸努力构建“言信行直 · 督规导范”的区域教育督导核心理念，强调督学之精神，内外兼修立诚信；督学之行为，智圆行方明举止；督导之规矩，依规依据建法度；督导之引领，探索创新塑典范。

3. 坚持区域教育督导工作方略

坚持区域教育督导“三三三”工作方略，即“三中心”工作理念是指以学生为中心，指导学生健康成长为根本；以教师为中心，引领教师专业成长方向；以学校为中心，促进学校内涵发展为目标。“三维度”工作目标是指以依法依规督评办学行为为基点，强化规范办学；以回应需求指导学校内涵发展为重点，着力特色办学；以优化治理构建现代学校制度为亮点，凸显开放办学。“三强化”工作举措是指明确工作要求，强化职责履行；创新工作机制，强化片区联动；注重效能考核，强化导向激励。

4. 明确区域教育督导工作标准

南岸坚持“秉章持度 · 格物致理”的区域教育督导评估工作标准，强化遵章守纪，依法督导；统一尺度，扶公却私；全面了解，明辨是非；锐眼慧心，解需促优，恪守工作标准，确保工作质量与效率，助推区域教育督导工作再上新台阶。

（二）区域教育督导队伍专业建设

1. 责任督学队伍专业建设

根据国务院教育督导委员会办公室《中小学校责任督学挂牌督导办法》《重庆市教育督导责任区建设指南》等要求，为进一步加强区域教育督导责任区建设，按照1名责任督学负责3~5所中小学校的标准配备责任督学。目前共设置8个教育督导责任区，分别是南坪第一教育督导责任区、南坪第二教育督导责任区、南坪第三教育督导责任区、茶园第一教育督导责任区、茶园第二教育督导责任区、龙门浩教育督导责任区、黄桷垭教育督导责任区、弹子石教育督导责任区，每个责任区设置主任1名，教育督导工作人员若干名，并拟定《南岸区教育督导责任区主任专业岗位要求》明确主任任职要求，从专业精神、专业职责、专业知识、专业能力、专业修养5个维度、20个领域、35项基本要求细化责任区主任岗位能力标准。《南岸区教育督导责任区责任督学职责》从依法督导、指导办学、实践研究等11个方面明晰责任区督学工作职责，强化责任督学队伍专业化建设。需要指出的是，除了严格选拔、培训任用外，区域正在加快建立督学退出机制，确保督学队伍专业质量。

2. 学校视导员队伍建设

明确选聘条件。由学校督导工作室牵头从本校在职和退休教职工、学生家长、社区干部及教科研机构、教育行政部门、社会组织等单位的专家学者中，按照一定比例组建学校视导队伍，规定学校视导员每届任期为1~3年，并从政治信念、个人品德、专业素养、身体素质等方面规定学校视导员的基本条件。同时，建立学校视导员动态管理制度，合理配置专兼职工作人员，扩充校内督导队伍，为组建一支较高水平的学校视导员队伍打下坚实基础。

落实岗位职责。一是加强学习政治理论和国内外先进的教育发展理论，努力钻研视导业务知识，不断提升业务能力，促进自我专业成长。二是在学校督导工作室指导下，科学合理、客观公正地对学校各职能处室、教职员工的工作情况进行监督、指导与评价。三是严格执行学校的规章制度，深入教育教学、服务管理一线，采用巡课、听课、抽查、座谈、问卷等多种方式开展视导工作。四是独立开展校本督导工作，参与联动片区开展联动督导或需求督导工作，做好过程记录，形成督导报告。五是对视导过程中发现的问题及时分析研究，找出症结，提出改进意见，并及时反馈给学校或相关教职员工。六是对学校职能部门解决问题的过程进行跟踪，直到问题彻底解决，解决不了的问题及时向上级报告，争取学校领导支持，必要时可申请召开全校教职工（代表）大会，群策群力，共同解决。

严格工作要求。一是学校视导员应亮证实施校本督导，不得影响被督导对象正常的工作秩序。二是学校视导员开展多种形式的经常性督导，每学期不少于2次，督导情况及时向学校督导工作室反馈。三是实施专项督导或综合督导不少于3名视导员，可根据工作需要，邀请上级有关职能部门，或联合校内相关处室共同实施。四是专项督导前，应提前一周向被督导对象发出书面督导通知，制定督导实施方案。五是督导结束时，应向被督导对象现场口头初步反馈督导意见。六是被督导对象可进行申辩，视导员应认真听取申辩意见。七是督评组应自现场初步反馈意见之日起10日内向被督导对象发出督导意见书，对被督导对象存在的突出问题，提出改进要求和期限，并根据实际情况进行跟踪督查。

（三）区域教育督导发展制度建设

1. 挂牌督导制度建设

重视日常管理制度化，南岸区人民政府教育督导室领导管理责任督学挂牌督导工作，安排一名同志作为执行层面的负责人，牵头具体组织落实相关工作开展，《南岸区教育督导责任区牵头人岗位职责》从11个方面细化相关职责，加强责任区工作管理与推进落实。明确责任区主任为本责任区各项日常工作管理直接责任人，以办公室文化建设为抓手，让区域教育督导文化理念及《南岸区教育督导责任区督学职责》《南岸区教育督导责任区督导工作人员职责》《南岸区教育督导责任区考勤制度》等落地生根，规范责任区日常工作管理，让制度护航督导工作的每一个环节。着力挂牌督导过程管理，落实《南岸区教育督导责任区挂牌督导实施细则》《南岸区教育督导责任区挂牌督导工作规程》中实施挂牌督导的工作模式、工作要点及实施经常性督导、专项督导、综合督导和协作督导的工作事项与相关规定。《南岸区中小学校责任督学挂牌督导工作报告制度》，对报告的种类、方式、程序等做详细阐述和要求，力争为政府及教育部门提供决策依据。按照《南岸区教育督导会议制度》，明确8类教育督导会议制度的内容、要求及注意事项，进一步规范会务管理，提高会议效率，切实推进责任督学挂牌督导工作有序高效运行。强化挂牌督导结果运用，为进一步提升挂牌督导问题整改效率和效果，督促被督导学校及时整改，规范办学行为，《南岸区教育督导责任区整改跟踪督查制度》从督导责任区和被督导对象两大主体分别明确各自工作要求，以及对整改不力的情形进行问责。同时，强化督导工作经验总结，真实记录挂牌督导工作进程与取得的实效，《南岸区教育督导责任区档案建设基本规范》明确档案分类与内容、档案盒规范、存档文件要求及保密规定等，进一步规范责任区档案建设工作。为教育督导重要决策提供翔实可靠的参考凭证和原始数据。

2. 校内督导制度建设

明确校内督导制度建设的三级主体，南岸区教育督导评估中心作为指导学校开展教育督导工作的常设机构，是校内督导制度建设的第一级主体，从区级层面对校内督导工作提出总体要求，引导与推动校内督导工作开展。联动片区是校内督导制度建设的第二级主体，加强对片区内学校教育督导工作的组织与管理，促进教育督导联动片区与教育督导责任区的协同互动，不断提升校内督导工作水平。学校督导工作室是校内督导制度建设的第三级主体，是学校开放办学，接受社会监督的重要举措之一，从校本督导工作开展、学校视导员队伍建设等方面不断建立完善制度，进一步规范学校办学行为，促进学校内涵发展。构建校内督导制度建设的内容，南岸区教育督导评估中心主要负责区域顶层设计，系统构建学校督导工作室建设、教育督导联动片区建设、学校督导工作室视导员工作规程等校内督导制度，明晰各层级的工作职责与任务、程序与要求，以及统筹做好各层级视导队伍的培训和考核等工作。教育督导联动片区按照区教育督导评估中心的工作安排，从整合校级间优质资源，回应片区内学校内涵发展的需求等方面建章立制，有序推进片区内校内督导工作开展。学校督导工作室在学校章程引领下，制定《学校督导工作室工作章程》等相关制度，规范学校校本督导工作、视导员队伍管理、校本督导结果运用等内容。规范校内督导制度建设的程序，按照“需求定位—组建小组—起草文本—民主审议—修订定稿—公示执行—结果运用”的程序进行，确保校内督导制度建设的过程规范有序，以此真正全面贯彻落实国家政策，满足学校发展需求，最大化发挥督导价值。

3. 协作督导制度建设

一是协作督导参与主体，按需而定。强化校内外督导队伍协作，即教育督导责任区与教育督导联动片区根据区域教育工作重点，组成协作督导工作组，开展针对性强、专业性强的协作督导，充分发挥教育督导“双轮驱动”合力。加强教育系统内外合力协作，即根据工作需要，除“两区”教育督导人员参与外，邀请政府相关部门、区教委内部科室和中心、相关教育评估监测机构、有关社会组织及家长代表等共同组成协作督导工作组，充分借助“外脑”，汇聚多方力量，拓宽视野、广纳良言，服务学校发展。探索区级、市级、国家级三级纵向协作，即主动向市级、国家级教育督导部门，以及相关教科研机构，汇报区域教育督导工作成效与困惑，大力争取上级专家智力支持、技术指导与资源共享，实现三级纵向联动协作，最大化运用多层级资源，有力推进区域教育督导发展。

二是协作督导主题确定，因校制宜。一种情形是基于学校发展需求，协作督导工作组受邀就学校发展实际与需求，进行充分商讨、调研，进而精准确定协作督导主题，根据主题制定督导方案，研发督导指标工具，开展协作督导。另一种情形是协作督导工作组积极回应人民群众关切的，涉及区域教育治理、教育投入、保障程度、教育质量等热点难点问题，关注社会公众满意度情况，自主确定督导主题，主动到相关学校开展协作督导。

三是协作督导作用发挥，切实有效。一方面，协作督导结果既作为责任区制订学年工作计划的参考之一，也作为区教育督导机构对“两区”校内外督导工作绩效考核的依据之一。另一方面，协作督导作为教育督导的一种创新方式，丰富了教育督导实践探索内容，促进了对新时期教育督导改革发展的理性思考。2019 年末结题的重庆市教育科学“十二五”规划 2015 年度重点课题“‘一中心两支点’引领下校内外督导‘双轮驱动’模式研究”物化成果——《激活教育督导‘神经末梢’——南岸创新联动片区机制下校内督导实践研究》一书，提升了南岸基于教育督导实践的理论研究水平，已向全国发行，扩大了南岸教育督导特质内涵对外影响力。除此之外，充分运用教育部基础教育质量监测中心、中国教育科学研究院督导评估研究所、重庆市教育科学研究院、重庆市教育评估院等出具的评估监测数据或调研报告，又结合南岸区教育督导机构相关信息，综合性分析与深入指导学校持续健康与特色优质发展。同时，相关报告及时上报区教育行政主管部门研究审议，其重大事项提请区政府领导统筹相关部门协同解决。由此，充分发挥区级、市级乃至国家级信息联动与资源共享，有力促进“督政、督学、评估监测”职能三位一体融合发挥作用，助推区域现代教育治理与发展水平进一步提升。

（四）区域教育督导运行机制建设

1. 基本职责要求互补

按照《中小学校责任督学挂牌督导办法》规定责任督学五项基本职责：对学校依法依规办学进行监督，对学校管理和教育教学进行指导，受理、核实相关举报和投诉，发现问题并督促学校整改，向教育督导部门报告情况，并向政府有关部门提出意见。其督导视角是由外到内，强化督导规范办学行为与校园安全稳定是首位，指导学校内涵发展是更高要求。

《南岸区学校督导工作室联动片区建设指南》明确联动片区主任五项基本职责：夯实学习培训，重视片区视导队伍素质提升；整体架构思考，落实片区联动工作推进举措；加强示范引领，指导片区校内督导工作开展；统筹优质资源，回应片区学校内涵发展要求；强调实地调研，提供区域学校督导决策参考。其督导视角是由内到外，加强校内督导统筹谋划、重点突出、优质共享、特色发展。

2. 内容关注要点互补

按照《中小学校责任督学挂牌督导办法》规定的挂牌督导 8 个方面内容，南岸于 2015 年 5 月细化研发《南岸教育督导责任区督学挂牌督导工作指南》，既是责任督学工作开展的标尺，又是校内督导自查自评的标准。根据教育部政策法规司《关于深入推进教育管办评分离 促进政府职能转变的若干意见》要求“推进依法评价，建立科学、规范、公正的教育评价制度。推动学校积极开展自我评价。引导和支持学校切实发挥教育质量保障主体作用，不断完善内部质量保障体系和机制，认真开展自评，形成和强化办学特色。定期开展课程建设、教学与科研、人才培养质量、师资建设、管理制度、校园文化等监测评估，开展对学生及其家长、用人单位等满意度调查，促进学校形成自主发展、特色发展、可持续发展的良性机制”。学校自评实为校内督导的一部分，属于南岸联动片区建设指南提出的校本督导、联动督导、需求督导三大主要方式之一的校本督导。它侧重以结合校情彰显办学特色为亮点，以提升综合办学质量为目的，以广泛纳言、扩大开放办学为关键。

3. 组织管理重点互补

教育督导责任区按照区政府教育督导室要求，配合其在辖区范围内开展学校外部督导工作。责任督学作为促进学校发展的“第三只眼”，当好监督员、诊断员、保健员、宣传员、联络员。每月召开责任区工作例会，结合督导工作主题与工作推进需求，组织相关人员学习培训法规政策与挂牌督导典型实践案例、协商处置涉及规范办学重大事项、反馈经常性督导、专项督导、综合督导情况，建言献策指导发展。除责任区的督学、视导员、工作人员外，可据实要求学校办学主体中相关内设处室负责人，原则上是中层及以上干部参会，学校督导工作室主任仅是其中负责校本督导工作的内设处室代表。如果本期话题聚焦“片区内学校督导工作室建设情况”，可集中性要求片区内学校督导工作室主任一并参会，深入了解责任督学从外部督导角度看到的本校学校督导工作室“独立评”职能发挥效能情况，认真学习、改进工作与提炼亮点。同时，加强经常性督导、专项督导与综合督导理论与实践的培训。

学校督导工作室联动片区按照区教育督导评估中心要求，加强所辖片区校内督导工作。片区主任作为加强区域学校督导工作室建设的中坚力量，重在对学校督导工作室“神经末梢”的组织管理，当好培训者、示范者、督促者、指导者。定期召开联动片区工作例会，组织片区内学校督导工作室主任学习培训法规政策与学校自评理论文献，研讨协商督导工作室建设的共性话题、反馈联动督导、需求督导与督促校本督导的整体概况、问题分析及解决办法。根据需要邀请校级领导、责任督学参会，丰富与完善对学校督导工作室建设方面的发展建议。必要时，邀请学校视导队伍的骨干力量参与，开展学校督导工作室建设满意度的调查。同时，加强校本督导、联动督导与需求督导理论与实践的培训。

4. 采取工作方式互补

责任督学挂牌督导，施行亮证进校，可不提前通知学校进行随机督导与推门听课。根据督导内容确定对接督导工作的相应内设处室，如：师德师风建设可与教师发展中心，学生宿舍管理与学校德育处，课堂教学情况可与教导处（或课程建设与课堂教学中心），等等。其间，如组织师生参与问卷、访谈等工作，确实需要学校督导工作室协同的，可提前与其联系，共同推进工作开展。

责任督学在督导结果反馈过程中，应当直接与被督导处室（或个人）反馈，学校督导工作室负责人可参与反馈，知晓责任督学督导结果。同时，按照国务院《教育督导条例》《重庆市教育督导条例》有关规定，“督导责任区应定期向区县教育督导机构报告情况，根据工作需要向区县政府有关部门提出督导意见。如发现危及师生安全的重大隐患，及时督促学校和相关部门处理。”责任督学发现学校依法依规办学中的重大事项，应直接与学校主要负责人联系。主要负责人不在校的，可请学校督导工作室负责人（或牵头人）代为转告，并将重大事项书面反馈意见书及时提交区政府教育督导室。

片区组织的校内督导，除每月监督片区内学校实施校本督导外，也施行亮证进校，但根据前期计划安排的需求督导或联动督导主题按时进校开展工作，参与督评小组人员不少于3人，由片区主任、视导员骨干及按需邀请的行政部门、教科研机构专家与学者等。根据实际需要，单校督导结果直接与被督导学校督导工作室负责人（或牵头人）反馈，必要时学校相关处室中层及以上干部、师生代表等可参与。综合各校督导结果的书面反馈意见书应及时提交区教育督导评估中心。遇到重大问题的，除第一时间上报区教育督导评估中心外，要及时与责任区主任联系，发挥校内外督导合力，督促学校及时整改，消除隐患。学校自身的校本督导结果应定期向校务委员会报告，如发现危及师生安全的重大隐患，及时上报学校，协同校内外相关处室处理，不能处理的，第一时间直报区教委相关职能科室、中心。再上报联动片区、区教育督导评估中心备案。

5. 结果运用维度互补

挂牌督导结果反馈应直接向被督导处室（或个人）反馈，学校督导工作室负责人可参与反馈，知晓结果。如发现危及师生安全隐患或办学违规行为，或直接告知学校法人并协同处置，或提交书面反馈意见书至区政府教育督导室，督导室要求职能科室或协同有关部门有效处置问题。督导结果运用需通过专题报告、调研报告等，经教育督导机构核实认定后，作为教育督导机构评价学校规范办学与内涵发展的依据之一，典型案例作为推广学校办学经验与特色亮点的素材之一，督导报告作为区域教育发展决策的参考之一。

联动片区内检查指导校本督导的结果直接向被督导学校督导工作室负责人反馈，必要时学校相关处室中层及以上干部、师生代表等可参与。联动督导与需求督导结果，还应提交综合性的反馈意见书至区教育督导评估中心备案。若遇到特殊问题，要及时联动对应责任区主任，发挥校内外督导合力，在区教育督导评估中心组织指导下，督促学校完善与整改。督导结果运用作为促进自我纠偏、自我发展的参考之一，作为学校修订发展规划的依据之一，作为学校内部处室或个人评优评先、职称评定等参考之一，作为推荐区域优秀学校督导工作室的依据之一。为挂牌督导更为真实了解学校发展实绩提供动态数据支撑，为区域组织专项督评工作提供客观真实且深入分析的自查报告。

区级教育督导机构则统整分析挂牌督导和校内督导“两个结果”，提高学校内涵发展内外因素的归因分析能力，有利于协同相关职能处室（中心），为学校排忧解难；有利于有的放矢建言献策，引领学校发展方向[1]。

三、区域挂牌督导作用发挥

（一）挂牌督导优化教育教学治理

1. 规范学校办学行为

责任督学通过实施学校治理类挂牌督导，如开展“校务管理和制度执行”“招生、收费和学籍管理”“校风、教风、学风建设”专项督导，监督指导学校依法办学和民主管理、制度建设和校长依法履职尽责情况，规范学校招生行为（尤其是确保免试就近入学，公民办学校同步招生等举措落地落实）、收费管理、学籍管理，强化控辍保学等情况，全面规范学校依法治校、依法治教行为。

1 董宏燕．校内外合力督导助现代学校发展［N］．中国教育报，2018-05-22（5）．

2. 指导教育教学工作

责任督学通过实施课堂教学类挂牌督导，如开展“课程开设和课堂教学”专项督导，指导学校以新时期课改理念为引领，落实立德树人根本任务，着力培育学生发展核心素养，立足校情从顶层进行科学规划和设计，在开齐、开足、开好国家课程，规范使用审定教材的同时，深化课程领导力改革与实践，整合资源，大力开发校本课程，充分满足学生、家长及社会对学校优质课程的需求，促进学校教育教学改革。同时，指导学校通过开展“校园开放日”等活动，宣传展示学校办学理念、课程设置、特色发展等，促进学校课程育人品质和办学满意度提升。

3. 促进师生持续发展

责任督学通过实施师生发展类挂牌督导，如开展“学生学习、体育锻炼和课业负担”“教师师德和专业发展”专项督导，监督指导学校统筹做好延时服务，调控作业总量与时间，减轻学生学业负担，保障学生每日在校锻炼时间，做好学生近视防控、校园欺凌防治工作及教师师德培训、校本研修、职业倦怠应对等工作，促进学生身心健康发展和教师专业成长。

4. 扎实安全卫生保障

责任督学通过实施安全卫生类挂牌督导，如开展“校园安全、交通安全和校园周边安全”“食堂、食品安全、卫生、饮水和宿舍管理”专项督导，强化学校主体责任，指导学校加强学生安全教育，定期开展校园安全隐患排查，改善校园及周边交通安全环境，做好疫情防控，流行性传染病防控等，公共安全卫生事件预案，落实行政陪餐制度等，进一步促进学校做好校园安全卫生保障工作，切实维护师生生命安全健康权益。

（二）挂牌督导丰富督政实现形式

南岸努力探索教育督导四级议题处置机制助推区域教育资源协同，积极回应学校需求与人民诉求，创新发挥督政督学作用。做到明确议题上报三维度：一是专业发展，即探讨督导专业发展方面的问题，如指标研究、工具开发等；二是协同处置，即学校非独立能完成事项的处置办法；三是经验交流，即责任区之间分享挂牌督导做法与经验。提出议题上报三要求：一是反映问题的数据准确与信息真实；二是提出解决办法的政策依据充分；三是责任主体目标任务明晰。厘清议题处置四层级：一是需要教育督导责任区独立指导学校完成；二是与教育督导联动片区聚力协商帮助学校办成的事，由“两区”自主协商完成；三是需区教育系统内部科室、中心协助学校办成的事，上报区教委党政联席会乃至区委教育党工委会审议；四是需区级相关部门、镇街倾力协同学校办成的事，上报区政府教育督导委专题会审定。促进议题解决三落实：一是分级研究决策会议要落实；二是参与人员、保障条件和推进时间要落实；三是监督举措要落实。南岸坚持问题导向、需求导向、目标导向，在精、小、实、新上做足"文章"，充分发挥教育督导在构建教育现代化多方协同推进机制中的重要作用，打造统一协调、分工负责、齐抓共管的区域教育现代化发展工作新格局，彰显"书香南岸"办好人民满意教育的特色品质。

（三）挂牌督导强化评估监测结果运用

1. 国家、市级义务教育质量监测结果运用

国家、市级义务教育质量监测是新时期提高义务教育质量，解决义务教育领域热点难点问题的必然要求，是回应人民群众日益增长的提升教育质量需求的治理路径，是区域教育加强宏观管理和科学决策的重要举措。南岸强化凝心聚力，协同共进，除组织培训责任督学全程参与、指导样本校做好质量监测准备工作外，直接将监测数据分析结果与教育督导责任区挂牌督导工作挂钩，作为责任督学进校督导的问题诊断清单的内容之一，强化经常性督导的监督、指导与服务作用。同时，认真深入分析监测数据，开展横向比对与纵向研究，为区域教育科学发展建言献策，促进南岸持续全面提升教育发展综合水平。

2. 区域现代学校发展督导评估结果运用

南岸区教育督导评估中心自主研发幼儿园、小学、中学、中职、特殊教育五类型学校关于现代学校发展督评指标体系及配套工具，2016 年至 2018 年期间，组织市内外督评专家 70 余人采用问卷调查、座谈访谈、巡课听课、实地查看、资料查阅等方式，分三批次实地进校开展现代学校治理专项督评、现代学校特色项目发展需求督评、现代学校教育质量专项督评，全覆盖区域委属公办学校。对督评数据开展定量与定性相结合的综合分析，出具单校报告、区域总报告合计 100 余万字。责任督学结合年度各级教育质量监测和现代学校发展督评结果，开展问题归因分析，为责任区内学校把脉问诊与出谋划策。同时，依托南岸教育督导信息系统平台，运用大数据技术，创建现代学校发展动态监测长效机制，年度采集现代学校内涵发展动态数据，及时分析与研究，解码隐藏在数据背后影响学校发展的重要因素和原因，为区域教育督导发展决策提供数据支撑和参考依据，服务南岸教育持续优质均衡发展。

第三节
挂牌督导实践操作之南岸策略

一、南岸挂牌督导操作策略整体概览

（一）操作策略梳理要义

1. 策略梳理背景

（1）南岸区教育发展态势

背靠巍巍南山，坐拥滚滚长江，建设书香南岸，致力幸福教育。2012 年，南岸区被国务院表彰为全国“两基”工作先进地区；2013 年，被教育部评选为首批全国义务教育基本均衡发展区，获第三届全国教育改革特别奖；2015 年，获评全国未成年人思想道德建设工作先进单位；2015 年，获第四届全国教育改革创新优秀奖；2018 年，获基础教育国家级教学成果二等奖；重庆市人民政府教学成果一等奖；成立中国科学院大学重庆学院附属科技中学；2012 年、2016 年、2018 年，被评为全国义务教育质量监测实施县级优秀组织单位。在新时代教育督导体制机制改革背景下，2020 年，南岸区人民政府与中国教育科学研究院启动合作共建“教育治理现代化背景下督导评估助推区域教育优质均衡发展”项目，助推区域教育在更高水平发展。

（2）南岸区教育督导发展态势

在区人民政府统筹安排和指导下，南岸教育督导工作实、有成效，以奋进之笔书写华章。2015 年至今，区域教育督导经验在《基础教育改革动态》刊登 1 次，《中国教育报》刊载 6 次，教育部网站报道 4 次。其中，重庆市教育科学“十二五”规划 2015 年度重点课题研究成果刊登《中国教育报》头版（2018 年 1 月 2 日）。2017 年、2019 年区域经验先后受邀在国家教育行政学院作专题报告，2019 年专题报告入选国家教育行政学院课程资源库。2019 年底，市级重点有经费课题“‘一中心两支点’引领下校内外督导互动实践研究”结题，成果评定为优秀；出版专著《激活教育“神经末梢”——南岸创新联动片区机制下校内督导实践研究》约 16 万字，由教育部原国家副总督学郭振有题词并作序。

（3）区域挂牌督导发展现状

一是督导模式更加成熟。加强统筹管理，充分利用信息技术手段采集分析教育信息，形成挂牌督导“3+1+2+N”主题组合模式，实施精准督导。二是督导管理更加智慧。逐渐形成挂牌督导管理规程、责任区管理制度、工作报告制度、责任督学管理办法、督导系统信息平台管理办法等制度体系，实施科学管理。三是专业水平持续提高。逐渐形成较为系统且易于操作的主题督导流程、督导方式操作策略、督导事项跟踪督查机制等，实施专业督导。四是督学队伍不断充实。从已退休教育行政主管部门干部、在职或临近退休的校级干部、中层干部、优秀教师中选聘责任督学，构建学前教育、小学教育、普通中学教育、职业教育、特殊教育不同类型人员的专兼职责任督学队伍。

2. 策略梳理意义

（1）总结提炼区域实践经验

区域挂牌督导主动置入教育治理体系和治理能力现代化建设的大格局，立足先行先试教育督导责任区建设的着力点，开创奋发实干之路。记录区域责任督学挂牌督导发展经验，梳理督导实施策略，留下探索创新足迹，进一步筑牢持续快速发展的基石。

（2）探究把握督学工作规律

在记录实践探索中深化对督学规律的认识，遵循规律推动责任督学挂牌督导发展。在推动区域教育督导高质量发展过程中，一些实践经验、案例之所以能有效、高效、精准实施，常常是因为契合了督学工作开展客观规律。挖掘、把握这些经验、案例、现象背后的督学实施规律，以利于更好掌握规律、运用规律，进一步推动区域责任督学挂牌督导工作高质量开展。

（3）新聘责任督学学习借鉴

一是了解督导内容。把握教育、教育督导类政策文件中，与学校内涵发展关系较大的核心内容和标尺。二是熟悉督导方式。合理采用听、看、查、访、验等督导方式，完整实施挂牌督导，并提出较为优质的发展建议。三是掌握督导工具。运用工具进行跟踪回访，处置督导事项，强化督导权威。四是提升信息素养。熟练操作信息系统平台，实施智慧督导，信息化督导。

（二）区域操作策略要点

1. 统一标尺：建构指标体系

在实施依法督导基础上，为进一步实施阳光督导、公正督导、规范督导，克服各学校资源条件、发展水平、管理举措不尽相同带来的各种差异，统一督导内容、建构指标体系是十分紧要的。依据《中小学校责任督学挂牌督导办法》《中小学校责任督学挂牌督导规程》等政策文件实施督导，其内容、角度、标准均需细化，以此作为责任督学进校指导的重要参考。为此，区域集中八大责任区人力资源，对应挂牌督导八大事项，借鉴国际国内督导评估经验，研发挂牌督导指标体系，统一督导标尺。

2. 对标量化：研发设计工具

精准了解学校各主题事项指标细则达成情况，需要研发匹配的督导工具，准确采集相关数据信息，作为监督、指导学校办学行为与质量的重要依据。主题督导工具的信息采集点，能全覆盖采集该主题指标体系中所有要点细则的信息。

3. 细化操作：流程方式结果

规范八大主题督导流程、细化五大督导方式实施，统一督导物化成果呈现方式，提高区域挂牌督导规范程度，扩大经验在教育督导实践研究方面的影响力。绘制挂牌督导总流程图、八大主题督导流程图，可视化呈现流程规范。细化校园巡视、课堂观察、座谈访谈、问卷调查、资料查阅五大督导方式实施前、实施中、实施后的要求，避免主观随意性。统一结果呈现文本撰写要求，并呈现规范样本，作为责任督学写作的重要参考。

4. 强化落实：跟踪督导事项

真“督”找出新症结，实“导”提出金点子，善“跟”解决真问题，做到“件件有着落，事事有回音”，督导见实效。为确保责任督学提出的意见建议能真正促进现代学校发展，及时准确跟踪督导意见建议采纳情况、落实情况，甄别意见建议有效程度，确保有效促进学校发展。

5. 队伍保障：促进专业发展

随着依法治校水平和办学质量逐渐提高，教育形势对责任督学工作能力与专业水准提出更高要求，要求责任督学有较强的理论基础、政策基础、实操技能和一定的学术水平，有效实施挂牌督导。制定激励政策，吸引优秀年轻骨干教师加入督学队伍，创新责任督学遴选、聘任、管理、培训与考核机制，促进督导队伍专业发展，保障教育督导内涵品质。

6. 平台助力：“互联网 + 教育督导”

信息化时代，信息化督导。2016 年完成南岸区教育督导信息平台建设，由“门户网站”、“管理系统”、手机 App 构成三位一体信息管理系统。三者均由督导室和督评中心自主设计系统内容、运行方式，专业技术公司提供技术支持。近年来，区域结合实际操作使用情况，多次完善系统功能，广泛运用于区域挂牌督导、校内督导、质量监测、现代学校发展督评、督导研究等领域。通过对信息的输入、存储、处理、输出和控制，提速提质现代教育督导，促进教育督导信息化进程。

二、挂牌督导指标体系建构思路简析

（一）指标体系建构意义

1. 全面贯彻党的教育方针

按照“问题导向、分类梳理、突出重点、精准督导”的要求，促进各项教育政策文件在实际工作中有效落实，进一步发挥挂牌督导对基础教育改革的促进作用，全面提升各级各类基础教育质量，加快办好人民满意教育的步伐。

2. 引领区域挂牌督导发展

以经常性督导八大事项指标体系的落实为载体，提升责任督学挂牌督导专业水平，助推区域教育督导发展。八大事项是督学工作的重要内容，与督政同等重要。如果说督政是对政府领导、管理、保障教育及成效实施督导，提升区域教育“硬实力”；那么督学是对学校办学中的校务、招生、教学、安全、卫生等方面管理及成效实施督导，提升区域教育“软实力”。研发较为全面且系统的八大事项指标体系，以此为挂牌督导事项具体内容及标准，引领区域教育挂牌督导发展。

3. 促进现代学校优质发展

八大事项指标体系对接最新教育法律法规、政策文件要求，是党的教育方针在当前教育形势中最直接的体现，顺应时代对学校办学的呼唤，指导现代学校优质发展。挂牌督导指标体系“督”与“导”并重，是责任督学对学校依法依规办学指导的核心标尺，是指导学校提升育人质量办出特色的基础依据。在指导学校办学过程中，可据此较为全面地总结学校规范办学工作成效，挖掘办学优势，彰显校本特色，努力办成各美其美的现代学校，提升办学质量，促进学生全面发展，加快现代学校优质发展。

（二）指标体系建构依据

1. 上级教育政策法规文件

督导指标的设计十分严谨，上级教育政策法规文件是指标体系建构的主要依据。责任督学挂牌督导的基本职责之一：“对学校依法依规办学进行监督。”依法依规，一是依据国家、市级法律法规规章，二是依据国家、市级政策规定。建构挂牌督导指标体系，梳理一级指标、二级指标、三级指标，整合教育法律法规、政策规定中与督导相关内容，完善督导细则。

2. 区域现代教育发展要求

区域教育发展工作要求是制订指标体系的重要依据。立足区情，准确把握区域教育定位，服务区域经济社会发展。指标体系要体现区域教育发展导向，强化书香南岸建设，服务区域教育融入成渝双城经济圈、长江经济带、重庆“智谷”建设，夯实人才培养发展基石，提高人民群众对教育的满意度。

3. 现代学校优质发展需求

日益提升的现代学校优质发展需求不断对挂牌督导提出新的挑战，指标体系中融入现代学校优质发展要求内容。衡量学校制度体系建设成效、执行水平及其促进学校办学质量提升效能；倡导具有独特思想的教育家办学，注重学校文化理念系统建设；强化师资队伍建设、基础设施投入，建设促进学生发展的良性校内外育人环境；注重学生成长指导、核心素养培育，提高学校服务学生综合素养提升的水平；提倡“一校一特色”，大胆实践、百花齐放、美美与共。

（三）指标体系建构原则

1. 整体结构的系统性

指标体系应完整地反映学校教育目标和管理目标，体现整体性、结构性、全面性。每一主题指标体系均是层次分明的整体，其一级指标、二级指标、三级指标、指标细则不同层次内容纵向包含关系清晰，逻辑正确；同一层级内容全面、重点突出。

2. 内容细则的政策性

指标体系要点细则的确定依据取之于政策，依之于政策。指标体系要点细则的确定，应当符合现行政策要求。能够在现行法律法规、政策文件中找到原文依据的，以政策依据为准；不能找到法定依据的，按照其上位概念的法定依据，结合国际国内前沿研究成果和区域实情确定。

3. 指导要求的适切性

指标体系内容的确定应当切之于实际，适之于学理。从区情出发，抓住当前挂牌督导中学校办学的重点、难点、热点、痛点，寻找依据，确定内容要求。深入探究学校办学规律、教育教学规律、学生成长规律，既考虑不同类型学校共性，又要有利于发挥学校办学主体性，办出特色。

（四）指标体系建构路径

1. 学习督导政策，明确八大主题

学习国务院《教育督导条例》《重庆市教育督导条例》等法规，学习《中小学校责任督学挂牌督导办法》《中小学校责任督学挂牌督导规程》《中小学校责任督学工作守则》等文件，明确责任督学经常性督导八大事项为指标体系八大主题：校务管理和制度执行情况；招生、收费、择校情况；课程开设和课堂教学情况；学生学习、体育锻炼和课业负担情况；教师师德和专业发展情况；校园及周边安全，学生交通安全情况；食堂、食品、饮水及宿舍卫生情况；校风、教风、学风建设情况。

2. 统筹综合分析，搭建指标框架

分析区域教育实际，结合学校办学规定，吸收学者研究成果，细化一级指标、二级指标、督导要点。共细化25个一级指标：管理方略、制度建设、执行效能；招生工作、经费管理、规范办学；课程建设、课堂教学、教学管理；品德修养、能力提升、素质发展、课业负担；师德修养、专业素养、专业能力；安全制度、安全管理、安全保障；食品卫生、饮水安全、卫生保健；教风、校风、学风。

3. 比对政策要求，梳理督导细则

按照督导要点内容，逐一比对现行教育、教育督导相关法律法规、政策文献，按照定量为主、定性为辅的原则，确定督导细则。能定量的指标细则，尽可能量化表述。尤其关注文件文献中对于同一问题不同的表述，底线标准与指导要求的区别，分析其关注视角、重点、要求，仔细甄别更适合区域实情的定量指标或定性表述，选择更为适宜的内容作为依据。

4. 查漏补缺完善，删繁就简修改

随着国家教育强国的建设进程逐渐加快，教育法律法规政策文件不断完善，指标体系随之修改。形成每年至少修订一次的指标体系完善机制：整理每年新修订的教育法律法规、新发布的教育政策文件；梳理新的法律法规、政策文件中的新内容，作为指标内容增删或修改事项，以符合新的法律法规政策文件要求。

三、挂牌督导工具研发设计路径简析

依据责任督学挂牌督导八大主题指标体系，对应研发配套督导工具，解决责任督学“用什么督”的问题。常用督导工具有五类，即校园巡视督评表、课堂观察督评表、座谈访谈督评表、调查问卷、资料查阅督评表，不同工具各有优势，适宜匹配。

（一）督导工具研发意义

1. 有机衔接督导指标体系

督导工具科学研发并规范使用，是督导指标体系及细则在挂牌督导中用好用足的标志之一。责任督学运用与指标细则相匹配的督导工具进行督导，可从不同角度、采用适宜方式做好记录，做到信息采集尽量不交叉、不重复、不遗漏，全面了解实情，实施深度督导、精准督导。

2. 公正客观评估办学成效

分主题研发涵盖不同信息采集点的督导工具，用同一工具丈量不同学校，确保采集信息数据所用标尺相同、采集角度相同。这一点在调查问卷上的体现尤为明显，在对不同学校进行督导时，同一主题同一对象所使用的调查问卷上是相同的问题、相同的切入角度、相同的答案选项，可有效减少误差，体现公正评估。

3. 有效助力提升督导质量

责任督学深入钻研督导指标，分工合作研发督导工具，促进专业成长。学习政策依据，领会文件精神，设计较为合理的督导工具，在试用中优化完善，形成主体化、系统化的督导工具包，助力全面获取信息、了解情况，为精准督导实施做好基础性工作。

（二）督导工具研发原则

1. 具体内容的易测性

挂牌督导工具内容要易于评测。结合指标细则，比对政策文件或研究文献，结合实际设计信息采集点。对于指标体系中不易直接监测的内容，在设计督导工具时需要结合督导过程，将其转换成易于操作的信息采集要求。

2. 信息采集的有效性

督导工具上的信息采集点应当是必要且有效的。要求挂牌督导精准化，瞄准督导指标细则，力求数据信息采集点可采用、可适用、可运用，实现督导工具精准、管用。

3. 语言表述的适应性

督导工具的语言需要因适用对象不同而适当调整。主要体现在调查问卷和座谈访谈督评表上，因为访谈对象、问卷对象不同（如小学生、初中生、教师、家长、社区代表等不同年龄阶段的访谈对象、不同人群使用的语体环境），其语言表述有细微差别，以使语言表述贴近督导对象；还要通俗易懂、便于理解。如“依法治校”提法，在幼儿园教师问卷中最好提为“依法治园”；又如家长卷中，问“你对孩子所在班级教师的课堂教学质量的评价”，学生卷就要修改为“你认为本班教师课堂教学对自己成长的帮助、指导程度”等。

（三）督导工具研发步骤

1. 研读指标体系，依据细则匹配方式

逐一为每一条指标细则确定适合的督导方式，或校园巡视，或课堂观察，或资料查阅，或问卷调查，或座谈访谈。根据实际情况，大部分指标细则用一种方式采集信息即可，少部分指标细则需要用多种督导方式采集数据。多种督导方式采集同一指标细则信息时，也可有所侧重，主辅结合，点面结合。

2. 依据督导方式，拟写工具采集内容

依据已匹配好的督导方式，结合细则内容，拟写信息采集点。不同方式的督导工具内容有不同的特点。校园巡视、资料查阅需明确要点，简明扼要，类别分明。课堂观察督评表要划分观测维度、明确观测要点、厘清观测内容。调查问卷要精心设计选项，尤其注意选项间的穷尽性、互斥性、层次性。座谈访谈的问题设计要有利于酝酿好气氛，选好切入点，以及提问方式。

3. 结合对象心理，调整信息采集顺序

在运用督导工具采集数据信息时，督导工具质量对采集信息的有效性影响较大。督导工具信息采集点需讲究顺序，有利于及时、快速让对象更好敞开心扉、提供真实信息，或责任督学迅速采集信息。调查问卷、座谈访谈表中的信息采集点顺序，常常先易后难、逐层深入。调查问卷、座谈访谈督评表还可设置卷首语、开场白，便于拉近与问卷访谈对象的心理距离。校园巡视督评表按照巡视点归类排序；资料查阅督评表按查阅点归类排序；课堂观察督评表按观察点归类排序。

4. 完善语言表述，适应对象语体环境

依据不同类别督导工具，调整语言表述，以适应不同对象。对于校园巡视督评表、资料查阅督评表，要进行多次删减修改，确保简洁精炼。对于调查问卷和座谈访谈督评表，一律依据不同督导对象的语言理解能力、阅读表达习惯调整为他们能看懂、听懂的词句，最好还能适应其语言表达习惯。

四、流程方式结果呈现探究操作简析

（一）流程方式结果呈现探究意义

1. 有效提高进校督导效率

针对挂牌督导事项，按照优质呈现督导结果的要求，科学安排督导流程，选用适宜的督导方式，可更加有的放矢实施挂牌督导，也有助于前期深思，以突出重点，突破难点，有效提高单次督导效率，促进学校内涵发展。

2. 提升督学操作实践能力

探索并形成挂牌督导流程，要求责任督学按照不同主题督导流程规范实施督导；优选并细化挂牌督导方式，作为责任督学进校督导准备工作的重要参考；规范并指导督导结果呈现形式，提炼督导过程中的所思所想、所作所为、经验做法，既强化责任督学深思笃学，又可相互借鉴，增进智慧。

（二）流程方式结果呈现操作创新

1. 细化八大主题督导流程

依据八大主题督导指标及匹配的督导工具，细化八大主题挂牌督导工作总流程、八大主题挂牌督导工作流程，作为责任督学督导实施的重要参考。绘制流程图，按照督导前的准备工作、督导中的工作推进、督导后的汇总反馈、资料整理、报告上传等顺序，直观、清晰展现责任督学进校督导流程。

2. 五大方式操作实践经验

明确校园巡视、课堂观察、资料查阅、问卷调查、座谈访谈五类督导方式的准备工作、目标内容、过程方法、结果分析、工作要求。结合主题实际，针对每一类督导方式认真准备，仔细研读督导工具，了解学校、师生情况，明确督导路径、确定督导重点、预设督导难点，按工作要求实施督导，做好资料梳理与结果反馈。

3. 结果呈现体例要求规范

规范呈现督导结果，展现区域督导工作过程、特色、优势、经验。依据不同写作目的，辨析不同督导结果呈现方式的区别与联系。规范督导报告、调研报告、督导案例、督导简讯、督导随笔各自体例形式，明确写作重难点，展示样本案例，统一规范格式，供责任督学队伍写作参考。

五、挂牌督导整改事项追踪处置简析

（一）整改追踪事项主要特点

1. 聚焦民生关切

责任督学进校督导、受理咨询投诉过程中，发现群众关切的重大民生事项，为学校诊脉开方，提出处置建议。这些事项往往也是学校办学过程中的痛点、难点，常常需要追踪其处置成效，必要时还需整合教育资源，协助解决。

2. 关系师生成长

区域挂牌督导整改追踪事项常常关系着学生身心健康、教师素质提升、校园及周边安全、学生上放学道路交通安全、食堂食品饮水及宿舍卫生情况，是关系师生健康成长的关键问题、重要问题。

3. 推动学校发展

整改追踪事项常常也是学校发展的重大事项，牵一发而动全身，是否得到有效处置常常关系学校规范办学及内涵发展成效。责任督学挂牌督导中协调、处置、解决此类事项，就是在帮助学校办学，推动学校内涵发展。

（二）整改处置机制建设路径

1. 调研实情，事项汇总归类

近年来，责任督学待处置事项的轻重缓急，通过对座谈访谈记录、调查问卷数据分析、资料查阅记录、课堂观察记录、校园巡视记录中信息情况的分析，将督导事项分为教育督导发展建议、教育督导整改意见两大类别。教育督导发展建议是责任督学认为需要学校进一步发展意见建议，由学校酌情采纳；教育督导整改意见以区政府教育督导室名义下发，是学校未按国家政策规定办学相关事项。

2. 抓住关键，梳理难度层级

处置难度把握是整改追踪处置机制建设的关键突破口。依据整改事项，提出既可行又有效的意见建议，比照单位职能职责，明确责任单位。按事项处置难度通常分为四大层级，即责任区指导学校内部处置事项、教育督导责任区协同教育督导联动片区处置事项、区政府教育督导室协同区教委相关业务科室中心处置事项、区政府教育督导委员会处置事项。对应不同层级事项，分别形成追踪处置机制。

3. 研发工具，便捷沟通方式

为每一类别、层级事项处置研发整改追踪工具，用于责任督学与学校、区政府教育督导室沟通。逐步研发以教育督导整改通知书为主，以教育督导建议书、教育督导议题笺等为辅的全套“1+N”书，现已涵盖整改追踪机制全部环节、流程，并规范使用要求和存档规范。

4. 听取意见，落实追踪事项

在实践中创新，在创新中实践。按照区政府教育督导委员会指导意见、区政府教育督导室工作安排，逐步探索形成四大整改追踪事项处置机制：咨询投诉事项受理类、教育督导事项建议类、教育督导事项整改类、教育督导议题处置类。四大整改追踪事项处置机制基本能涵盖各类别各层级督导事项处置的有效沟通，运行较为顺畅。

六、责任督学队伍专业建设策略简析

（一）督学队伍专业建设的重要意义

1. 深化体制机制改革重要前提

破除深化区域教育督导体制机制改革路上的顽瘴痼疾，不断提升责任督学挂牌督导质量，强化挂牌督导公信力，重要前提是有一支政治过硬、业务过硬、责任过硬、纪律过硬、作风过硬的责任督学队伍，保持足够的创造力、凝聚力、战斗力，作为事业发展的中流砥柱。

2. 督导专业实施重要保障

责任督学队伍专业水平越高，挂牌督导专业化程度也会越高。促进挂牌督导专业化实施，需要责任督学掌握大量政策文件、标准规范，要求督学队伍有较高的学习能力，能准确理解并掌握教育相关政策，监督学校规范办学。具备一定的学校管理、教育教学经验，指导学校内涵发展，还要熟悉各类督导实操技术，作为评估监测学校发展成效，提出有效建议的前提。

3. 区域教育人才成长需求

责任督学队伍与教育教学队伍成长密切相关，部分教育教学岗位校级领导、中层干部、骨干教师，在责任督学岗位锻炼一段时间后，将极大提升其学校管理、教育教学能力。加强责任督学队伍专业建设，提高责任督学在学校管理与教育教学中的法律法规理解力、专业发展执行力，进一步成为学校管理、教育教学的行家里手。

（二）督学队伍专业建设的总体目标

1. 督学队伍稳定与发展

作为与学校管理、教育教学岗位人才互通的督学队伍建设，要在稳定的基础上实现内涵发展。按一定比例配备专兼职督学，全心全意做好队伍培训，切实提高挂牌督导工作能力水平，深度服务学校管理和教育教学质量提升。

2. 督学经验传承与创新

充分传承责任督学宝贵经验，积极创新督导方式方法，处理好传承与创新的关系。扩大选聘范围，适度提高入围门槛，促进年龄结构优化，既要用好老督学经验，又要释放年轻督学活力，在传承与创新中不断推进挂牌督导走向新的高度。

3. 督导质量基础与提升

促进挂牌督导质量逐渐走实走精，强化培训，确保掌握督导指标，使用督导工具，掌握实操技术，依流程实施督导，夯实督导质量基石。在此基础上，鼓励发挥各责任督学优势，据实情抓重点对学校进行指导，彰显各责任区特色，各美其美，提升挂牌督导整体质量。

（三）督学队伍专业建设的具体内容

1. 提升职业道德水平

督学队伍专业建设以德为先。建设依法督导、廉洁督导、文明督导文化，形成“言信行直·督规导范”理念，加强职业道德建设，确保督导人员恪尽职守、依法督导，无私无畏，坚持原则，做到忠诚、干净、担当。

2. 增长专业知识能力

督学队伍建设以专业督导知识掌握、督导能力运用为核心，以培训为主要手段，完善督学培训机制，确定督学培训内容，制订区域督学培训规划，编订培训教材，丰富培训形式，以此丰富责任督学专业知识，提升督学工作能力。

3. 强化督导实操技能

准确定位现有责任督学角色，厘清自我认知，探讨并解决现实工作中的问题和任务，强化督导实操技能。实现队伍专业化建设，要指导督学理解督导实际操作原理和方式，掌握督导前的准备、督导中的实施与结果反馈、督导后总结的经验；掌握运用指标和督导工具进行督导、研发设计督导工具的步骤、依流程督导的技巧等。

七、督导信息系统平台研发管理简析

（一）信息系统平台建设思考

1. 统一规划，分级负责

结合国家层面责任督学挂牌督导工作要求，理顺区域挂牌督导实际工作内容，制订区域教育督导信息系统平台建设规划，建设区域教育督导信息系统。制订《南岸区教育督导信息系统平台使用管理办法》，遵循科学合理、依法履职、安全高效的原则，实现“三级七维负责制”（区级、片区级、校级三个层级，区教委分管领导、督导室、督评中心、责任区、责任督学、联动片区、学校督导工作室七个维度），确保平台功能发挥。

2. 便捷实用，持续稳定

教育督导信息系统平台功能要实用、管用、好用，流程要精简、便捷、快速，平台质量要完善、优化、稳定，重视流程再造和优化，注重各流程上下环节成果共享，优化人机界面、分类整理等功能，根据各业务板块间的数据交互要求，设计合适的网络结构和互联互通技术方案，提高工作效率，确保平台功能使用持续稳定。编制 7 类对象《操作手册》，提供使用办法说明。

3. 可扩展性，易维护性

平台建设板块内容要可以扩展、易于维护。建立完善的质量控制体系，对采集、存储、传输、输出各个关键节点的技术质量进行控制，在节点元数据中加入质量控制相关信息，实现技术质量问题的可追踪、可回溯。随教育督导体制机制改革形势的变化，持续升级平台功能，增补融入教育优质均衡发展信息采集与分析等元素。

4. 安全管理，可靠保密

信息系统平台存储了大量督导数据，总体设计和安全体系设计要符合信息系统安全等级的要求。为保障平台的安全，对系统平台的物理安全、网络安全、系统安全、应用安全、数据安全和安全管理制度等方面进行全方位管理，有完备的运行维护及安全保障体系，确保信息安全。建立使用人员安全账号，实行信息上报负责制，保障系统平台整体运行的安全与稳定。对已离开督导岗位的人员账号，实施销号处理。

（二）信息系统平台研发路径

1. 系统思考，定位功能

通过信息平台，实现线上工作部署、信息报送、意见反馈、工作交流、考核评价及网络培训等，提供必要的公共基础服务，并在此基础上构建统一的应用软件基础运行支撑环境，助力区域挂牌督导工作提速提质。依据不同角色职能职责，合理定位角色功能。区政府教育督导委员会总览区域教育督导全局，审核区域教育督导相关重大政策文件；区政府教育督导室重点审核教育督导责任区与各类专项督导、质量监测等工作资料；区教育督导评估中心重点审核教育督导联动片区与现代学校发展等工作资料；各责任区审核责任督学资料，各联动片区审核学校督导工作室资料。

2. 设计模块，同步共享

根据教育督导政务网络公开、挂牌督导专业质量提升、校内督导内涵发展、义务教育质量监测、现代学校内涵发展、专项督导工作效能提升、实践成果物化等实际工作需要，设计十二模块。构建关联数据通道，通过数据解析、序列化传输，实现门户网站、系统平台、手机 App 之间的数据适时同步、信息共建共享。

3. 同步服务，细化流程

结合各模块工作，对具体流程进行详细设计，绘制流程图。按照使用简便、高适应性原则，进行最短路径分析，设计各环节之间的纵向链接与横向交互，实现功能多层次组合与多角度优化。建设不同使用对象使用权限表，避免信息交叉引发的数据泄露。选派专人管理平台，进行平台使用技术培训、功能故障排查、模块功能升级，构建畅通的技术支持渠道。

第二章
挂牌督导指标工具的研发运用

挂牌督导指标工具的研发，是实施专业督导、公正督导的重要前提，是提高督导质量、督导效能的重要保障，是确保督导权威和公信力的重要举措。本章主要呈现挂牌督导八大主题指标体系及督导工具内容，力求准确理解与贯彻执行教育法律、法规、规章和国家教育方针、政策，提高教育质量；力求全方位涵盖学校基本工作，如校务管理、招生收费、课程教学、校园安全等，监督规范办学；力求切合区域实际情况，关注学校最近发展区，适度融入指导性要求，助力现代学校内涵发展与质量提升。

依照国务院《教育督导条例》《重庆市教育督导条例》等教育督导法规，遵守《中华人民共和国教育法》《中华人民共和国义务教育法》《中华人民共和国教师法》《中华人民共和国突发事件应对法》《中华人民共和国道路交通安全法》《中华人民共和国消防法》《中华人民共和国食品安全法》等系列相关法律要求，深入贯彻落实《中共中央办公厅国务院办公厅关于深化新时代教育督导体制机制改革的意见》等教育、教育督导相关政策文件，结合国际国内前沿教育督导理论，遵循教育发展规律，研发八大主题挂牌督导指标体系，并匹配相关督导工具；明确各大主题指标体系研发及修订的主要政策依据，绘制示意导图，呈现指标体系详表，解读指标体系运用价值、配套工具重点关注视角、运用原则及结果分析维度。现有八大主题指标工具，含一级指标 22 条、二级指标 77 条、督导要点 155 条，督导工具共 60 套。

第一节 “校务管理和制度执行情况”指标体系及工具运用

一、主要政策依据

《教育部等八部门关于进一步激发中小学办学活力的若干意见》《教育部关于印发〈全面推进依法治校实施纲要〉的通知》《教育部关于印发〈义务教育学校管理标准〉的通知》《中央组织部印发〈党委（党组）书记抓基层党建工作述职评议考核办法（试行）〉》等。

二、督导指标体系

（一）示意导图

“校务管理和制度执行情况”督导指标体系示意导图如图 2-1 所示。

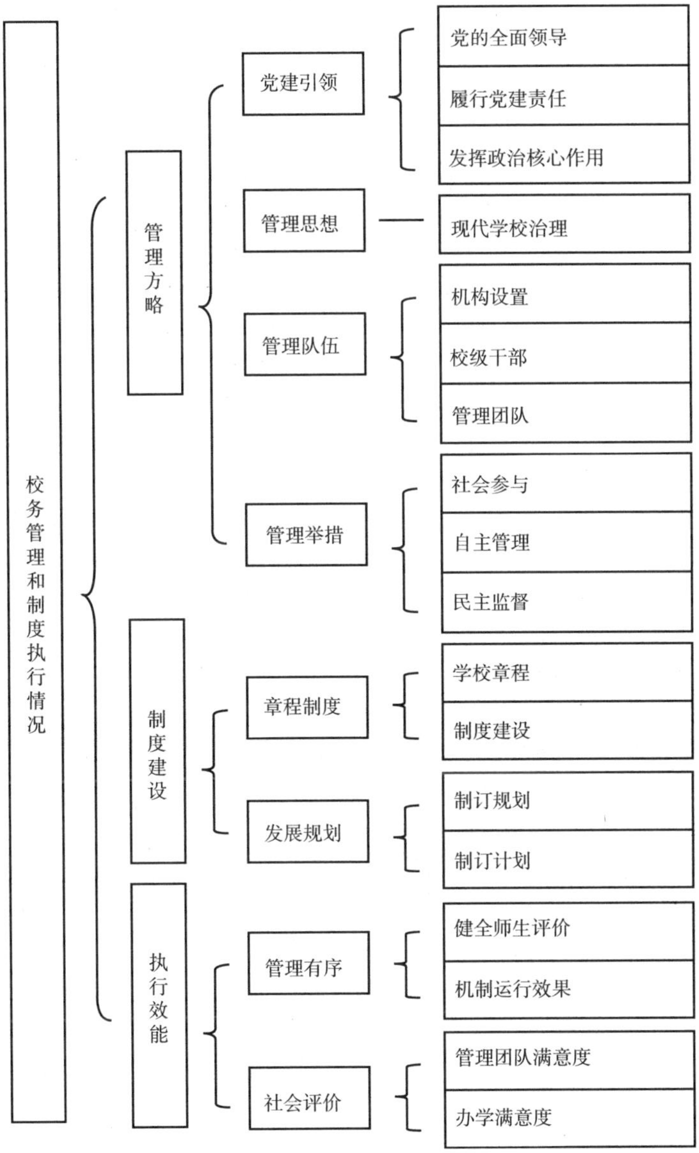

图 2-1 “校务管理和制度执行情况”督导指标体系示意图

（二）指标详表（带“★”为必达指标要点）

“校务管理和制度执行情况”督导指标体系详表见表 2-1。

表 2-1 “校务管理和制度执行情况”督导指标体系详表

一级指标	二级指标	督导要点	督导细则	督导方式
管理方略	党建引领	★ 1. 坚持和加强党的全面领导，落实党中央和上级党组织关于基层党建工作部署要求，履行基层党建工作责任，以提升组织力为重点，发挥党组织政治核心作用	1.1 党组织履行主体责任、党组织书记履行第一责任人职责、班子其他成员履行分管领域党建责任。贯彻落实意识形态责任制、推进法治建设，学习贯彻党内法规制度、党建引领群团 / 队建和统战工作等	座谈访谈 资料查阅
			1.2 组织开展“不忘初心、牢记使命”主题教育，推动广大党员深入学习贯彻习近平新时代中国特色社会主义思想及全国党代会精神，增强“四个意识”、坚定“四个自信”、做到“两个维护”，营造良好政治生态	座谈访谈 资料查阅
			1.3 贯彻落实国家领导人视察重庆重要讲话精神，贯彻落实中央、市委、区委和区委教育工委关于基层党建重要会议与重要文件要求，落实年度基层党建重点任务，落实“三重一大”议事规则，以及党内法规文件要求	问卷调查 资料查阅
			1.4 加强党支部（组织）建设，做好党员发展、教育培训和管理，落实党内关怀帮扶，开展联系服务群众等工作，发挥基层党组织战斗堡垒作用和党员先锋模范作用	问卷调查
			1.5 加强思想政治工作和师德师风建设，抓好党管人才工作，突出党建引领学校发展、教师队伍建设、思政课程建设等	资料查阅
	管理思想	★ 2. 树立现代学校治理思想，依法办学、自主管理、民主监督、社会参与	2.1 依法办学。坚持正确办学方向，注重制度建设，规范办学行为	座谈访谈

续表

一级指标	二级指标	督导要点	督导细则	督导方式
管理方略	管理思想		2.2 自主管理。完善目标管理，实施发展规划，创建办学特色	座谈访谈
			2.3 民主监督。实行校长负责制，发挥党组织的保证监督作用，促进教职工民主参与	资料查阅 问卷调查
			2.4 社会参与。形成家庭、社区与学校的良性互动机制，促进家长、社区参与学校治理	问卷调查 座谈访谈
	管理队伍	★ 3. 内部组织建构适应教育改革和学校发展，校内处室（中心）沟通协作良好，工作效能显著	3.1 校内职能处室（中心）设置符合校情，能覆盖学校全面工作，适应教育改革和学校发展	校园巡视
			3.2 各处室（中心）间责权明晰，沟通协作，运行顺畅，工作高效	教师问卷
		★ 4. 校级干部认真履行管理职责，具有领导力和专业能力	4.1 校级干部认真履行管理职责，以身作则，服务意识强，威信高，干群关系融洽	座谈访谈
			4.2 按照校长专业标准规定，校级干部践行以德为先，育人为本，引领发展，能力为重，终身学习的基本理念，引领学校发展	问卷调查 座谈访谈
		5. 有完善的制度和机制，促进团队作风务实、执行力强、廉洁奉公、团结协作	5.1 实行校长负责制下分权治理机制，健全校务公开制度	资料查阅
			5.2 树立正确激励导向，突出全面育人和教育教学实绩，克服唯分数、唯升学的评价导向，充分激发教师教书育人的积极性、创造性	资料查阅
			5.3 教师发展激励体系注重精神荣誉激励，强化专业发展激励，完善岗位晋升激励，健全绩效工资激励，突出关心爱护激励	座谈访谈 资料查阅
			5.4 学校应当结合本校学生特点，依法制定、完善校规校纪，明确学生行为规范，健全实施教育惩戒的具体情形和规则	资料查阅

续表

一级指标	二级指标	督导要点	督导细则	督导方式
管理方略	管理举措	★ 6. 师生、家长和社会（含社区）代表通过多种渠道参与学校教育教学活动和学校管理、校内监督	6.1 同街道、社区及相关的机关、团体、部队、企业事业等单位建立共育机制，充分运用校外资源，促进学校发展	问卷调查
			6.2 主动与学生家庭建立联系，通过家长学校等渠道指导、帮助家长创设良好的家庭教育环境	问卷调查 座谈访谈
			6.3 成立家长委员会，使其关注学校发展，收集家长意见，服务学校管理	问卷调查
			6.4 建立校长负责制下的校务委员会，根据需要邀请教师、家长代表参与行政办公会，完善民主决策程序，有议题、有记录、有决议	座谈访谈
		★ 7. 学校建立和完善教职工（代表）大会制度，依法履行教职工代表大会的职权	7.1 进一步建立健全教职工（代表）大会制度，突出教师主体地位，落实教师知情权、参与权、表达权、监督权，保障教师参与学校管理、监督与决策建言的民主权利	座谈访谈
			7.2 学校每学年召开教职工(代表)大会不少于2次，及时采纳合理化意见和建议	问卷调查
			7.3 教职工（代表）大会听取学校发展规划、教职工队伍建设、教育教学改革、校园建设以及其他重大改革和重大问题解决方案的报告，提出意见和建议	座谈访谈
		★ 8. 加强开放办学，推行校务公开制度	8.1 每学年召开师生、家长及社区代表联席会议不少于2次，听取并答复，采纳其合理化建议	问卷调查
			8.2 利用公示栏、会议等形式，及时公开涉及学校发展及教职工、家长和社区公众利益的重大事项	校园巡视
		★ 9. 加强视导员队伍建设，有效开展校本督导	9.1 加强视导员队伍的遴选、培训，明确其工作职责	座谈访谈

续表

一级指标	二级指标	督导要点	督导细则	督导方式
管理方略	管理举措		9.2 学校督导工作室充分发挥“独立评”职能，有效开展校本督导，督导结果运用好	问卷调查
		★ 10. 召开家长会、社会（含社区）代表座谈会，吸纳意见建议，改进学校工作	10.1 每学年召开家长会、社会（含社区）代表座谈会 2 次及以上，有主题、有记录	资料查阅
			10.2 听取意见建议，有整改措施及实施方案，整改结果记录	座谈访谈
制度建设	章程制度	★ 11. 章程体现办学理念和特色、符合发展实际、制定程序合法，适宜现代学校发展需求	11.1 学校章程体现现代教育思想，体现办学理念和特色、符合发展实际，引领发展，文本规范	问卷调查
			11.2 坚持依法依规、以校为本、广泛参与、集思广益原则，起草、修订和完善学校章程	问卷调查
		★ 12. 构建完备的管理制度体系，汇编成册，制度执行规范有效	12.1 以学校章程为核心，统领内部管理制度体系，文本规范	资料查阅
			12.2 制度汇编成册，形成体系	资料查阅
			12.3 制度执行规范、有效	问卷调查
	发展规划	13. 制定体现素质教育思想、适合校情、适应发展、彰显特色的学校发展规划，强化规划实施	13.1 学校制定 3~5 年发展规划，坚持以立德树人为根本任务，实施素质教育思路清晰，切合校情，目标定位准确，措施合理具体，获得全体师生认可，形成共识	问卷调查
			13.2 规划实施有重点项目支撑，定期开展规划执行评价，有落实规划实施的责任机制	资料查阅
		★ 14. 围绕发展规划制定年度工作计划，目标明确、措施有力、操作性强。学年末对年度计划完成情况进行分析，并根据发展规划既定目标达成情况，及时调整下年度工作计划	14.1 学校年度工作计划、总结与学校 3~5 年发展规划相协调，充分体现现代学校办学思想	资料查阅

续表

一级指标	二级指标	督导要点	督导细则	督导方式
制度建设	发展规划		14.2 学校年度计划目标明确、措施有力、操作性强	资料查阅
			14.3 建立监测与报告学校 3~5 年发展规划实施过程及成效的机制，做好年度计划分析，适时完善内容	资料查阅
			14.4 根据本年度计划执行情况分析结果，及时调整下一年度计划目标	资料查阅
执行效能	管理有序	15. 健全师生评价体系	15.1 健全教师、学生评价制度，建立目标体系，制定工作举措	资料查阅
			15.2 运用师生评价制度实施检查考核，引导教师潜心育人、学生全面发展，效果良好	座谈访谈
		16. 管理机制运行效果好，有效促进学生成长、教师发展、学校可持续发展	16.1 健全管理制度，建立便捷规范的办事程序，完善内部处室组织规则、议事规则等	资料查阅
			16.2 管理机制运行效果好，有效促进学生成长（兴趣特长发展、学业发展等）、教师发展（梯队建设、骨干培养）、学校可持续发展	座谈访谈 问卷调查
	社会评价	17. 对管理团队满意度高	17.1 校级干部满意度测评：领导力和专业能力，服务意识和干群关系	座谈访谈
			17.2 管理团队满意度测评：作风务实、执行力强、廉洁奉公、团结协作	问卷调查
		18. 对学校办学满意度高	18.1 学校办学行为规范认可度	问卷调查
			18.2 学校办学质量满意度	问卷调查
			18.3 学校办学品质及辐射影响力	问卷调查

（三）重点解读

在管理方略、制度建设、执行效能 3 个一级指标内容下，分支了党建引领、管理思想、管理队伍、管理举措、章程制度、发展规划、管理有序、社会评价 8 个二级指标，共 18 个督导要点，旨在督导学校完善内部治理结构，推进现代学校制度体系建设，全面贯彻教育方针，规范办学行为。

三、配套工具运用

“校务管理和制度执行情况”主题共计 4 类工具：校园巡视督评表、资料查阅督评表、座谈访谈督评表、调查问卷。其中，座谈访谈督评表针对学生、教师和家长（社区）。调查问卷对象为学生、教师、家长、社区。在整体综合评定时（整体综合评定表）重点关注资料查阅督评表和调查问卷。

（一）校园巡视工具

1. 重点关注视角

校内职能处室（中心）设置情况；校务公开公示情况；设施设备使用与管理等。

2. 工具运用原则

提前做好安排，明确观察路线，基于学校实情，把握评价标准和尺度。巡视时要透过现象看本质，必要时可辅之以听、访、问等形式，加以佐证或拓展。

3. 结果分析维度

通过对实地查看学校职能处室（中心）设置情况、校务公开公示情况，结合其他相关信息采集对学校的校务管理与制度执行情况进行综合了解并作出评价，并及时向学校进行反馈，可据此提出符合校情的意见和建议。

（二）座谈访谈工具

1. 重点关注视角

①座谈访谈督评表（学生版）：学生合法权益的保护情况；对学校管理促进发展的满意度；家校联系的方式、频率等。

②座谈访谈督评表（教师版）：教师对学校民主管理的认同度（参与重大事项建言献策及意见被采纳的情况）；对学校管理团队奉献精神、管理能力、专业水平、服务意识等方面的满意度。

③座谈访谈督评表（家长 / 社区版）：家长（社会）代表对学校依法办学、校务管理的满意度；家长（社会）代表对校级干部引领学校发展的满意度；家长（社会）代表参与、监督学校管理的渠道和频率；合理化建议采纳情况。

2. 工具运用原则

责任督学对照访谈表中的问题随机抽取代表展开座谈，关注受访者在访谈中提到的学校管理以及对学校办学满意度评价等方面。认真听取受访者的情况反馈，并做好细致的记录工作。

3. 结果分析维度

①座谈访谈督评表（学生版）：通过学生对学校促进管理的评价、保障学生合法权益的评价、家校联系情况，从而了解学校管理对学生兴趣培养、特长发展成效，公开办学情况、家校沟通情况，同时通过学生对学校管理工作的开放式意见建议，分析学校校务管理和制度执行情况。

②座谈访谈督评表（教师版）：通过教师对学校管理的评价，参与学校章程、规划、制度的情况及对学校领导班子管理工作的评价，从而了解学校以教师为本、建章立制的透明度、对学校民主管理的认同度（参与重大事项建言献策及意见被采纳的情况）及管理团队业务水平等，同时通过教师对学校管理工作的开放式意见建议，分析学校校务管理和制度执行情况。

③座谈访谈督评表（家长 / 社区版）：通过家长、社区对学校执行国家教育政策法规的评价，对学校管理团队工作作风与成效的评价，学校邀请家长、社区代表参与学校管理，召开座谈会听取意见等机制建设评价，了解学校校务管理及开放办学情况，同时通过社区对学校管理工作的开放式意见建议，分析学校校务管理和制度执行情况。

（三）问卷调查工具

1. 重点关注视角

①学生调查问卷：学校是否以学生为主，全方位促进其全面发展；教师是否依法依规开展教育教学工作；学生代表评价学校办学满意度。

②教师调查问卷：教职工权益、权利保障机制是否健全；学校管理机构运行效能是否优化；教师是否参与重点事项讨论，是否参与学校章程、规划、制度的拟定；对学校发展态势的评估。

③家长调查问卷：家长代表是否通过多种渠道参与、监督学校管理和教育教学活动；家长代表对学校办学的满意度。

④社区调查问卷：社区代表对学校管理团队、育人质量、硬件设施与办学条件、办学行为的满意度；办学品质及辐射影响力。

2. 工具运用原则

各类问卷对象由责任督学因校制宜、随机抽选必调查类别的对象开展问卷调查，在一定数量控制范围内突出重点。调查人数不低于调查对象总人数的5%，不超过15%。责任督学向被调查者说明调查意图，告知其如实、客观反映情况，以得到最真实数据，达到最佳问卷效果。

3. 结果分析维度

①学生调查问卷：立足学生视角了解学校班级管理、午餐管理、家校联系、保护学生合法权益等情况，从而评估学校遵守国家教育法律法规，依法治校，实施现代学校治理的情况。同时，通过学生提出对学校管理工作的开放式意见建议，分析学校校务管理和制度执行情况。

②教师调查问卷：立足教师视角了解学校章程建设程序文本规范、发展规划制定、管理机制运行、管理团队效能、处室（中心）运行等情况，从而评估学校遵守国家教育法律法规，依法办学，实施现代学校治理的情况。同时，通过教师提出对学校管理工作的开放式意见建议，分析学校校务管理和制度执行情况。

③家长调查问卷：立足家长视角了解学校规范办学行为、提升办学质量和品质、校级干部管理效能、家校沟通形式与频次情况，从而评估学校依法依规办学、实施民主管理情况。同时，听取家长对学校提出开放式意见建议，分析校务管理和制度执行情况。

④社区调查问卷：立足社区视角了解学校规范办学行为、提升办学质量与品质、运用校外资源情况，从而评估学校依法依规办学、实施民主管理、社会参与开放办学情况。同时，听取社区开放式意见建议，客观分析学校校务管理和制度执行情况。

（四）资料查阅工具

1. 重点关注视角

学校是否制定章程和相关制度、发展规划和工作计划；学校落实章程、规划及制度的过程资料；学校民主管理、社会参与的过程资料或印证材料。

2. 工具运用原则

对照工具中的指标对学校章程、规划和制度文本进行详细查阅，并比对相应的过程资料和印证材料，保证学校依法依规办学、民主管理和社会参与落到实处。

3. 结果分析维度

通过此表详细查阅学校章程、各类管理制度和发展规划等相关资料，同时查看与之对应的会议记录、活动方案、计划总结等过程性印证材料，了解学校制度建设的规范性和完整性，民主管理和社会参与的执行度，并以此为依据，评估学校校务管理和制度执行的落实情况。

第二节
“招生、收费、择校情况”指标体系及工具运用

一、主要政策依据

《教育部关于治理义务教育阶段择校乱收费问题的指导意见》《国家发展改革委 教育部关于规范中小学服务性收费和代收费管理有关问题的通知》《教育部办公厅关于严格规范大中小学招生秩序的紧急通知》等。

二、督导指标体系

（一）示意导图

“招生、收费和择校情况”督导指标体系示意导图如图 2-2 所示。

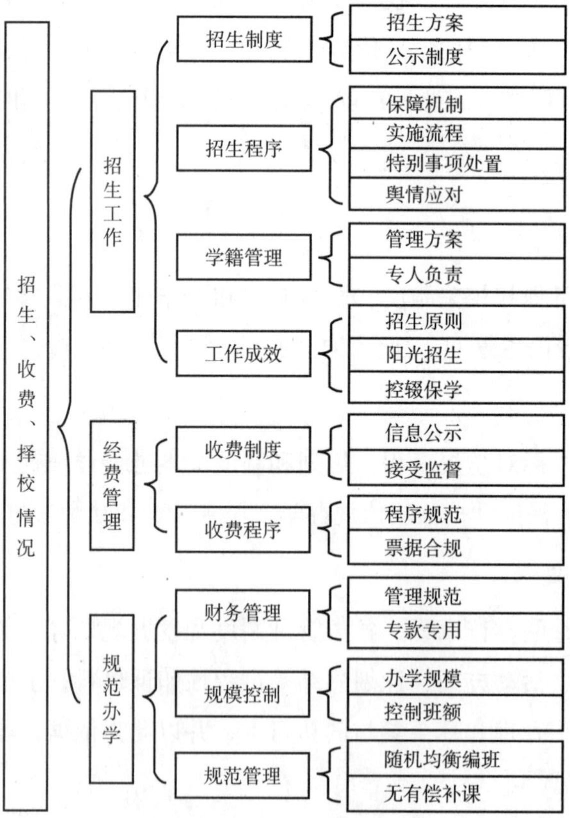

图 2-2 “招生、收费和择校情况”督导指标体系示意导图

（二）指标详表（带“★”为必达指标要点）

“招生、收费和择校情况”督导指标体系详表见表 2–2。

表 2–2 “招生、收费和择校情况”督导指标体系详表

一级指标	二级指标	督导要点	督导细则	督导方式
招生工作	招生制度	★ 1. 研究制订符合政策规定和校情的招生方案	制订符合政策和校情的招生方案，且内容完善，保障公平、公正、科学	资料查阅
		★ 2. 建立招生范围、程序、时间等相关信息的公示制度，畅通咨询和监督的渠道	2.1 建立招生范围、程序、时间等相关信息的公示制度	校园巡视 资料查阅
			2.2 建立公开、透明的咨询制度、社会监督制度，完善应急预案，健全应急机制	资料查阅
	招生程序	3. 招生工作机制健全、方案完善，按照规范程序招生	3.1 招生工作保障机制完善健全	资料查阅
			3.2 招生工作实施流程规范、合理、透明	资料查阅
		4. 有效解决招生中的特殊问题，有效应对舆情	4.1 制订关于解决招生工作特殊问题的方案或计划，切合校情。涉及无法解决的特别事项，健全向教育行政主管部门报告机制，并提供相关事项印证材料	资料查阅
			4.2 密切关注招生舆情，加强招生研判，制订招生舆情应对预案；积极回应社会热点和关切，对不实报道信息要及时予以澄清	资料查阅
	学籍管理	★ 5. 规范使用全国中小学生学籍信息管理系统	5.1 制订学校学生学籍信息管理方案和使用办法	资料查阅
			5.2 学籍信息管理系统专人操作、专人负责	校园巡视
		6. 利用学籍信息管理系统对招生情况进行分析	6.1 利用学籍管理系统对招生情况进行分析	资料查阅
			6.2 分析结果为下一学年招生工作提供支撑和保障	资料查阅
	工作成效	7. 招生工作秩序良好	招生符合依法入学、就近免试、对口入学及规范公平原则	资料查阅
		★ 8. 义务教育学生就近免试入学比例达 100%	8.1 义务教育学校要建立和完善辍学学生劝返复学、登记与书面报告制度，加强家校联系，主动配合政府部门做好辍学学生劝返复学工作	资料查阅
			8.2 严禁违规择校。取消各类特长生招生	资料查阅
			8.3 依法保障特殊群体接受义务教育	资料查阅

续表

一级指标	二级指标	督导要点	督导细则	督导方式
经费管理	收费制度	9. 严格按规定标准和项目收费，并及时公示	9.1 按规定权限批准的中小学服务性收费和代收费项目、标准等列入信息公开范围，主动向社会公示	资料查阅
			9.2 学校在入学通知书中注明有关服务性收费和代收费项目、标准及批准收费的文号	资料查阅
	实地查看	10. 服务性收费和代收费坚持自愿原则，接受监督	10.1 服务性收费和代收费坚持自愿原则，有印证材料	资料查阅
			10.2 主动接受学生、家长和社会的监督，增强学校收费透明度	资料查阅
	收费程序	★ 11. 收费规范	11.1 收费程序规范	资料查阅
			11.2 使用规范票据	资料查阅
			11.3 服务性收费和代收费据实结算	资料查阅
		★ 12. 无违规乱收费行为	有规范收费的印证材料	资料查阅
	财务管理	★ 13. 账务管理规范	13.1 建立财务管理制度	校园巡视 资料查阅
			13.2 收支符合财务制度	资料查阅
		14. 教育民生工程等专项资金管理到位，专款专用，无侵占、克扣、截留和挪用现象	14.1 建立教育民生工程等专项资金管理制度	资料查阅
			14.2 专款专用印证材料	资料查阅
			14.3 无侵占、克扣、截留和挪用现象	资料查阅
规范办学	规模控制	15. 按照区域整体规划，适度控制办学规模	按区域整体规划及学校实情，适度控制办学规模	资料查阅
		★ 16. 严格控制班额	严格控制班额，小学不超过 45 人、初中不超过 50 人	资料查阅 校园巡视

续表

一级指标	二级指标	督导要点	督导细则	督导方式
规范办学	规范管理	★ 17. 义务教育学校实行随机均衡编班，不举办重点班或实验班，接受社会监督	17.1 义务教育学校实行随机均衡编班，如电脑派班、抽签等方式	资料查阅
			17.2 严禁义务教育阶段学校设立任何名义的重点班、快慢班	资料查阅
			17.3 编班过程邀请家长代表参与，接受社会监督	资料查阅
		★ 18. 学校节假日不组织补课；学校教师不参与有偿补课（含社会机构组织的）	18.1 学校节假日不组织补课	资料查阅
			18.2 学校教师不参与有偿补课（含社会机构组织的）	资料查阅

（三）价值解读

在招生工作、经费管理、规范办学 3 个一级指标内容下，分支了招生制度、招生程序、学籍管理、工作成效、收费制度、收费程序、财务管理、规模控制、规范管理 9 个指标，共 18 个督导要点，旨在督导学校严格遵照国家、市、区级相关文件要求与精神，严格规范办学行为与方式，严禁触碰或超越红线，助推区域教育整体和谐健康发展。

三、配套工具运用

“招生、收费和择校情况”主题共计两类工具：校园巡视督评表和资料查阅督评表。

（一）校园巡视工具

1. 重点关注视角

①学校的招生简章是否及时公开。

②中小学服务性收费和代收费项目、标准等是否向家长公示。

③学校财务管理系列制度是否上墙。

④学校班额人数是否严格控制。

2. 工具运用原则

及时归纳、整理、采集有效信息，保证公平、透明、公正据实向学校反馈。

3. 结果分析维度

通过对学校招生简章、收费制度、财务制度的查看和班级班额人数情况的了解，掌握学校招生、收费、择校的落实开展情况。

（二）资料查阅工具

1. 重点关注视角

招生方案的适切、招生制度的完善、招生程序的规范、收费项目的透明、办学行为的规范等。

2. 工具运用原则

①明确查阅要点，做到心中有数。

②据学校实情，做到客观公正评估。

③多渠道汇集信息，督导人员汇总作出综合评价。

3. 结果分析维度

通过查阅招生方案等资料是否真实客观、翔实充足、整理规范、印证充分，了解学校在招生、收费、择校等方面的情况。

第三节 “课程开设和课堂教学情况”指标体系及工具运用

一、主要政策依据

《教育部等六部门关于印发〈义务教育质量评价指南〉的通知》《中共中央 国务院关于深化教育教学改革全面提高义务教育质量的意见》《教育部关于全面深化课程改革落实立德树人根本任务的意见》《教育部义务教育阶段新课程标准》《义务教育课程设置实验方案》《基础教育课程改革纲要（试行）》《中央关于加强青少年体育增强青少年体质的意见》《义务教育学校校长专业标准（试行）》《关于全面加强和改进新时代学校体育工作的意见》《关于全面加强和改进新时代学校美育工作的意见》《教育部关于印发〈大中小学劳动教育指导纲要（试行）〉的通知》《中共中央国务院关于全面加强新时代大中小学劳动教育的意见》等。

二、督导指标体系

（一）示意导图

“课程开设和课堂教学情况”督导指标体系示意导图如图 2–3 所示。

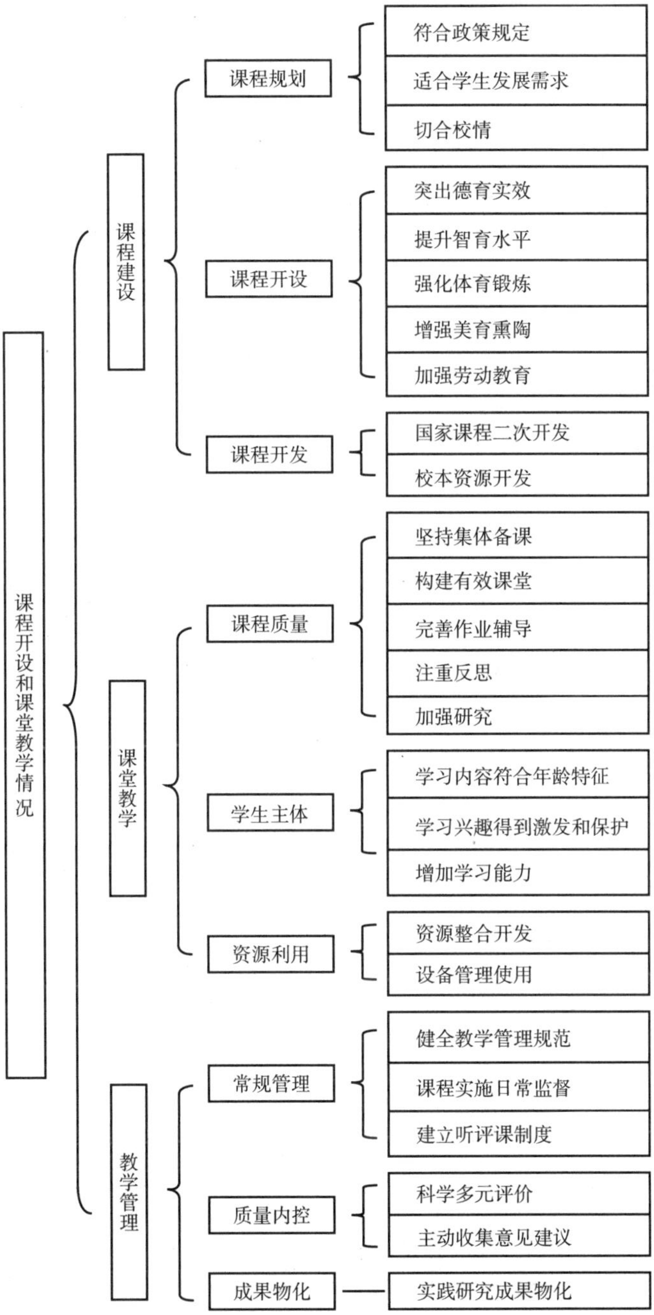

图 2–3 “课程开设和课堂教学情况”督导指标体系示意导图

（二）指标详表（带“★”为必达指标要点）

“课程开设和课堂教学情况”督导指标体系详表见表 2–3。

表 2–3 “课程开设和课堂教学情况”督导指标体系详表

一级指标	二级指标	督导要点	督导细则	督导方式
课程建设	课程规划	★ 1. 课程规划符合政策规定、切合校情、满足学生发展需求	1.1 学校课程规划符合政策规定，根据德、智、体、美、劳全面培养要求，合理设置学校课程，目标适切，措施可行，有预期成果	资料查阅
			1.2 校本课程建设凸显学校办学特色与理念，满足学生个性发展需求，各年段目标设置合理	问卷调查 资料查阅 座谈访谈
		★ 2. 制定切实可行的课程实施方案	学校制订有年度课程实施方案，切合实际，可行性较强	问卷调查 座谈访谈
	课程开设	★ 3. 突出德育实效	3.1 深化课程育人、文化育人、活动育人、实践育人、管理育人、协同育人，全员全程全方位实施立德树人	校园巡视 座谈访谈
			3.2 大力开展理想信念、社会主义核心价值观、中华优秀传统文化、生态文明和心理健康教育，加强爱国主义、集体主义、社会主义教育，引导少年儿童听党话、跟党走	问卷调查 校园巡视
			3.3 加强品德修养教育，强化学生良好行为习惯和法治意识养成	校园巡视 问卷调查
			3.4 突出政治启蒙和价值观塑造，充分发挥共青团、少先队组织育人作用	问卷调查
		★ 4. 提升智育水平	4.1 着力培养认知能力，促进思维发展，激发创新意识	校园巡视 课堂观察
			4.2 严格按照国家课程方案和课程标准实施教学，确保学生达到国家规定学业质量标准	校园巡视 课堂观察
			4.3 加强科学教育和实验教学。严格按课程标准开展中小学实验活动。其中初中需完成课程标准中规定的物理课程学生必做的 20 个实验，化学课程要求的学生独立完成 8 个实验，培养动手能力	问卷调查 座谈访谈 资料查阅

续表

一级指标	二级指标	督导要点	督导细则	督导方式
课程建设	课程开设		4.4 广泛开展多种形式的读书活动，提供学习心得分享交流平台	资料查阅
		★ 5. 强化体育锻炼	5.1 坚持健康第一，实施学校体育固本行动，严格执行学生体质健康合格标准	资料查阅
			5.2 涵养阳光健康、拼搏向上的校园体育文化，增强文化自信，促进学生知行合一、刚健有为、自强不息	校园巡视 资料查阅
			5.3 义务教育阶段体育课程帮助学生掌握 1 至 2 项运动技能。高中阶段体育课程进一步发展学生运动专长。职业教育体育课程与职业技能培养相结合	问卷调查
			5.4 广泛开展校园普及性体育运动，每年举办不少于 2 次校级学生运动会或体育节	资料查阅
		★ 6. 增强美育熏陶	6.1 学校美育课程以艺术课程为主体。学前教育阶段开展适合幼儿身心特点的艺术游戏活动。义务教育阶段在开好音乐、美术、书法课程的基础上，逐步开设舞蹈、戏剧、影视等艺术课程。高中阶段开设多样化艺术课程，增加可选择性。职业教育将艺术课程与专业课程有机结合，体现职业教育特点	校园巡视 资料查阅
			6.2 学前教育阶段培养幼儿拥有美好、善良心灵和懂得珍惜美好事物。义务教育阶段注重激发学生艺术兴趣和创新意识，帮助学生掌握 1 至 2 项艺术特长。高中阶段丰富审美体验，开阔人文视野。职业教育强化艺术实践，培养具有审美修养的高素质技术技能人才	资料查阅 问卷调查
			6.3 在学生掌握必要基础知识和基本技能的基础上，着力提升文化理解、审美感知、艺术表现、创意实践等核心素养	问卷调查 资料查阅

续表

一级指标	二级指标	督导要点	督导细则	督导方式
课程建设	课程开设		6.4 丰富艺术实践活动。建立常态化学生全员艺术展演机制，大力推广惠及全体学生的合唱、非遗展示传习场所体验学习等实践活动，广泛开展班群体性展示交流	校园巡视 资料查阅
		★ 7. 加强劳动教育	7.1 中小学劳动教育课平均每周不少于 1 课时，与地方课程、校本课程等有关内容进行必要统筹。中等职业学校开设劳动专题教育必修课，不少于 16 学时	资料查阅 座谈访谈
			7.2 根据国家相关规定，结合当地和本校实际情况，形成劳动教育总体实施方案，研究制定“学校学年（或学期）劳动教育计划”。总体实施方案和学年（或学期）活动计划相互配套、衔接	资料查阅
			7.3 中小学每学年设立劳动周，以集体劳动为主，小学低中年级以校园劳动为主，小学高年级和中学可适当走向社会、参与集中劳动	校园巡视
			7.4 在课外校外活动中安排劳动实践，并对学生每天课外校外劳动时间作出规定。中小学每周课外活动和家庭生活中劳动时间，小学 1 至 2 年级不少于 2 小时，其他年级不少于 3 小时；中职学校要明确生活中的劳动事项和时间，纳入学生日常管理工作	座谈访谈 问卷调查
	课程开发	8. 注重国家课程二次开发	8.1 探索基于学科的课程综合化教学，落实区域课改要求，开展研究型、项目化、合作式学习	座谈访谈
			8.2 坚持课堂教学内容与时俱进，重视学科知识、社会生活和学生经验的整合，发挥综合育人功能，不断提高学生综合运用知识解决实际问题的能力	课堂观察
	课程开发	9. 加强校本课程资源开发	发挥教师主体作用，广泛利用社会资源积极开发校本课程，通过班团队活动、校传统活动、学生心理团辅等途径实施	座谈访谈

续表

一级指标	二级指标	督导要点	督导细则	督导方式
课堂教学	切实提高课堂教学质量	10. 坚持和完善集体备课制度，发展学生核心素养	10.1 坚持和完善集体备课制度，认真制定教案	问卷调查
			10.2 基于中国学生发展核心素养，精准分析学情，结合教材、资源等开展课标分解，并叙写明确的课时学习目标	资料查阅
		★ 11. 坚持教学相长，构建有效课堂	11.1 教师坚持教学相长，深入理解学科特点、知识结构、思想方法，科学把握学生认知规律，重视差异化教学和个别化指导，上好每一堂课	问卷调查 课堂观察
			11.2 教师注重启发式、互动式、探究式教学，课上要讲清重点难点、知识体系，引导学生主动思考、积极提问、自主探究	校园巡视 课堂观察
			11.3 加强信息技术与学科教学的融合创新	课堂观察
			11.4 强化目标—活动—评价一致性，构建有效课堂	课堂观察
		12. 完善作业辅导	12.1 统筹调控不同年级、不同学科的作业数量和作业时间，促进学生完成好基础性作业，强化实践性作业，探索弹性作业和跨学科作业，不断提高作业设计质量	问卷调查
			12.2 教师要认真批改作业，强化面批讲解，及时做好反馈	问卷调查
			12.3 实现课后服务全面覆盖，提高课后服务质量	问卷调查
		13. 注重课后反思	教师注重课后反思，教案中有教学反思记录	资料查阅
		14. 加强教育教学研究	14.1 教研组和备课组要认真组织上好研究课、听课、说课、评课等系列活动，每次活动要有主题、有记录	资料查阅

续表

一级指标	二级指标	督导要点	督导细则	督导方式
课堂教学	切实提高课堂教学质量		14.2 加强教育教学研究，运用研究成果（课题、教育教学论文）改进教育教学工作	资料查阅
	学生主体	★ 15. 学习内容符合年龄特征	各学科的学习内容要符合学生不同发展阶段的年龄特征，紧密联系学生生活经验	校园巡视
		16. 学习兴趣得到激发和保护，学习自信心得到增强	学生的学习兴趣得到激发和保护，学习自信心得到增强	课堂观察
		17. 自主学习和终身学习能力得到提高	学生掌握一定的学习方法，养成良好的思维品质，自主学习和终身学习能力得到提高	校园巡视 课堂观察
	资源利用	18. 加强课程资源建设，重视教学资源利用和开发	18.1 结合本地区实际，做好课程资源开发利用的整体规划，有机统整学校、社会、网络等方面有益的课程资源	座谈访谈
			18.2 教师要善于搜集、整理、开发并充分利用资源，为学生学习提供有效的资源帮助	课堂观察
		★ 19. 图书室、实验室、功能室等设施设备管理和使用到位	19.1 学校制定图书室、实验室、专用教室、各类教学设施和实践基地的管理制度	校园巡视
			19.2 熟练运用信息化手段组织教学，设施设备利用率达到较高水平	问卷调查
教学管理	常规管理	20. 健全教学管理规程，规范使用教材	20.1 健全教学管理规程，统筹制定教学计划，优化教学环节	课堂观察 资料查阅
			20.2 规范使用审定教材，不得引进境外课程、使用境外教材	课堂观察 资料查阅
		★ 21. 切实加强课程实施日常监督，开展教学常规检查，记录翔实	21.1 开齐、开足、开好国家规定课程，建立完善的调课、代课管理制度并确保有效实施，不得随意增减课时、改变难度、调整进度	座谈访谈

续表

一级指标	二级指标	督导要点	督导细则	督导方式
教学管理	常规管理		21.2 各年级严格按课程标准零起点教学，小学一年级设置过渡性课程，做好幼小衔接。初一年级和高一年级注重过渡性课程内容教学	资料查阅
			21.3 不得有提前结课备考、超标教学、违规统考、考试排名和不履行教学责任等行为	问卷调查 座谈访谈
			21.4 对教师课堂情况、教案 / 学历案、作业设计与批改、班务管理及功能室使用情况进行检查，并做好翔实记录	校园巡视 资料查阅 座谈访谈
			21.5 严格执行课程实施方案和教学计划，检查过程有记录，检查结果有运用	资料查阅
		★ 22. 建立听评课制度	22. 建立完善的听评课制度，校长学年度听评课不少于 60 节，分管教学的副校长、主任不少于 70 节，教师不少于 40 节	问卷调查 资料查阅
	质量内控	★ 23. 建立与完善科学多元的评价指标体系和评价制度	23.1 树立科学的教育质量观，建立、完善科学多元的评价指标体系和评价制度	资料查阅
			23.2 改革学生评价，创新德智体美劳过程性评价办法，完善综合素质评价体系	资料查阅
			23.3 改革教师评价，坚持把师德师风作为第一标准，突出教育教学实绩，强化一线学生工作	座谈访谈 资料查阅
		24. 主动收集听课学生的意见建议，及时改进教学	主动收集听课学生的意见建议，及时了解其文化基础、自主发展、社会参与等素养水平，并改进教学	座谈访谈
	成果物化	25. 注重实践与研究成果物化	建立教育教学实践与研究成果物化常态机制，物化成果形式多样，有课题、专著、文集、视频等	资料查阅

（三）重点解读

在课程建设、课堂教学、教学管理 3 个一级指标下，分支了课程规划、课程开设、课程开发、课堂质量、学生主体、资源利用、常规管理、质量内控、成果物化 9 个二级指标，共 25 个督导要点，旨在督导学校规范课程开设，强化课堂教学管理，提高学科育人质量。

三、配套工具运用

“课程开设和课堂教学情况”主题共有5类工具：校园巡视督评表、课堂观察督评表、资料查阅督评表、座谈访谈督评表、调查问卷。其中，座谈访谈督评表、调查问卷的对象均为学生和教师。在整体综合评定时重点关注课堂观察和资料查阅情况。

（一）校园巡视工具

1. 重点关注视角

校园环境是否体现文化育人及办学理念；师生精神状态是否积极向上；图书馆、实验室、专用教室、各类教学设施和实践基地使用情况；体育活动是否丰富，“两操”是否认真到位；是否落实音乐、体育、美术、书法等课程；课堂常规是否到位；教学及工作是否使用普通话和规范字；因材施教情况；学生倾听、思考、质疑、反思情况等。

2. 工具运用原则

责任督学在巡视校园的过程中要注意观察，认真、仔细透过现象看本质。每次校园巡视时要确定重点巡视内容，对发现的问题要认真做好记录，将问题进行整理，填写巡视记录表，并及时向学校反馈，提出意见和建议。

3. 结果分析维度

通过校园巡视，查看学校校园环境是否整洁幽美，观察学校校园文化是否具有浓郁的育人氛围或彰显特色办学文化，观察上课时间教师办公室是否存在留下学生做作业等现象，班级文化建设是否符合学生身心发展特点等，了解学校是否有良好的教育教学氛围，课堂常规是否规范。

（二）课堂观察工具

1. 重点关注视角

课堂教学是否按照国家课程方案和课程标准实施教学，是否规范使用审定教材；课堂教学内容是否重视学科知识、社会生活和学生经验；教学方式是否注重启发式、互动式、探究式教学；教学实施是否强化目标—活动—评价一致性；学习方式是否体现自主、合作、探究；学习状态是否积极主动、互动良好；学生是否养成倾听、思考、质疑、反思习惯；课堂教学效果等。

2. 工具运用原则

责任督学到校根据课表随机抽取班级推门听课。在预备铃响前进入教室，不打扰教师正常教学。专心听课，认真记录，根据观察要点捕捉亮点、发现问题。课后应与执教老师进行反馈交流，提出闪光点，并给出意见和建议。

3. 结果分析维度

通过随堂听课，观察教学目标、教学内容、教学方式、教学实施是否切实有效，教师在课堂教学中是否面对全体学生，是否充分调动学生学习积极性，是否运用多种教学方法相结合的方式引导学生对教学内容进行思考，是否充分践行课改理念，是否培养学生创新思维能力及自主思考的能力，是否体现学生自主、合作、探究的学习行为，从而分析教师教学能力与水平。发现问题，提出意见和建议，帮助教师改进教学方法，促进专业发展。

（三）座谈访谈工具

1. 重点关注视角

座谈访谈督评表（学生版）：学校校本课程开设情况；是否存在挤占、挪用音乐、体育、美术、综合实践等课程的现象；开展研究型、项目化、合作式学习情况；实验教学情况等。

座谈访谈督评表（教师版）：教师对立德树人、校本课程、课程综合化教学的理解；校本课程、课程综合化教学的开发和实践情况；教师提前结课备考、超标教学、违规统考、考试排名和不履行教学责任等情况；教师以生为本改进教学情况等。

2. 工具运用原则

责任督学对照访谈表随机抽取问题与参加访谈的教师代表进行座谈，关注受访者对学校办学思想、课程开发的理解和实践。认真听取受访者的情况反馈，并做好细致的记录工作。

3. 结果分析维度

①座谈访谈督评表（学生版）：通过学生对学校德育、智育、体育、美育、劳动教育课程开设情况，教师实验课程教学情况，校本课程建设情况的认识与反馈，以及对学校课程开设、课堂教学情况的意见和建议，了解学校以生为本进行课程设置、建设和执行情况、课堂教学情况。

②座谈访谈督评表（教师版）：通过教师对学校立德树人、校本课程、课程综合化教学的理解与认识，在增强学生文化基础、自主发展、社会参与方面的举措，以及对学校课程开设和课堂教学情况的意见和建议，了解学校以生为本进行课程设置、建

设和执行情况、课堂教学情况。

（四）问卷调查工具

1. 重点关注视角

学生调查问卷：学校是否依法依规办学；学生代表对教师教学的评价；学校校本课程、社团活动的开设情况；学生代表对学校课程开设和课堂教学的意见及建议等。

教师调查问卷：教师是否明确相关法律法规；学校是否依法依规办学；学校对教师的常规管理是否到位；教师教学是否合法合规、面向全体学生等。

2. 工具运用原则

各类问卷对象由责任督学因校制宜、随机抽选必调查类别的对象开展问卷调查，在一定数量控制范围内突出重点。在问卷调查时，提前与学校确定问卷调查的时间和地点，根据学校人数按比例确定问卷调查人数，不低于调查对象总人数的5%，不超过15%。教师参与问卷人员的选定按随机抽取的原则。学生参与问卷人员遵循不同班级、不同层次的原则。对参加问卷调查的对象说明调查目的和要求。对调查问卷的结果进行认真分析，形成反馈结果。就问卷反馈结果及时与学校进行沟通，提出意见和建议。

3. 结果分析维度

①学生问卷：问卷调查中，可在一定程度了解学校是否依法依规办学，是否按国家规定进行课程设置，校本课程设置是否丰富，是否存在体育、美育、劳育等课程被挤占的现象；也可以了解学生对学校课程开设、教师教学的满意度，师生关系评价，课堂教学是否规范等。开放性问题能让学生就学校校本课程、社团活动的设置，教师课堂教学方式，师生沟通交流方式，学校特色活动建设方面提出自己的意见和建议。问卷调查通过各个方面、多个维度搜集信息，更全面地了解学校在课程开设和课堂教学中的情况，帮助学校把握重点，找出问题，结合教师特长、学生兴趣开设更多有特色的课程。

②教师问卷：通过教师了解校本课程建设凸显学校办学理念与特色，满足学生个性发展需求方面的满意度，年度课程实施方案建设及实施，开设实验课程、音体美及综合实践课程方面情况；了解学校开展劳动教育、法制教育、理想信念、社会主义核心价值观、中华优秀传统文化、生态文明和心理健康教育，发挥共青团、少先队育人作用方面情况；了解学校教师集体备课，合理布置作业，校级干部、中层干部深入课堂听课等方面情况。据此分析学校课程建设与课堂教学现状，提出意见建议，帮助学校把握重点，找出问题，进一步强化课程建设，提高育人质量。

（五）资料查阅工具

1. 重点关注视角

资料记录是否翔实；学校管理是否到位；学校是否制定相应的教学常规管理制度；教师备课、听课及作业批改情况；各种校本课程、社团活动、特色课程相关印证资料；学校总课表、分课表等。对照工具中的指标对学校提供的各项资料进行详细查阅，了解学校课程开设和课堂教学情况，确保学校依法依规办学、教学常规管理等落到实处。

2. 工具运用原则

责任督学提前与学校督导工作室联系，围绕督导主题列出进校督导查阅资料清单，明确关注重点，对照工具中的采集要点对学校提供的各项资料进行详细查阅，了解学校课程开设和课堂教学情况，确保学校依法依规办学、教学常规管理等落到实处。梳理汇总查阅资料情况，与学校交换意见，并填写查阅资料督评表。

3. 结果分析维度

通过查阅学校的规划、制度、方案、总课表、分课表、作息时间表了解学校的课程设置，分析学校是否按国家规定开设国家课程、地方课程和校本课程。通过查阅学校教导处检查资料记录，了解学校在教学常规管理中是否到位，课堂教学管理制度是否完善等。通过查阅学校校本课程和社团活动的印证资料，了解学校在课程建设及学生活动方面的发展及特长，明确学校特色、发展方向，并根据学校发展现状提出自己的意见和建议。

第四节 “学生学习、体育锻炼和课业负担情况”指标体系及工具运用

一、主要政策依据

《教育部等六部门关于印发〈义务教育质量评价指南〉的通知》《义务教育学校管理标准（试行）》《教育部等九部门关于印发中小学生减负措施的通知》《国务院关于实施健康中国行动的意见》《关于全面加强和改进新时代学校体育工作的意见》《体育工作条例及细则》《中共中央关于加强青少年体育增强青少年体质的意见》等。

二、督导指标体系

（一）示意导图

“学生学习、体育锻炼和课业负担情况”督导指标体系示意导图如图 2–4 所示。

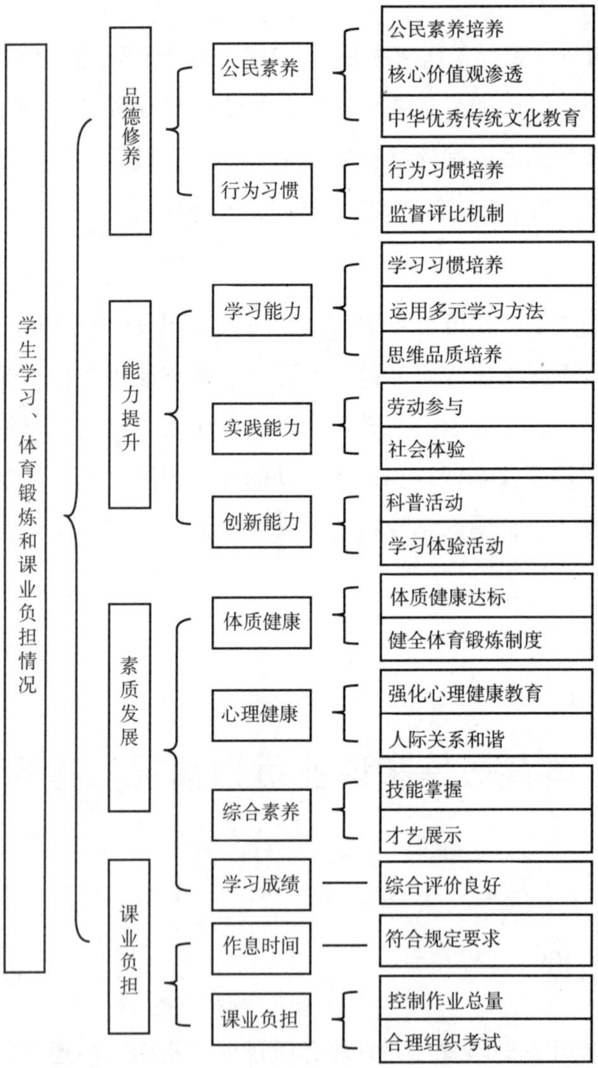

图 2–4 “学生学习、体育锻炼和课业负担情况”督导指标体系示意导图

（二）指标详表（带“★”为必达指标要点）

“学生学习、体育锻炼和课业负担情况”督导指标体系详表见表 2–4。

表 2–4 “学生学习、体育锻炼和课业负担情况”督导指标体系详表

一级指标	二级指标	督导要点	督导细则	督导方式
品德修养	公民素养	★ 1. 注重学生“爱祖国、讲文明、守诚信、遵法纪、重安全、懂健康、护家园”的公民素养培养	1.1 注重对学生公民素养的培养，把爱国主义、文明礼仪、安全健康教育等渗透融合校园文化、学校管理中，并纳入常规教育	问卷调查
			1.2 创新德育形式，开展适合的社会实践和公益活动，增强学生社会责任感	问卷调查 座谈访谈
			1.3 拟订相关评价实施方案或指标，有过程性评价等相关记录	座谈访谈
		★ 2. 通过课程教学与校园文化，渗透社会主义核心价值观和中华优秀传统文化教育	2.1 课程教学渗透社会主义核心价值观和中华优秀传统文化教育	校园巡视 问卷调查
			2.2 充分利用校园的每一处教育阵地，融入社会主义核心价值观教育、中华优秀传统文化教育，呈现形式贴近学生实际	校园巡视 问卷调查
	行为习惯	★ 3. 培养学生良好行为习惯和健康生活方式	3.1 注重仪表、举止文明、诚实守信、知错就改、朴素节俭，不相互攀比	座谈访谈 校园巡视
			3.2 加强学生手机管理工作。要求学生手机有限带入校园，禁止带入课堂，细化管理措施，加强教育引导，做好家校沟通，教育学生不沉迷网络游戏	座谈访谈 资料查询
		4. 学校对班级和学生的行为习惯有评价方案、评比活动、取得较好效果	学校对班级和学生行为习惯有相关评价方案，开展相关评比活动	问卷调查
能力提升	学习能力	★ 5. 增强学生学习兴趣，培养学生的良好学习习惯	5.1 营造良好学习环境与氛围，激发和保护学生的学习兴趣，培养学生的学习主动性和自信心	校园巡视 课堂观察 问卷调查
			5.2 遵循学生认知规律，帮助其掌握科学的学习方法，培养其课前预习与课后复习，认真倾听与大胆表达，独立钻研与勇于批判等良好学习习惯	校园巡视 课堂观察 问卷调查

续表

一级指标	二级指标	督导要点	督导细则	督导方式
能力提升	学习能力	6. 采用自主、合作、探究的学习方式，引导学生学会合作、独立思考和自主探究，培养良好的思维品质	6.1 采取启发式、讨论式、合作式等多种教学方式进行课堂教学	校园巡视 课堂观察 问卷调查
			6.2 引导学生学会合作、独立思考和自主探究，培养良好的思维品质，在课堂教学中有较好的呈现	校园巡视 课堂观察 问卷调查
	实践能力	7. 积极参加与年龄相适应的日常生活劳动、生产性劳动、服务性劳动和学科实践等活动	7.1 为学生参加劳动创造机会，采用多种方式积极组织、鼓励学生参加与年龄相适应的日常生活劳动、生产劳动和服务性劳动	问卷调查
			7.2 学生参加学校组织的各类学科实践活动	座谈访谈
		8. 积极参与学校及社区开展的社会实践活动，主动体验职业角色	8.1 积极参与社会调查、研学实践、志愿服务和公益活动	问卷调查
			8.2 在农业生产、工业体验、商业和服务业实践中，主动体验职业角色	问卷调查
	创新能力	9. 开展多种形式的科普活动，增强科普意识，提升科技能力	9.1 学生参与各级各类科普知识讲座、科普读物阅读活动，增强科普意识	问卷调查
			9.2 学生参与各级各类科技模型比赛、科技小发明、科技小制作、科技小论文、科幻绘画等活动，提升科技能力	问卷调查
		10. 充分利用校内外资源，开展学习体验活动	学生走进爱国主义教育基地、博物馆、科技馆、乡村少年宫等各类教育场所开展学习体验活动	问卷调查
素质发展	体质健康	★ 11. 学生体质健康合格率达 95% 以上，近视率逐年降低，确保每天在校锻炼时间不少于 1 小时	11.1 按照《国家学生体质健康标准》，身高、体重、肺活量和身体运动能力等达到国家标准，体质健康合格率达 95% 以上	资料查阅 问卷调查
			11.2 健全学生视力健康综合干预体系。近视率逐年降低	校园巡视 资料查阅 座谈访谈

续表

一级指标	二级指标	督导要点	督导细则	督导方式
素质发展	体质健康		11.3 每天安排 30 分钟大课间体育活动，组织全体学生上、下午各做一次眼保健操，保证每天在校锻炼时间不少于 1 小时	校园巡视 问卷调查 座谈访谈
		★ 12. 健全体育锻炼制度，完善学生体质健康评价机制和体育教师评价机制	12.1 健全体育锻炼制度，组建体育兴趣小组、社团和俱乐部，推动学生积极参与常规课余训练和体育竞赛	资料查阅
			12.2 完善学生体质健康档案，中小学校要客观记录学生日常体育参与情况和体质健康监测结果，定期向家长反馈	问卷调查 资料查阅
			12.3 将体育教师课余指导学生勤练和常赛，以及承担学校安排的课后训练、课外活动、课后服务、指导参赛和走教任务计入工作量，并根据学生体质健康状况和竞赛成绩，在绩效工资内部分配时给予倾斜	资料查阅 问卷调查
	心理健康	★ 13. 强化心理健康教育，切实提高学校心理健康教育水平	13.1 落实健康教育课，配备教学计划和教案，学科教学渗透心理健康教育	座谈访谈
			13.2 加强学校心理健康教育，建立以专兼职心理健康教师、班主任教师为骨干队伍，全体教师和家长共同参与的心理健康教育队伍。各学校要在每个班级设立 1 名爱心教师或学生干部，掌握心理问题严重的学生的心理变化	座谈访谈
			13.3 每学年开展全校师生心理健康教育不少于 2 次	问卷调查
			13.4 配有心理咨询室，加强心理健康教育阵地建设，有开展个别辅导或团体辅导的记录	校园巡视 座谈访谈
		14. 师生、同伴、亲子关系和谐融洽	通过心理健康讲座、活动等，促进师生、同伴、亲子关系的和谐、融洽	课堂观察 问卷调查 座谈访谈

续表

一级指标	二级指标	督导要点	督导细则	督导方式
素质发展	综合素养	★ 15. 培养绘画、书法、演讲、舞蹈、棋艺等综合素养，积极参与相关竞赛或活动，效果较好	15.1 培养学生绘画、书法、演讲、棋艺等综合素质，展示效果佳	问卷调查
			15.2 学生参加相关竞赛或活动，取得较好成绩或形成较好的辐射影响力	座谈访谈
	学业成绩	16. 对各学科课程标准要求的基础知识、基本技能、基本方法、基本思想等掌握好，综合评价成绩好，进步明显	16.1 学生基础知识、基本技能、基本方法掌握较好，综合素质评价达到优良以上占 80%	座谈访谈 资料查阅
			16.2 每学年测试成绩优良率稳中有升	问卷调查
			16.3 每学年取得好的成绩获得上级教育行政主管部门或家长的认可	问卷调查
课业负担	作息时间	★ 17. 中小学生睡眠时间符合要求，无作业挤占课间休息或教师拖堂现象	17.1 小学生每天睡眠时间不少于 10 个小时，初中生不少于 9 个小时，高中阶段学生不少于 8 个小时	问卷调查 座谈访谈
			17.2 无作业过多挤占课间休息情况发生	座谈访谈
			17.3 无教师拖堂挤占课间休息情况发生	问卷调查
	课业负担	★ 18. 规范使用教辅资料，严格控制课外作业总量	小学低年级严禁使用教辅资料，确保小学一、二年级不布置家庭书面作业，可在校内适当安排巩固练习。小学高年级不提倡使用教辅资料，三至六年级书面作业平均完成时间不超过 60 分钟。中学主要学科坚持“一教一辅”；初中学生每天书面作业完成时间不超过 90 分钟	问卷调查 座谈访谈
		19. 控制考试次数及难度，不公布考试成绩及排名	19.1 小学一二年级每学期学校可组织 1 次统一考试，其他年级每学期不超过 2 次统一考试	座谈访谈
			19.2 严格依据课程标准和教学基本要求确定考试内容，命题要符合素质教育导向，不出偏怪考题	问卷调查
			19.3 考试成绩实行等级评价，严禁以任何形式、方式公布学生考试成绩及排名	问卷调查

（三）重点解读

在品德修养、能力提升、素质发展、课业负担4个一级指标下，分支了公民素养、行为习惯、学习能力、实践能力、创新能力、体质健康、心理健康、综合素养、学业成绩、作息时间、课业负担11个二级指标，共19个指标要点，旨在督导学校真正落实学生素质教育、体质教育与心理健康教育，促进学生德、智、体、美、劳全面发展，提升核心素养，助推学校和谐稳步发展。

三、配套工具运用

“学生学习、体育锻炼和课业负担情况”主题共有4类工具：校园巡视督评表、课堂观察督评表、座谈访谈督评表、调查问卷。其中，座谈访谈对象主要为学生、教师和家长，调查问卷对象主要为学生、教师和家长。在整体综合评定时重点关注课堂观察和问卷调查情况。

（一）校园巡视工具

1. 重点关注视角

校园环境及育人文化，学生精神面貌及行为习惯，学习环境与氛围，大课间、眼保健操和体育活动，心理咨询室建设，学生课堂学习状态等。

2. 工具运用原则

①做足准备。提前做好安排，包括任务分工，明确观察路线，明确注意事项。

②熟悉要点。仔细研读评价表，熟悉观察点，基于学校实情，把握评价标准和尺度。

③多元观察。不囿于呈现的物化环境，必要时还可采用“听、访、问”等形式，对观察点加以佐证或拓展。

④综合评价。汇总督学评价表，商讨论证，得出综合评价等级。

3. 结果分析维度

本评价表共设计14个巡视要点，希望通过整体环境、教室、操场和室内运动场地、心理咨询室等地的校园巡视，初步了解学校学生学习、体育锻炼和课业负担情况。

（二）课堂观察工具

1. 重点关注视角

教室文化建设，学习氛围营造，学习方法掌握，学习习惯、思维习惯培养，学习方式优化，师生、生生关系和谐等。

2. 工具运用原则

①明确课堂观测点，记录师生真实学习情况，并做简要分析。

②及时梳理评价表相关情况，分析优势与不足。

③与授课教师交流时态度真诚谦和，首肯其优点，并提出合理建议。

3. 结果分析维度

本评价表通过对设施设备、教学准备、学习习惯、教学方式、学习行为、创新培养和学习氛围等情况的观察，了解学生课堂学习情况。班级学生达成度达到90%~100%（含90%）为优，达到80%~90%（不含90%）为良，达到60%~80%（不含80%）为中，60%以下（不含60%）为差。

（三）座谈访谈工具

1. 重点关注视角

①座谈访谈表（学生版）：学生参与实践活动，参与竞赛活动，掌握一项艺术技能，课外作业总量控制等。

②座谈访谈表（教师版）：开展社会实践和公益活动，分层开展养成教育，健全学生视力健康综合干预体系，落实健康教育课，学生综合素质评价等。

③座谈访谈表（家长版）：学生每日体育锻炼时长，睡眠时长，心理健康教育，考试评价情况等。

2. 工具运用原则

①消除疑虑。选择安静环境，营造和谐氛围，让被访者愉悦、放松，打消顾虑。

②随机选取。随机邀请学生、教师、家长作访谈对象，尽量做到覆盖面广。

③及时梳理。严格根据学生、教师、家长观点分析、甄别、汇总，如实填写，做到客观真实。

④交流反馈。与校方真实交流反馈，首肯优点，并提出合理化意见和建议。

3. 结果分析维度

①座谈访谈表（学生版）：通过学生对参加学校组织的各类生活基本技能和学科实践活动、相关竞赛活动，掌握艺术技能，学生作业量尤其是课外作业量及完成时间等情况的认识和反馈，了解学生学习、体育锻炼和课业负担情况，以及学校心理健康教育开展情况及效果。

②座谈访谈表（教师版）：通过教师了解学校创新德育形式、开展适合的社会实践和公益活动，健全学生视力健康综合干预体系以控制近视率，落实健康教育课以及学科教学渗透心理健康教育情况；通过课堂教学、校内外活动、校园文化等途径，分层开展养成教育，培养学生良好行为习惯和健康生活方式等内容；学生基础知识、技能、方法和综合素质评价情况，了解学校在学生学习、体育锻炼和课业负担等方面的工作开展及效果。

③座谈访谈表（家长版）：通过家长对学校心理健康教育阵地建设、讲座及活动开展，以及学生锻炼时间、睡眠时间、考试次数情况的反馈，了解学校在学生学习、体育锻炼和课业负担等方面的工作开展及效果。

（四）问卷调查工具

1. 重点关注视角

①学生调查问卷：学习能力、实践能力、创新能力、体质健康、心理健康、作息时间、课业负担等。

②教师调查问卷：学生公民素养、行为习惯、学习能力、实践能力、创新能力、体质健康、心理健康、学业成绩等。

③家长调查问卷：学生公民素养、行为习惯、学习能力、实践能力、综合素养、学业成绩、作息时间、课业负担等。

2. 工具运用原则

①核定人数。根据学校人数按比例确定问卷调查人数，不低于调查对象总人数的5%，不超过15%。学生和家长要尽量覆盖不同年级不同班级，教师现场随机抽取。

②客观准确。告知被调查对象问卷调查目的，要求如实、客观反映情况，以得到最真实数据。

③独立思考。问卷对象根据自己的理解独立思考，单独作答。

3. 结果分析维度

①学生调查问卷：通过学生对自己学习方法的掌握、课前预习与课后复习等良好学习习惯的培养，独立思考与自主探究等良好的思维品质培养，参与各级各类科普讲座与活动增强科普意识，参加大课间操、眼保健操、体育竞赛活动，体育锻炼时间及习惯培养，睡眠时长，考试难度及评价方式等情况的理解与反馈，了解学校在学生学习、体育锻炼和课业负担方面的工作开展及效果。

②教师调查问卷：通过教师对学校公民素养培养，学习习惯培养及评价，思维品

质培养，个性化、实践性作业布置，各类科技比赛、活动等，爱国主义教育，体质健康，心理健康教育，学业水平情况的了解与反馈，分析学校在学生学习、体育锻炼、课业负担方面的工作开展及效果。

③家长调查问卷：通过家长关于学校对学生社会责任感的培养、行为习惯培养、学习环境氛围营造、学习方法培养、艺术活动开展、综合实践教育活动开展、学生睡眠时长、课外作业完成时长等情况的反馈，分析学校在学生学习、体育锻炼、课业负担方面的工作开展及效果。

第五节
“教师师德和专业发展情况”指标体系及工具运用

一、主要政策依据

《教育部等七部门印发〈关于加强和改进新时代师德师风建设的意见〉的通知》《教育部关于印发〈新时代高校教师职业行为十项准则〉〈新时代中小学教师职业行为十项准则〉〈新时代幼儿园教师职业行为十项准则〉的通知》《重庆市教育委员会关于进一步加强基础教育教研工作的意见》《教育部关于实施全国中小学教师信息技术应用能力提升工程 2.0 的意见》等。

二、督导指标体系

（一）示意导图

“教师师德和专业发展情况”督导指标体系示意导图如图 2–5 所示。

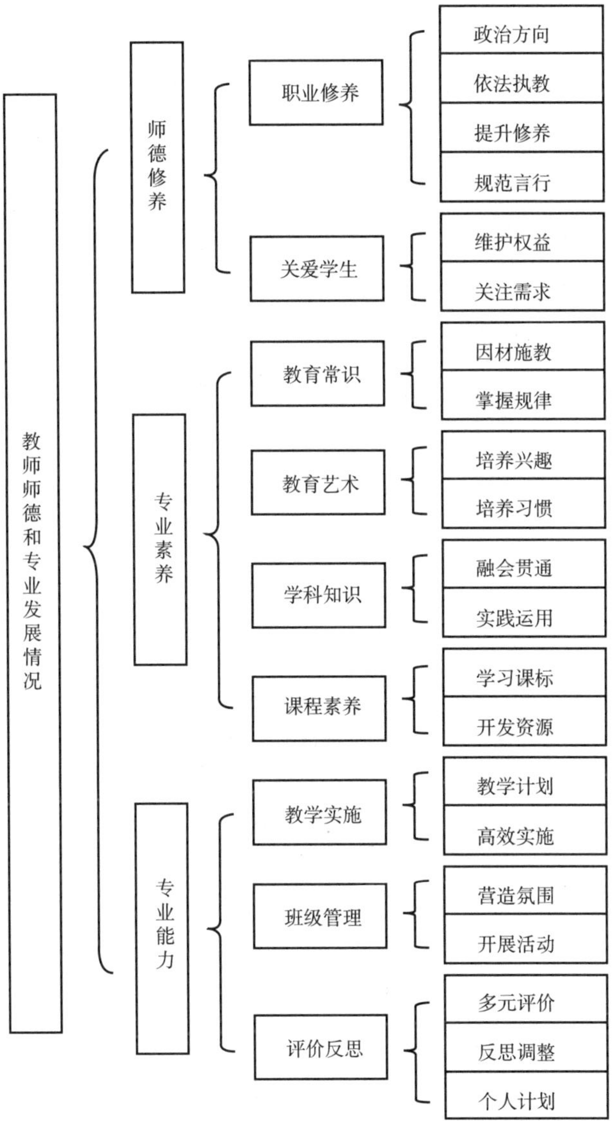

图 2-5 “教师师德和专业发展情况”督导指标体系示意导图

（二）指标详表（带“★”为必达指标要点）

“教师师德和专业发展情况”督导指标体系详表见表 2–5。

表 2–5 “教师师德和专业发展情况”督导指标体系详表

一级指标	二级指标	督导要点	督导细则	督导方式
师德修养	职业修养	★ 1. 坚定政治方向、自觉爱国守法；加强学习，提高认识	1.1 坚持以习近平新时代中国特色社会主义思想为指导，拥护中国共产党的领导，贯彻党的教育方针	资料查阅
			1.2 不在教育教学活动中及其他场合有损害党中央权威、违背党的路线方针政策的言行	校园巡视
			1.3 忠于祖国，忠于人民，恪守宪法原则，遵守法律法规，依法履行教师职责	校园巡视
			1.4 主动学习有关教育方面的政策法规，依法施教，每学期参加教育相关政策法规学习	资料查阅
		★ 2. 具有良好的教师职业道德修养，潜心教书育人、关心爱护学生	2.1 学校把加强师德师风建设、弘扬尊师重教传统作为教师队伍建设的首要任务	座谈访谈
			2.2 具有良好职业道德修养，为人师表，忠诚于人民教育事业，带头践行社会主义核心价值观，爱岗敬业，教书育人	座谈访谈 问卷调查 校园巡视
			2.3 落实立德树人根本任务，遵循教育规律和学生成长规律，因材施教，教学相长	问卷调查
			2.4 关注弱势群体，为随迁子女、留守儿童、贫困学生、残疾学生等特殊学生提供学习、生活方面的帮助及情感关怀	资料查阅
		3. 乐观向上、有亲和力，善于合作、沟通	3.1 生活工作态度健康向上，善于自我调节情绪，保持平和心态，能与周围的人和谐相处	座谈访谈 问卷调查
			3.2 能与学生、家长有效沟通合作，能主动与同事分享经验和资源，共同发展	问卷调查
		4. 衣着得体，语言规范，举止文明	4.1 衣着得体，无在校园穿拖鞋、穿奇装异服、吸烟等有损教师仪表形象的行为	课堂观察 校园巡视

续表

一级指标	二级指标	督导要点	督导细则	督导方式
师德修养	职业修养		4.2 语言规范，举止文明	校园巡视
	关爱学生	★ 5. 重视学生身心健康，维护学生合法权益	5.1 关爱学生，重视学生身心健康，将保护学生生命安全放在首位；每学期组织学生心理健康知识及安全知识讲座不少于 2 次	资料查阅 问卷调查
			5.2 尊重学生独立人格，保障适龄儿童、少年接受义务教育的权益	问卷调查
		★ 6. 关爱和尊重学生，关注学生不同发展需求	6.1 关心爱护学生，主动了解和满足有益于学生身心发展的不同需求	座谈访谈 问卷调查
			6.2 了解学生性格特点，尊重学生个体差异，积极为学生发展创造条件，让学生拥有快乐的学校生活	问卷调查 座谈访谈
			6.3 建立师德事件及舆情快速反应机制，及时掌握学校师德师风信息动态，及时纠正不良倾向和问题	资料查阅
专业素养	教育常识	★ 7. 立德树人，坚持因材施教，促进学生全面发展	7.1 树立育人为本、德育为先的理念，将学生的知识学习、能力发展与品德养成相结合，重视学生全面发展	课堂观察 校园巡视
			7.2 承认学生在兴趣、能力、气质、性格等方面存在差异；因材施教，满足学生个性发展的需求	课堂观察
		8. 掌握教育基本原理和主要方法，了解学生身心发展的特点与规律	8.1 了解教育的基本原理和主要方法，根据学生的具体情况选择合适的教育方法	座谈访谈
			8.2 了解不同年龄学生身心发展特点和规律；掌握保护和促进学生身心健康发展的策略与方法	座谈访谈
	教育艺术	9. 激发学生求知欲，培养学生学习兴趣，营造自主探究、勇于创新的学习氛围	9.1 引导学生体验学习乐趣，激发学生的求知欲，培养学生的广泛兴趣、动手能力和探究精神	校园巡视 问卷调查

续表

一级指标	二级指标	督导要点	督导细则	督导方式
专业素养	教育艺术		9.2 营造和谐民主的课堂教学氛围，学生在课堂上参与面广，注重培养学生自主、合作、探究学习意识	座谈访谈 课堂观察 问卷调查
		★ 10. 提升学生良好思维能力，为学生创设独立思考机会，培养学生良好的思维和学习习惯	10.1 引导学生学会学习、独立思考，培养良好的思维能力	课堂观察
			10.2 培养良好的思维习惯和学习习惯，鼓励学生大胆表达自己的观点	问卷调查
	学科知识	★ 11. 对任教学科知识体系、基本思想与教学方法有深刻的理解和认识	11.1 备课能将教材知识融会贯通，体现层次性	资料查阅
			11.2 教育理念符合新课改要求，教学基本功扎实，教学方法得当	问卷调查
		12. 关注学科知识渗透与融合，加强学科的实践性	12.1 教师具有学科知识渗透与融合的意识，教学中体现学科间知识的联系	课堂观察
			12.2 加强学科间联系，提倡跨学科听课，能提供相应的听课学习记录	资料查阅
			12.3 关注学科与社会实践联系，鼓励学生在生活中学习，在实践中学习	问卷调查
	课程素养	★ 13. 熟知任教学科课程标准	13.1 主动学习课程标准，能准确把握新课标对各年段的要求，在备课时能做到目标明确，重难点突出	课堂观察 资料查阅
			13.2 掌握所教学科课程标准，能以课标精神指导教学，不随意拔高或降低教学要求	资料查阅
		14. 掌握学科课程资源开发的方法与策略，能合理应用现代化的手段和方法辅助教学	14.1 有拓展课程知识、挖掘课程信息、主动开发课程的意识	校园巡视 座谈访谈
			14.2 掌握所教学科课程资源开发的主要方法与策略	资料查阅
			14.3 教师能合理、熟练地应用信息技术进行学情分析、教学设计、学法指导、学业评价等，提高课堂实效	校园巡视 课堂观察 问卷调查

续表

一级指标	二级指标	督导要点	督导细则	督导方式
专业能力	教学实施	★ 15. 整合资源，制订教学计划，编写教案，有效调控活动过程	15.1 建立教研活动制度，做到专人负责，有教研活动组织、有活动计划和方案	资料查阅
			15.2 符合学生认知规律，让学生在亲身体验中主动获取和运用所学知识	课堂观察
			15.3 通过有效管理、多元评价等方法实施教学，教学过程组织有序，效果良好	课堂观察
		16. 规范课堂教学行为，提高课堂教学效率	16.1 遵守教师职业道德，严格落实学校课堂教学常规要求，课堂教学行为规范	校园巡视
			16.2 能根据教学任务、学科性质和教材特点，及学生年龄特征选择教学方法，教学方法之间能相互关联、互相配合、相辅相成	资料查阅
	班级管理	17. 建立良好的师生关系，帮助学生建立良好的同伴关系	17.1 建立良好的师生关系，营造尊师爱生、团结互助的班级氛围	问卷调查
			17.2 善于创造良好的交往环境。给学生留有倾诉的机会，能鼓励并指导学生以理性、宽容的态度解决问题	座谈访谈 课堂观察
		★ 18. 有效管理和开展班级活动，班级文化建设有成效，妥善应对突发事件	18.1 针对学生生理和心理发展特点，组织开展有益身心健康的班级教育活动	资料查阅 问卷调查
			18.2 有较为浓郁的班级文化建设氛围，体现特色与个性，如有班规和班训等	校园巡视
			18.3 有遇突发事件时的教育修养和心理调控能力，做到以事实为依据，秉公办事。及时汇报，协助妥善做好学生、家长的思想教育工作	问卷调查
	评价反思	★ 19. 掌握多元评价方法，合理利用评价工具，多视角评价学生发展	19.1 能认识到教学评价对促进学生学习的重要性，具备主动运用与开发多元化、个性化评价工具的能力	课堂观察 问卷调查

续表

一级指标	二级指标	督导要点	督导细则	督导方式
专业能力	评价反思		19.2 明确评价方法、讲究评价艺术，做到评价方式灵活多样，评价过程充满人文关怀	问卷调查
		20. 主动收集信息，反思并调整、改进工作	20.1 随时保持对自身职业行为、教学行为的关注和审视，积极主动地从多方获取反馈信息与意见建议	问卷调查
			20.2 针对教育教学工作中的现实需求与存在问题，进行探索研究与调查改进	资料查阅
		★ 21. 注重个人专业发展，开展教育教学研究	21.1. 重视自身发展，制定个人专业发展规划，主动学习、探究、合作	资料查阅 座谈访谈 问卷调查
			21.2 把自身的教育教学感受、经验等升华为规律性、普遍性的认识和理论，积极参研，撰写、发表文章	资料查阅 问卷调查

（三）重点解读

在师德修养、专业素养、专业能力 3 个一级指标下，分支了职业修养、关爱学生、教育常识、教育艺术、学科知识、课程素养、教学实施、班级管理、评价反思 9 个二级指标，共 21 个督导要点，旨在督导学校加强教师队伍建设，持续提升教师师德水平，促进教师专业发展。

三、配套工具运用

“教师师德和专业发展情况”主题共有 5 类工具：校园巡视督评表、课堂观察督评表、资料查阅督评表、座谈访谈督评表、调查问卷。其中，座谈访谈对象主要为学生和教师，调查问卷对象主要为学生、教师和家长。在整体综合评定时重点关注课堂观察和座谈访谈情况。

（一）校园巡视工具

1. 重点关注视角

教师在教育教学活动中及其他场合无损害党中央权威、违背党的路线方针政策的言行；教师忠于祖国，忠于人民，恪守宪法原则，遵守法律法规，依法履行教师职责；升挂无破损、无污损、不褪色、符合规格的国旗；升旗仪式规范，庄严肃穆，学生齐唱国歌，行注目礼；体育课活动有序、安全措施到位；有较为浓郁的班级文化建设氛围，有班规和班训等，体现特色与个性；学校严格执行国家课程标准，开齐、开足、开好国家课程；教师语言规范、举止文明、衣着得体，在校园中，不穿拖鞋、奇装异服，不吸烟，课堂上不打接电话等；教师能合理、熟练地应用信息技术进行学情分析、教学设计、学法指导、学业评价等，提高课堂实效；在教学活动中，教师引导学生体验学习乐趣，激发学生的求知欲，培养学生的广泛兴趣、动手能力和探究精神。

2. 工具运用原则

通过校园巡视，对学校教师的师德和课堂教学进行深入了解并做出评价。针对教师的师德和课堂教学情况提出发展意见建议。

3. 结果分析维度

通过对校园风貌、教学楼、办公楼、操场与教室、建设与文化布置、课程开设、教师、学生等方面的观察，掌握学校师资队伍建设与管理、教师师德表现、教师课堂教学专业能力等的情况。

（二）课堂观察工具

1. 重点关注视角

在听课记录及评价中，重点关注：教学目标明确具体，符合新课程标准、教材和学生实际；体现育人为本、德育为先的理念，将学生的知识学习、能力发展与品德养成相结合，重视学生全面发展；课堂教学氛围民主和谐，学生参与面广；注重培养学生自主、合作、探究的学习意识；符合学生认知规律，让学生在亲身体验中主动获取和运用所学知识；教学评价多元化、个性化，尊重学生个性差异；学生在掌握知识与提高能力的同时，培养独立思考、主动学习的好习惯。

2. 工具运用原则

在使用课堂观察督评记录表时，要详细记录教学流程中的各个教学环节，通过观察教师教学行为和学生学习状态，了解学校在开展师德建设和教师专业发展工作的落实情况。

3. 结果分析维度

通过从教学目标、教学过程、教师基本功、教学效果4个维度观察教师的师德、教学行为、学生的学习状态，了解学校在开展师德建设和教师专业发展工作的落实情况。

（三）座谈访谈工具

1. 重点关注视角

①座谈访谈督评表（学生版）：教师具有良好的职业道德修养，为人师表，带头践行社会主义核心价值观；教师关心学生和了解同学们身心发展的不同需求；教师指导学生运用自主学习、合作学习、探究性学习等学习方式；所在班的集体氛围，交往环境情况；教师尊重学生的个性差异；教师的教育方法；教师保护和促进学生身心健康发展的策略和方法。

②座谈访谈督评表（教师版）：教师为满足有益于学生身心发展不同需求的做法；善于调节情绪，保持平和心态，与周围的人和谐相处；教师制定个人专业发展规划和发展情况；拓展课程知识，挖掘课程信息，主动开发课程的相关情况。

2. 工具运用原则

对照访谈表的访谈问题随机抽取人员代表展开座谈，关注受访者在访谈中提到的教师师德和专业发展等方面的情况。认真听取受访者的情况反馈，并做好细致的记录工作。

3. 结果分析维度

①座谈访谈督评表（学生版）：通过对学生座谈访谈，了解教师职业道德修养，为人师表，带头践行社会主义核心价值观情况；教师关心爱护学生情况；教师指导学生学习情况；教师的班级管理情况等，综合分析学校师德工作和教师师德师风情况。

②座谈访谈督评表（教师版）：通过对教师座谈访谈，了解教师工作态度积极向上、关心爱护学生、主动开发课程资源、重视自身专业发展规划等方面情况，从而综合分析学校教师师德修养、专业素养和专业能力情况。

（四）问卷调查工具

1. 重点关注视角

①学生调查问卷：教师的师德师风总体评价；学生对教师课堂教学的满意度；学生对教师的课堂管理和学校工作的满意度；学生对教师的师德、教学和班级管理工作

等的意见或建议。

②教师调查问卷：教师贯彻党的教育方针政策、执行国家课程标准；教师关心和帮助学生；教师课程教学情况和对学生的学法指导；教师运用信息技术情况；教师个人专业发展规划实施情况；教师对学校在教师专业培养和师德师风建设方面的工作建议。

③家长调查问卷：教师爱岗敬业、关心和保护学生的身心健康和生命安全；教师对班级的管理和营造良好的班级氛围；对教师的教学满意度；家长对学校教师师德的总体评价以及意见和建议。

2. 工具运用原则

问卷发到学校，在一定数量控制范围内突出重点。各类问卷对象由责任督学因校制宜、随机抽选必调查类别的对象开展问卷调查，不低于调查对象总人数的 5%，不超过 15%。责任督学向被调查者说明调查意图，告知其如实、客观反映情况，尽可能收到客观信息、得到最真实数据，达到最佳问卷效果。

3. 结果分析维度

①学生调查问卷：本问卷从学生的角度对教师的师德师风、课堂教学、课堂管理和学校工作的满意度进行调查，据此了解教师师德和专业发展方面的有关情况。

②教师调查问卷：本问卷从教师落实立德树人根本任务，主动沟通交流分享经验和资源，尊重学生独立人格，营造和谐课堂教学氛围，教育理念符合新课改要求，合理、熟练运用信息技术，开展有益身心健康的班级教育活动，重视、制定专业发展规划等方面情况，分析教师师德修养、专业素养、专业能力情况。

③家长调查问卷：本问卷从家长关于教师职业道德修养，与学生及家长有效沟通合作，关爱学生健康，积极为学生发展创造条件，营造尊师爱生、团结互助的班级文化氛围等情况反馈，分析学校教师师德修养、专业素养与专业能力情况。

（五）资料查阅工具

1. 重点关注视角

关注学习记录中学习习近平新时代中国特色社会主义思想、拥护中国共产党领导，贯彻党的教育方针的政治学习，有关教育方面的政策法规及依法施教内容；教师的专业发展规划，学期教学计划；听课记录，关心特殊学生，组织心理健康知识及安全知识讲座；教案中的教学目标符合新课程标准，教学方法适当；掌握新课程标准；掌握课程资源开发的主要方法与策略；课后反思；参与课题研究、撰写论文、发表文章。

2. 工具运用原则

责任督学提前与学校联系，做好相应准备。仔细研读评价表，熟悉查阅内容，明确查阅重点，梳理注意事项。真实记录查阅情况，对资料查阅中的突出亮点与重点问题做好记载，便于汇总反馈。查阅党建学习记录、教师听课记录、教师专业成长活动记录、教案学案、成果物化等，了解学校在开展师德建设和教师专业发展工作的落实情况。

3. 结果分析维度

通过学习记录、规划计划、过程资料、教案学案、成果物化五个方面的资料查阅，了解学校贯彻党的教育方针政策、落实国家课程标准、教师师德建设情况和教师专业发展情况。

第六节 “校园及周边安全情况，学生交通安全情况”指标体系及工具运用

一、主要政策依据

《教育部等五部门关于完善安全事故处理机制维护学校教育教学秩序的意见》《教育部关于印发〈大中小学国家安全教育指导纲要〉的通知》《中小学幼儿园安全管理办法》《国务院办公厅关于加强中小学幼儿园安全风险防控体系建设的意见》《教育部等十一部门关于印发〈加强中小学生欺凌综合治理方案〉的通知》等。

二、督导指标体系

（一）示意导图

“校园及周边安全情况，学生交通安全情况”督导指标体系示意导图如图2–6所示。

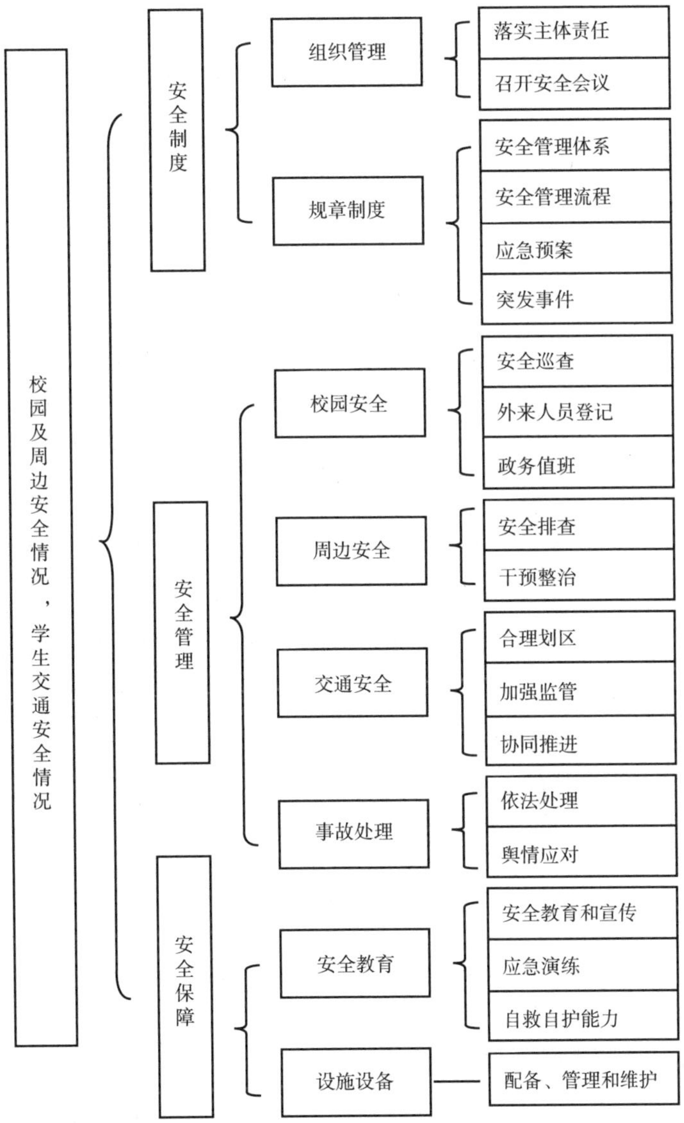

图 2-6 “校园及周边安全情况，学生交通安全情况”督导指标体系示意图

（二）指标详表（带“★”为必达指标要点）

“校园及周边安全情况，学生交通安全情况”督导指标体系详表见表 2–6。

表 2–6 “校园及周边安全情况，学生交通安全情况”督导指标体系详表

一级指标	二级指标	督导要点	督导细则	督导方式
安全制度	组织管理	★ 1. 落实安全管理主体责任	1.1 学校健全校内安全工作领导小组与工作小组，全面落实安全工作责任制和事故责任追究制，校园安全稳定，效果明显	资料查阅 校园巡视
			1.2 加强学校日常安全管理，强化校园安全，安全管理秩序井然	资料查阅 校园巡视
			1.3 在风险可控的前提下，学校应当积极组织体育锻炼、户外活动等，培养学生强健的体魄	校园巡视 座谈访谈
			1.4 学生在校期间，对校园实行封闭化管理，并根据条件在校门口设置硬质防冲撞设施，阻止人员、车辆等非法进入校园	校园巡视 座谈访谈
		★ 2. 定期召开会议研究与布置安全工作	安全工作会议常态化，有学习相关文件、布置相关工作等会议记录，重大事项形成会议纪要	资料查阅
	规章制度	★ 3. 制定完善的安全管理制度，形成安全管理制度体系	3.1 构建学校安全管理的长效机制，健全学校安全事故的预防、处置和校内各处室（中心）协调机制，并完善对校内各处室（中心）履行安全职责效能的监督考评等制度	资料查阅 座谈访谈
			3.2 安全管理工作涉及学校各时间段、各地点、重点人群、周边环境、常见事故防范等内容，形成安全管理制度体系	资料查阅
		★ 4. 建立健全学校重大活动安全管理流程	4.1 实行大型活动申报制度，经上级批准后有序实施，手续齐备、规范	资料查阅
			4.2 建立学校重大活动安全预案，现场设专人维持秩序，并与相关单位签订安全责任书	资料查阅
		★ 5. 建立健全各类突发事件的应急预案	5.1 制订有应对各种灾害、传染性疾病、食物中毒、意外伤害等各类突发事件和安全事故的应急预案	资料查阅

续表

一级指标	二级指标	督导要点	督导细则	督导方式
安全制度	规章制度		5.2 建立家校联系保障学生安全长效机制，提醒家长切实履行对孩子的监护责任	资料查阅 座谈访谈
安全管理	校园安全	★ 6. 按照安全管理规范要求，加强校园安全巡查并做好记录，安全隐患跟踪和整改记录翔实	6.1 做好每日巡查工作，巡查记录完备	校园巡视
			6.2 执行外来人员进出校园询问和登记制度，落实到位，记录完备	资料查阅
			6.3 学校安全日志记录完整	资料查阅
			6.4 有安全隐患排查登记和整改记录，内容翔实	资料查阅
		★ 7. 安保措施严密，外来人员进出登记落实	7.1 设立安保室，24 小时有专职安保人员到岗，制定安全保卫措施，落实到位	校园巡视
			7.2 建立专职安保人员定期专业培训制度，有培训学习记录	资料查阅
			7.3 加强校园内部安全保卫工作，及时处理侵害学生合法权益、身心健康的事件和影响学校稳定的事端	资料查阅 座谈访谈
			7.4 在法律允许范围内，合理且有效用好监控视频资料	资料查阅
		8. 坚持政务值班，值班记录规范翔实	8.1 制定政务值班制度，有政务值班表，并按计划认真执行	资料查阅
			8.2 安保人员实行 24 小时无缝对接，有规范翔实的值班记录	资料查阅
	周边安全	9. 加强对不利于学生成长的场所、机构及校园周边 200 米范围内的安全排查	9.1 对学校周边高危人群、安全隐患和场所机构进行摸底排查与登记，有周边 200 米内单位基本信息档案	资料查阅
			9.2 校园周边 200 米范围内文化娱乐设施符合规定要求，无不利于学生成长的场所，无非法经营的报刊点、音像店、小卖部等，无“三无”产品售卖等	校园巡视座谈访谈
		10. 干预、整治校园周边安全隐患	主动联系公安、市场监管等部门对周边存在的安全隐患进行排查、干预和整治，有联系、排查、治理记录	资料查阅

续表

一级指标	二级指标	督导要点	督导细则	督导方式
安全管理	交通安全	11. 明确进入校园车辆的行驶路线和停放区域	11.1 具备停车条件的学校，制定有进入校园车辆的行驶路线，指定停放区域	资料查阅
			11.2 进入校园车辆无违规驾驶和乱停放现象	校园巡视
		12. 系统分析校门口交通状况和潜在风险，在学生上、放学时段安排专人值守和监管	12.1 从地理位置、存在问题、处理建议等方面系统分析校门口交通状况和潜在风险	资料查阅
			12.2 落实上、放学时段校门口安全防范举措，规避校门口学生和教职工交通事故发生	资料查阅
			12.3 上、放学时段有教师、安保人员、家长、社区代表等志愿者组成的安保队伍，在校门口值守和监管，保证学生上、放学有序	座谈访谈
		13. 主动联系交管部门完善设施，协调人员疏导拥堵车辆	13.1 主动联系交管部门完善校门口红绿灯、斑马线、警示牌等交通设施	校园巡视
			13.2 协调交管部门或护校队成员在上、放学高峰时段疏导校门口拥堵车辆	座谈访谈
	事故处理	14. 依法妥善处理学生安全事故，有效应对舆情	14.1 学校建立有事故处置应急预案	资料查阅
			14.2 按照应急预案，及时上报事故情况，坚守法律底线，明确各方责任，依法处理安全事故纠纷或“校闹”行为	资料查阅
			14.3 建立重大舆情收集、分析研判和快速响应机制，加强舆情监测，及时回应社会关切，积极引导社会舆论	资料查阅
			14.4 在处置预案中明确接待媒体、应对舆情的部门和人员，增强舆情应对的意识和能力	资料查阅
安全保障	安全教育	15. 合理设置安全教育活动内容，积极开展形式多样的安全教育	15.1 将提高学生安全意识和自我防护能力作为素质教育的重要内容，定期开展安全教育，教育形式多样化	座谈访谈 问卷调查

续表

一级指标	二级指标	督导要点	督导细则	督导方式
安全保障	安全教育		15.2 将安全教育与法治教育有机融合，加强尊重生命、保障权利、尊重差异的意识和基本安全常识教育	座谈访谈 问卷调查
			15.3 积极开展国家安全、防溺水、防灾、消防、法制、心理健康教育、网络安全等主题教育活动，有方案，过程资料翔实。其中，国家安全专题教育每学年不少于 1 次，每次不少于 2 课时	座谈访谈 问卷调查 资料查阅
			15.4 定期进行安全应急演练，每学期不少于 1 次	资料查阅 座谈访谈
			15.5 开展防治校园欺凌事件教育，无校园欺凌事件发生	座谈访谈 问卷调查
		★ 16. 师生安全意识强，具备自救自护能力	16.1 师生具有较强的安全防范意识和一定的自救自护能力	座谈访谈 问卷调查
			16.2 及时掌握学生情况，发现学生有异常表现时，家校能及时沟通，采取应对措施	座谈访谈
	设施设备	★ 17. 按要求配备物防、技防、视频监控等安保设施设备，加强设施设备的管理和维护	17.1 校园活动场地、各设施设备无安全隐患，为安保人员配备必要的执勤、抓捕、防护等器械	校园巡视
			17.2 按要求配置消防设施、器材，完好有效，设有消防安全标志，消防疏散图，有消防合格证明(或整改方案)，电网铺设及电气设备符合国家有关标准，线路无裸露、老化，设置安全标志	校园巡视
			17.3 有安全监控视频网络，在学校大门、食堂、宿舍、生化实验所需危险物品存放处、财务室等重点区域均需全覆盖	校园巡视
			17.4 所有设施设备定期检查、维护，有记录，保证无安全隐患，无被损坏设备	资料查阅 校园巡视

（三）板块结构解读

在安全制度、安全管理、安全保障3个一级指标内容下，分支了组织管理、规章制度、校园安全、周边安全、交通安全、事故处理、安全教育、设施设备8个二级指标，共17个指标要点，旨在督导学校进一步加强安全管理，保障师生校园及周边安全，及学生上、放学交通安全。

三、配套工具运用

“校园及周边安全情况，学生交通安全情况”主题共有4类工具：校园巡视督评表、资料查阅督评表、座谈访谈督评表、问卷调查。其中，座谈访谈对象主要为学生、教师、家长和社区人员，问卷调查对象主要为学生和教师。在整体综合评定时重点关注校园巡视和资料查阅情况。

（一）校园巡视工具

1. 重点关注视角

校园周边200米范围内无不利于学生成长的场所，无非法经营的报刊点、音像店、小卖部、饮食摊点等。校园周边治安秩序良好，校门口红绿灯、斑马线等交通设施齐全，上、放学期间有交管部门或护校队成员维护秩序，秩序良好；安全巡查定点落实，记录完备；安全管理制度上墙；校园活动场地、设施设备无安全隐患，消防安全标志明显，有消防疏散图；安全视频网络全覆盖，设备运行正常。

2. 工具运用原则

通过实地查看，对校园安全进行深入了解并做出评价。针对安全管理方面的问题及时提出整改意见，预防安全事故。

3. 结果分析维度

通过对校园环境、安保设施、安全制度上墙、校园周边环境等维度的巡视，以及对教学、生活区域管理情况的了解，掌握学校在安全管理方面的情况。

（二）座谈访谈工具

1. 重点关注视角

①座谈访谈督评表（学生版）：学校开展安全演练、安全教育的情况，学校组织体育锻炼和户外活动的安保措施，学校封闭化管理落实情况，学生对学校安全工作的满意度。

②座谈访谈督评表（教师版）：学校是否定期召开安全会议，教师“一岗双责”

的落实情况，学校组织体育锻炼和户外活动的安保措施，教师对学校安全工作的满意度。

③座谈访谈督评表（家长版）：家长代表是否通过多种渠道参与、监督学校安全和周边安全工作，家长对学校安全工作满意度。

④座谈访谈督评表（社区人员版）：社区人员是否通过多种渠道参与、监督学校安全和周边安全工作。

2. 工具运用原则

各类访谈对象由责任督学现场随机抽取，原则上覆盖所有必要年级，尽可能包含必要层面人员。责任督学向被访谈者说明访谈意图，告知其如实、客观反映情况，以得到最真实信息，达到最佳访谈效果。

3. 结果分析维度

座谈访谈督评表（学生版）：通过学生访谈，了解学校安全管理制度落实情况；是否定期开展安全演练，安全教育是否涵盖国家安全、防溺水、防灾、消防、法制、心理健康教育、网络安全等主题教育活动的内容；是否做到形式多样，内容贴近学生；总结学校安全工作亮点，发现不足，促进学校进一步做好安全工作，提高学生安全意识和自救自护能力。

座谈访谈督评表（教师版）：通过教师访谈，了解学校安全工作会议是否常态化，“一岗双责”责任书的签订和职责落实情况，总结学校安全工作亮点，发现不足，促进学校进一步做好安全工作，提高教师安全意识、自救自护以及开展安全教育的能力。

座谈访谈督评表（家长版）：通过家长访谈，了解家长代表通过多种渠道参与、监督学校安全和校园周边环境治理的情况。

座谈访谈督评表（社区人员版）：通过社区人员访谈，了解社区人员通过多种渠道参与、监督学校安全和周边安全工作的情况。

（三）问卷调查工具

1. 重点关注视角

①中学生问卷调查：学校是否以中学生为主体，全方位保障安全，普及安全常识，增强自救自护能力。

②小学生问卷调查：学校是否以小学生为主体，全方位保障安全，普及安全常识，增强自救自护能力。

③教师问卷调查：教师在组织教育教学过程中的安全意识和处理安全突发事件的能力，师生自救自护能力。

2. 工具运用原则

各类问卷对象由责任督学随机抽取，调查对象不低于总人数的 5%，不超过 15%。责任督学向被问卷者说明问卷意图，告知其如实、客观反映情况，以得到最真实信息。

3. 结果分析维度

中小学生问卷调查：通过问卷调查，测试学生对安全常识的了解程度、自救自护的能力等，了解他们在学校及生活区域里所发现的安全隐患，促进学校进一步加强安全管理和安全教育。

教师问卷调查：通过问卷调查，测试教师对安全常识的了解程度、自救自护的能力等，了解他们在学校及生活区域里所发现的安全隐患，并进一步提高教师的安全意识和处理突发事件的能力。

（四）资料查阅工具

1. 重点关注视角

成立安全工作领导小组与工作小组，建立安全工作责任制、事故责任追究制、安全应急预案、重大活动备案等安全管理制度。全员签订“一岗双责”责任书。巡查记录、安全日志、安全隐患登记、安全会议记录、安全教育记录等具体、翔实。

2. 工具运用原则

按指标内容，对学校所提供的资料进行详细查阅和比对，保证校园安全。重点关注安全管理制度、安全工作记录、安全工作措施、安全教育等工作的落实情况。

3. 结果分析维度

通过资料查阅，了解学校是否成立安全工作领导小组与工作小组；是否建立安全工作责任制、事故责任追究制、安全应急预案、重大活动备案等安全管理制度；各类安全工作措施、安全教育等是否落实；记录是否具体、翔实。重在发现问题，提出意见和建议，进一步帮助学校完善安全管理工作。

第七节 “食堂、食品、饮水及宿舍卫生情况”指标体系及工具运用

一、主要政策依据

《学校食品安全与营养健康管理规定》《餐饮服务食品安全操作规范》《中共中央 国务院关于深化改革加强食品安全工作的意见》《国务院教育督导委员会办公室关于加强学生营养改善计划食品安全工作的紧急通知》《食品经营许可管理办法（2017修订版）》《学校卫生工作条例》《生活饮用水卫生监督管理办法》《教育部办公厅关于印发〈教育系统“制止餐饮浪费培养节约习惯”行动方案〉的通知》等。

二、督导指标体系

（一）示意导图

“食堂、食品、饮水及宿舍卫生情况”督导指标体系示意导图如图 2-7 所示。

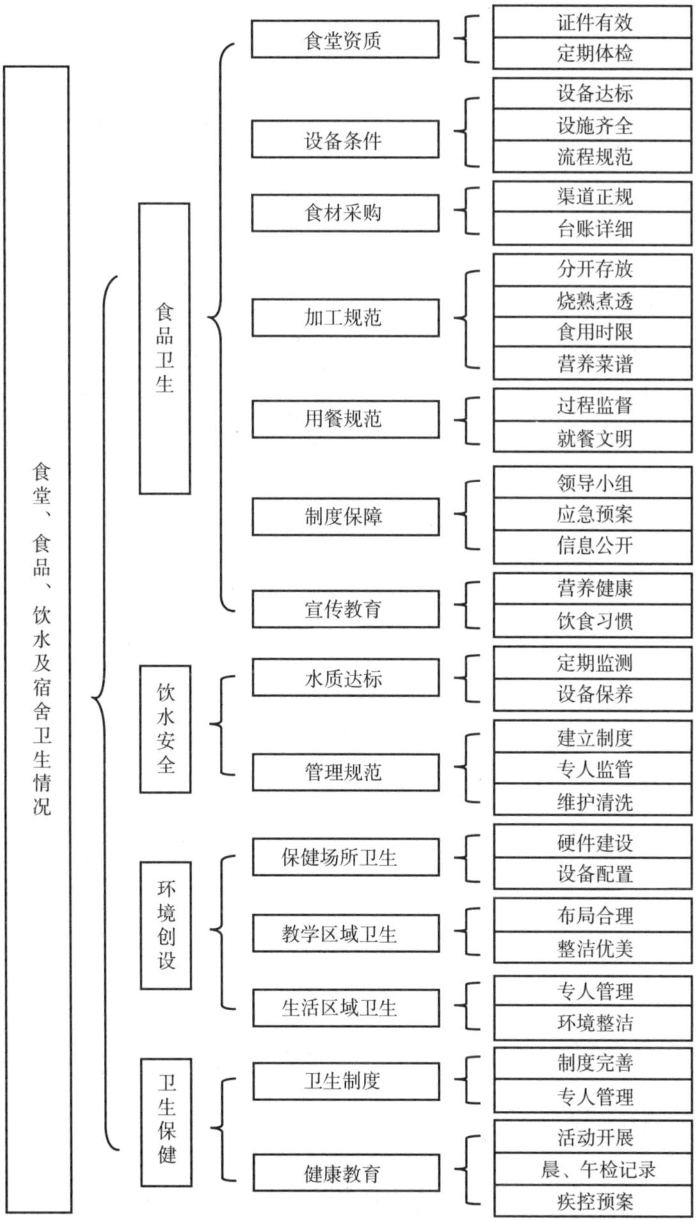

图 2-7 “食堂、食品、饮水及宿舍卫生情况”督导指标体系示意导图

（二）指标详表（带“★”为必达指标要点）

“食堂、食品、饮水及宿舍卫生情况”督导指标体系详表见表 2–7。

表 2–7 “食堂、食品、饮水及宿舍卫生情况”督导指标体系详表

一级指标	二级指标	督导要点	督导细则	督导方式
食品卫生	食堂资质	★ 1. 食堂取得市场监管局发放的食品经营许可证	1.1 在明显的位置悬挂或摆放食品经营许可证，且食品经营许可证在有效期内	校园巡视
			1.2 食堂食品经营项目符合食品经营许可证载明范围，无“三无”食品，无转基因食品	校园巡视
		★ 2. 食堂从业人员取得有效期内体检合格证，定期参加相关专业培训	2.1 食堂从业人员取得健康证明，且在有效期内（一年）	资料查阅
			2.2 食堂从业人员健康卫生检查管理制度	资料查阅
			2.3 食堂从业人员定期参加相关培训	资料查阅
			2.4 食堂从业人员掌握有关食品安全的基本常识	问卷调查
	设备条件	★ 3. 食堂设施设备规范达标，食堂重点场所视频监控全覆盖，垃圾分类处理	3.1 食堂建筑结构、设备设施规范达标。如：天花板、墙壁、门窗、地面、供水、排水、清洗、消毒、保洁、照明、通风、排烟、防鼠、灭蝇、防尘、冷藏等	校园巡视
			3.2 食品库房、烹饪间、切配区、专间、留样间、餐用具清洗消毒区等重点场所实现视频监控全覆盖	校园巡视
			3.3 餐厨废弃物收集设施有标志，按环保要求分类处理	校园巡视
		★ 4. 相关消毒设备和流程达标	4.1 有专用保洁柜，标记明显，保持洁净	校园巡视
			4.2 设有存放清洗消毒工具和洗涤剂、消毒剂等物品的独立隔间或区域	校园巡视
			4.3 食品工用具的清洗水池应与食品原料、清洁用具的清洗水池分开。采用化学消毒方法的，应设置接触直接入口食品的工用具的专用消毒水池	校园巡视
			4.4 消毒操作流程规范，符合卫生部门标准或要求	校园巡视

续表

一级指标	二级指标	督导要点	督导细则	督导方式
食品卫生	食材采购	★ 5. 严格把好食品的采购关，票据齐全，台账记录翔实	5.1 建立健全学校食材采购制度	资料查阅
			5.2 有供货方营业执照、动检证明和食品经营许可证	资料查阅
			5.3 所有食材、食品采购均需做好台账明细，如有订餐服务做好详细记录。食品添加剂专人采购、保管和使用，有使用记录	资料查阅
			5.4 有采购台账，有发票购货凭证	资料查阅
	加工规范	6. 食品分类分开存放，需要烧熟煮透的食品，加工制作时食品的中心温度应达到70℃以上	6.1 不同类型的食品原料、不同存在形式的食品（原料、半成品、成品）分开存放	校园巡视
			6.2 用于加工的工具、容器标志明显。刀具、砧板、抹布等均应按功能做到分开使用，定位存放，保持清洁	校园巡视
			6.3 需要烧熟煮透的食品，加工制作时食品的中心温度应达到 70℃以上	校园巡视
			6.4 食品在烹饪后至食用前一般不超过 2 小时；烧熟后 2 小时，食品的中心温度保持在 60℃以上（热藏）的，其食用时限为烧熟后 4 小时；烧熟后按照规范将食品的中心温度降至 8℃并冷藏保存的，其食用时限为烧熟后 24 小时	校园巡视 问卷调查
		★ 7. 每周有营养菜谱公示	7.1 菜品搭配合理，适合不同年龄阶段学生的成长需要	座谈访谈
			7.2 在显著位置公示每周或每天的菜品及价格	校园巡视
	用餐规范	8. 加强食堂安全卫生管理；建立配餐或分餐制，落实集中用餐陪餐制度。学生就餐文明，食堂有文明用餐的餐桌提示语	8.1 建立教师和行政干部食堂管理情况值班考核制度，保障食堂安全卫生管理	资料查阅

续表

一级指标	二级指标	督导要点	督导细则	督导方式
食品卫生	用餐规范		8.2 配备专（兼）职食品卫生与安全管理人员，明确岗位责任，在配餐或分餐时，做到全程参与或监督	座谈访谈
			8.3 建立行政陪餐制度，强调与学生共同用餐，做好陪餐记录，及时发现和解决集中用餐过程中存在的问题	资料查阅
			8.4 学校建立学生文明就餐管理制度，就餐提示语张贴在学生食堂明显位置	校园巡视
			8.5 学生就餐时自觉排队，依次取餐，文明就餐	座谈访谈
	制度保障	★ 9. 食品留样专人专锁	9.1 有留样专用冷藏柜，专人负责，随时上锁，干净整洁，每样品种留样量不少于 125 克，留样时间在 48 小时以上	校园巡视
			9.2 留样台账清楚明晰，样品标识清楚	校园巡视
		★ 10. 建立健全食品安全领导机制，高度重视食品安全重大事项报告制度，完善食品安全应急机制，建立常态监督机制	10.1 学校成立以校长为组长的食品安全领导小组，下设工作小组，相关岗位人员职责明确	资料查阅
			10.2 严禁非食堂工作人员出入食堂操作间和原料存放间，防止投毒事件发生	校园巡视
			10.3 建立食品安全重大事件报告制度，发生食物中毒或疑似食物中毒应及时上报当地教育行政主管部门和卫生行政主管部门	资料查阅
			10.4 学校应建立食物中毒或者其他食源性疾患等突发事件的应急处理机制	资料查阅
			10.5 成立由家长代表、学生代表、教师代表等组成的膳食委员会，并充分听取师生、家长对食堂食品安全卫生工作的意见建议	资料查阅
		11. 建立健全食品安全公布机制，主动关注涉及本地本校食品安全舆情	11.1 按照国家规定建立健全学校食品安全信息公布机制，应当准确、及时、客观地向社会发布相关工作信息，回应社会关切	资料查阅

续表

一级指标	二级指标	督导要点	督导细则	督导方式
食品卫生	制度保障		11.2 主动关注涉及本地本校食品安全舆情，形成快捷、有效的舆情应对策略	资料查阅
	宣传教育	★ 12. 加强食品安全与营养健康的宣传教育	12.1 在全国食品安全宣传周、全民营养周、中国学生营养日、全国碘缺乏病防治日等重要时间节点，开展相关科学知识普及和宣传教育活动	座谈访谈
			12.2 将食品安全与营养健康相关知识纳入健康教育教学内容，通过主题班会、课外实践等形式开展经常性宣传教育活动	座谈访谈
			12.3 培养学生健康的饮食习惯、制止餐饮浪费，加强对学生营养不良与超重、肥胖的监测、评价和干预	资料查阅
			12.4 利用家长学校等方式对学生家长进行食品安全与营养健康相关知识的宣传教育	资料查阅
饮水安全	水质达标	★ 13. 经水质检测中心监测水质达标，符合国家标准	13.1 学校供应的饮用水经水质检测中心监测水质达标，饮用水水质监测频次达到至少半年 1 次。二次供水学校饮用水管理、水质监测、设施防护等长效管理机制	资料查阅
			13.2 学校有采用水质净化处理的水质处理设备、水处理材料的有效卫生许可批件，及滤芯更换情况等印证资料	校园巡视 资料查阅
	管理规范	★ 14. 建立学生饮用水专项制度，每天专人监控水质有记录，直饮水设备获卫生、教育行政部门安装许可，定期清洗、更换设备	14.1 建立、完善饮用水安全管理档案，包括建立学校饮用水安全责任制、水质送检制度、饮用水污染事件报告制度、饮用水污染事件责任追究制度、饮用水污染突发事件应急预案等	资料查阅

续表

一级指标	二级指标	督导要点	督导细则	督导方式
饮水安全	管理规范		14.2 加强饮用水安全宣传教育及对存在的问题及时整改	座谈访谈
			14.3 配备专职或兼职人员，负责饮用水卫生管理工作，经过培训及健康体检，每天监控水质有记录	资料查阅
			14.4 直饮水或其他类型直接供饮用的饮水应符合国家相关标准和卫生要求，并取得检验合格报告；相关设备有卫生、教育行政主管部门的安装许可证，定期清洗、维修、更换设备，有相应记录	资料查阅
环境创设	保健场所卫生	15. 保健室（卫生室）硬件建设符合相关要求，无过期失效药品	15.1 寄宿制学校必须设立卫生室，非寄宿制学校可视学校规模设立卫生室或保健室。卫生室应取得《医疗机构执业许可证》	校园巡视
			15.2 学校保健室建筑面积应大于 15 平方米，卫生室应大于 40 平方米，并有适应学校卫生工作需要的功能分区	校园巡视
			15.3 学校保健室应具备以下基本设备：视力表灯箱、杠杆式体重秤、身高坐高计、课桌椅测量尺、血压计、听诊器、体温计、急救箱、压舌板、观察床、诊察桌、诊察凳、止血带、污物桶等。如有卫生室，还需配置诊察床、注射器、敷料缸、方盘、镊子、药品柜、紫外线灯、高压灭菌锅等	校园巡视
			15.4 无储存、使用过期失效药品情况	校园巡视
	教学区域卫生	16. 校园布局合理、环境整洁	16.1 校园内教学区、体育活动区、生活区和生产劳动区等布局应合理，避免相互干扰	校园巡视
			16.2 校园内应做到环境整洁优美，设施完好，秩序正常，成为社会主义精神文明建设的阵地	校园巡视

续表

一级指标	二级指标	督导要点	督导细则	督导方式
环境创设	生活区域卫生	★ 17. 学校生活区（含宿舍）管理制度完善，环境干净、整洁、文明	17.1 学校生活区（含宿舍）有专人管理，管理制度完善，有相应记录	资料查阅
			17.2 学校生活区（含宿舍）环境干净、整洁，学生管理有序，举止文明	校园巡视
卫生保健	卫生制度	18. 建立学校卫生制度，有专（兼）职人员配置	18.1 学校卫生制度完善，管理规范，有卫生管理相应记录	资料查阅
			18.2 寄宿制学校或 600 名学生以上的非寄宿制学校应配备卫生专业技术人员。卫生专业技术人员应持有卫生专业执业资格证书；600 名学生以下的非寄宿制学校，应配备保健教师或卫生专业技术人员。保健教师由现任具有教师资格的教师担任	资料查阅
	健康教育	★ 19. 规范开展学生卫生健康教育，有晨、午检记录，防传染病等疾控预案	19.1 学校健康教育开展规范、管理有序，有开展活动的相应资料	资料查阅 座谈访谈
			19.2 学校的卫生检查和疾病预防工作落到实处，各班有翔实的晨、午检记录。学校有情况汇总记载，对因病缺课的学生有跟踪记录	资料查阅
			19.3 学校卫生健康工作扎实，疾病防范意识强，每学期有防传染病等疾控预案	资料查阅
			19.4 每年春夏或秋冬之交是疾病高发期，学校主动邀请卫生部门专业人员进校对卫生技术人员和健康教育课教师进行疾病防控的专题培训讲座	资料查阅 座谈访谈

（三）重点解读

在食品卫生、饮水安全、环境创设、卫生保健 4 个一级指标内容下，分支了食堂资质、设备条件、食材采购、加工规范、用餐规范、制度保障、宣传教育、水质达标、管理规范、保健场所卫生、教育区域卫生、生活区域卫生、卫生制度、健康教育 14 个二级指标，共19个督导要点，旨在引导学校规范食堂、食品、饮水及宿舍卫生管理，推进学校卫生工作有效开展。

三、配套工具运用

“食堂、食品、饮水及宿舍卫生情况”主题共有4类工具：校园巡视督评表、资料查阅督评表、座谈访谈督评表、调查问卷。其中，座谈访谈对象主要为学生和教师，调查问卷对象主要为食堂从业人员。在整体综合评定时重点关注校园巡视、资料查阅和座谈访谈情况。

（一）校园巡视工具

1. 重点关注视角

①食品经营许可证上墙，且在有效期内；食堂设施设备齐全，规范达标；每周营养菜谱上墙公示，菜品搭配营养合理；有留样专用冷藏柜，专人负责，随时上锁，干净整洁，每样品种留样量不少于125克，留样时间在48小时以上；加工后的熟制品与食品原料、半成品分开存放。

②学校保健室（卫生室）应按规范设置，具备基本诊疗、物品存放等设施设备，无过期失效药品。

③学校直饮水设备及周边环境干净清洁。

2. 工具运用原则

对学校校园、食堂、库房、卫生室、直饮水点、学生宿舍等环境进行深入巡查，了解学校食堂、食品、饮水及宿舍卫生工作情况。

3. 结果分析维度

通过对食堂资质、食品安全、卫生室建设、校园环境等维度的观察，以及对教学、生活区域及保健卫生场所的管理情况了解，掌握学校食堂、食品、饮水及宿舍卫生的工作开展情况。

（二）座谈访谈工具

1. 重点关注视角

①座谈访谈督评表（学生版）：食堂的菜品每周是否有变化，能否满足学生成长需要；

食堂食品是否安全，对食堂服务是否满意；日常就餐时，排队和用餐秩序是否良好；是否有学校的食品卫生与安全管理人员全程参与或者监督；学校通过何种方式进行过饮用水安全宣传和教育，在重要时间节点是否开展过相关科学知识普及和宣传教育活动等。

②座谈访谈督评表（教师版）：学校集中用餐信息是否公开及公开形式，学校开展过何种健康教育活动，学校邀请过卫生部门专业人员进校对卫生技术人员和健康教育课教师等开展健康知识培训讲座情况等。

2. 工具运用原则

营造良好的座谈氛围，从关心学生和教师的健康出发，深入了解学校食堂、直饮水及卫生保健工作开展情况。

3. 结果分析维度

①座谈访谈督评表（学生版）：通过学生对食堂菜品搭配满意度；学生文明就餐情况；配餐分餐监督机制；全国食品安全宣传周、全民营养周、中国学生营养日等重要事件节点，开展相关科学知识普及和宣传教育活动；食品安全与营养健康相关知识宣传教育活动；饮用水安全宣传教育等方面情况的信息反馈，分析学校食堂、食品、饮水及宿舍卫生开展情况及效果。

②座谈访谈督评表（教师版）：通过教师对学校公示食品进货渠道及供货单位，菜品搭配每周变化，健康教育，晨、午检及疾病防控培训等情况的反馈，分析学校食堂、食品、饮水及宿舍卫生工作开展情况及效果。

（三）问卷调查工具

1. 重点关注视角

食堂从业人员食品安全常识、食堂从业人员规范操作能力以及食堂从业人员卫生习惯现状。

2. 工具运用原则

食堂从业人员独立思考，根据自己理解单独答题。

3. 结果分析维度

通过对食堂从业人员资质、食品安全、卫生习惯、卫生常识等情况了解，督导食堂人员是否符合资质，操作管理是否规范，制度建设是否健全。

（四）资料查阅工具

1. 重点关注视角

①食堂、食品、饮水及宿舍卫生相关制度健全，有行政陪餐制度、卫生管理规章制度、食品安全重大事件报告制度等。

②食品、食材、添加剂专人采购、管理，购销台账清楚，凭证齐全，使用记录明晰。

③有对学生及家长进行食品安全与营养健康相关知识的宣传教育过程资料。

④有各班晨、午检记录及学校情况汇总记载，对因病缺课的学生有跟踪记录。

2. 工具运用原则

对学校食堂、卫生、直饮水、学生宿舍等管理资料进行详细查阅，了解学校食堂、食品、饮水及宿舍卫生工作开展情况。

3. 结果分析维度

从学校食堂资质、操作管理、制度建设等几个方面观察学校食堂食品卫生情况。通过卫生制度建设，晨、午检等工作，了解学校卫生制度建设及健康教育开展情况。

第八节 “校风、教风、学风建设情况”指标体系及工具运用

一、主要政策依据

《中小学教育惩戒规则（试行）》《教育部等七部门印发〈关于加强和改进新时代师德师风建设的意见〉的通知》《中共中央 国务院关于深化教育教学改革全面提高义务教育质量的意见》《新时代中小学教师职业行为十项准则》《中小学教师职业道德规范》《中小学生守则（2018 年修订）》等。

二、督导指标体系

（一）示意导图

“校风、教风、学风建设情况”督导指标体系示意导图如图 2–8 所示。

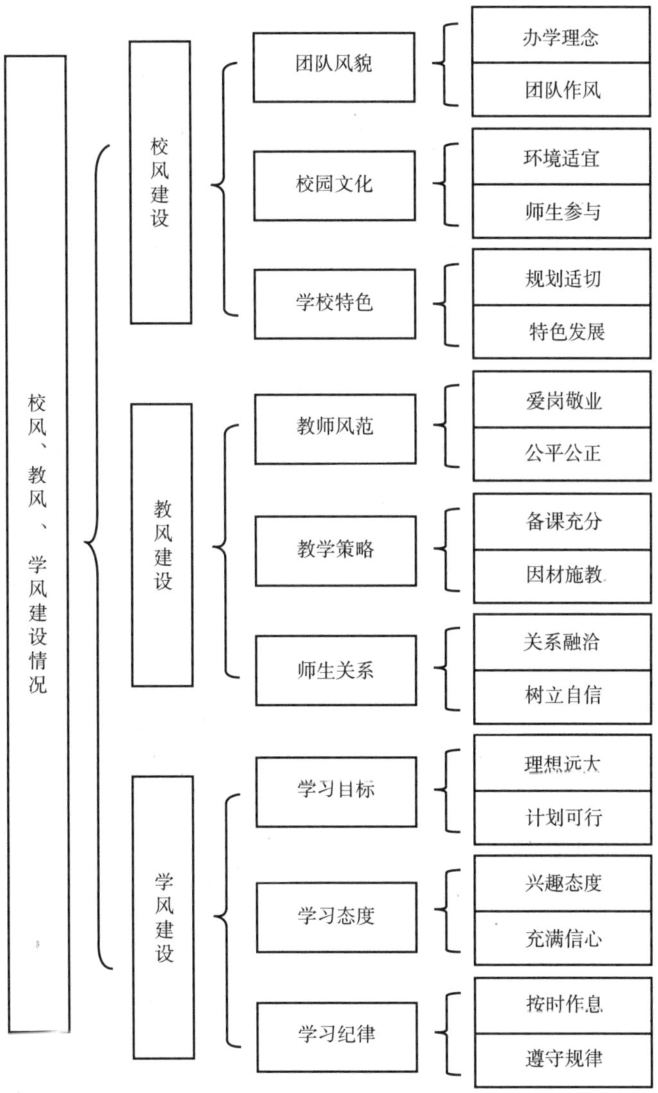

图 2–8 “校风、教风、学风建设情况”督导指标体系示意导图

（二）指标详表（带“★”为必达指标要点）

“校风、教风、学风建设情况”督导指标体系详表见表 2-8。

表 2-8 “校风、教风、学风建设情况”督导指标体系详表

一级指标	二级指标	督导要点	督导细则	督导方式
校风建设	团队风貌	★ 1. 教育思想、办学理念切合发展实际，校本特点突出	1.1 学校有切合实际的办学理念，遵循教育规律和学生成长规律，校本特点突出	校园巡视
			1.2 坚持以社会主义核心价值观为引领，创作设计富有文化内涵、时代特征和学校特色的校歌、校徽、校旗，凝聚广大师生的价值追求和共同愿景	校园巡视
		★ 2. 团队有集体荣誉感和合作精神，表现出积极向上的精神风貌，师生满意度和社会认同度高	2.1 教职工团队务实、团结、协作，作风优良	校园巡视
			2.2 师生仪表整洁大方，举止文明，形成团结、民主、向上的校园风貌	校园巡视
			2.3 社会、家长、学生对教职工团队的认可度高	校园巡视
	校园文化	★ 3. 校园环境文化氛围浓厚，符合学生成长规律，富有教育性	3.1 校园环境文化氛围浓厚，富有教育性，切合学生发展需要	校园巡视
			3.2 黑板报、墙报等宣传栏内容适时，并定期更新	校园巡视
			3.3 正确使用规范字，推广使用普通话	校园巡视
			3.4 国旗无污渍、无破损，合乎规格，旗杆直立，位置适宜	校园巡视
			3.5 师生共同参与校园文化建设，其特色文化彰显	资料查阅
			3.6 无宗教人物像	校园巡视
		★ 4. 办学理念融入教育教学，具有鲜明特征，成为师生员工自觉遵守的行为规范和精神特质	4.1 办学理念自觉融入教育教学活动中	校园巡视

续表

一级指标	二级指标	督导要点	督导细则	督导方式
校风建设	校园文化		4.2 建立师生行为规范，并遵照规范执行	校园巡视
			4.3 加强尊师教育，加快形成接续我国优秀传统、符合时代精神的尊师重教文化	校园巡视
	学校特色	★ 5. 有前瞻且符合实际的发展目标，促进学生全面发展	5.1 制定学校 3—5 年发展规划，目标具有适切性	资料查阅
			5.2 每年通过艺术节、科技节、读书节、体育节等形式，因地制宜组织丰富多彩的学校活动	资料查阅
		6. 特色活动、特色项目、特色课程持续推进，成效显著，受到师生、家长广泛认同	6.1 利用各种重大节日、纪念日开展形式新颖、丰富多彩的主题实践活动	资料查阅
			6.2 结合学校实际，开设特色课程，开展特色活动，推进特色项目，并产生社会影响	资料查阅
教风建设	教师风范	★ 7. 爱岗敬业，热爱学生，职业认同感较高	7.1 贯彻党的教育方针，自觉维护教学秩序，为人师表，热爱本职工作	资料查阅
			7.2 积极参加教研活动，尊重同事，相互学习，自觉维护学校声誉	资料查阅
			7.3 尊重学术道德，不弄虚作假，不抄袭剽窃	资料查阅
		8. 尊重学生人格，严慈相济，诲人不倦，不以分数作为评价学生的唯一标准	8.1 以生为本，严格要求学生，尊重学生人格，关心爱护全体学生，保护学生合法权益	校园巡视
			8.2 平等、公正对待学生，促进学生全面、主动、健康发展	校园巡视
			8.3 多维度对学生进行评价	资料查阅
	教学策略	9. 注重调动学生学习积极性，帮助学生认识自己潜能，培养学生自学能力	9.1 备课充分，辅导及时，作业批改认真、及时，注意对学生自主学习能力的培养	校园巡视

续表

一级指标	二级指标	督导要点	督导细则	督导方式
教风建设	教学策略		9.2 教学方法富有启发性，课堂气氛活跃，鼓励质疑，并给予思路引导	资料查阅
		10. 以学生为中心，培养学生自主合作探究的学习方式	10.1 因材施教，教学方式多样化，教学内容层次化，满足不同学生的需求	校园巡视
			10.2 鼓励学生自主合作学习，培育学习共同体	校园巡视
	师生关系	★ 11. 倾听学生的意见和想法，宽容学生的错误，做学生的良师益友	11.1 尊重学生的意见，保护学生的自尊心，树立学生的自信心	资料查阅
			11.2 不存在以击打、刺扎等方式直接造成身体痛苦的体罚；不存在超过正常限度的罚站，反复抄写，强制做不适的动作或者姿势，以及刻意孤立等间接伤害身体、心理的变相体罚	校园巡视
		12. 关心、信任和欣赏每一位学生，师生关系和谐融洽	12.1 营造愉悦、宽松的教学氛围，让每个学生都有不同程度的进步	校园巡视
			12.2 深入了解学生，恰当地赏识学生，建立和谐的师生关系	校园巡视
学风建设	学习目标	★ 13. 树立学习志向，明确努力方向，激励持续学习	树立远大理想，有明确的学习目标，精神状态良好	校园巡视
		14. 学习有计划，采取有效方式为实现目标不断努力	14.1 根据自己的情况制订切实可行的学习计划	校园巡视
			14.2 采取多种有效方式达成学习目标	校园巡视
	学习态度	★ 15. 学习有兴趣，充分认识到学习的重要性，能正确对待他人的评价	15.1 积极参与学习活动，愿意与老师探讨，与同学交流	校园巡视
			15.2 学习兴趣广泛，学习态度端正，勤奋学习，专心听讲	校园巡视
			15.3 同学间团结友爱，互相帮助，善于与人合作，虚心听取别人的意见	校园巡视

续表

一级指标	二级指标	督导要点	督导细则	督导方式
学风建设	学习态度	16. 有克服困难的决心和毅力，对自己的学习充满信心	16.1 有良好的学习方法和学习习惯，克服学习中的困难	校园巡视
			16.2 对学习有信心，能发现学习中的问题，大胆表达自己的想法	校园巡视
	学习纪律	17. 遵守作息时间，无早退或旷课现象，能按时完成老师布置的作业	17.1 遵守作息时间，不随意请假，无早退、旷课现象	校园巡视
			17.2 认真、按时完成学习任务	资料查阅
		★ 18. 遵守课堂纪律和考试纪律，能自主矫正不良学习行为	18.1 遵守课堂纪律，无影响正常教学秩序的行为	校园巡视
			18.2 遵守考场纪律，自觉矫正不良学习行为	校园巡视

（三）重点解读

在校风建设、教风建设、学风建设 3 个一级指标下，分支了团队风貌、校园文化、学校特色、教师风范、教学策略、师生关系、学习目标、学习态度、学习纪律 9 个二级指标，共 18 个督导要点，旨在督促学校规范办学行为，树立良好的团队风貌，展现校园文化，促进学校整体、和谐、健康发展。

三、配套工具运用

“校风、教风、学风建设情况”主题共 2 类工具：校园巡视类和资料查阅类。

（一）校园巡视工具

1. 重点关注视角

巡视校园整体环境，了解师生风貌及学校特色文化建设；巡视课堂，了解教师教学状态、学生学习状态及师生关系。

2. 工具运用原则

通过实地查看发现学校亮点及不足，及时给予公平公正的评价，并及时反馈，给出合理的建议。

3. 结果分析维度

通过对校园整体环境及课堂内师生状态的巡视，了解校风、教风、学风建设，学校团队风貌，以及学校特色文化建设等方面的体现。

（二）资料查阅工具

1. 重点关注视角

学校 3~5 年发展规划，目标是否具有适切性；校园特色活动开展情况；教师教研活动开展情况、多维度对学生进行评价的情况。

2. 工具运用原则

通过查阅学校 3~5 年发展规划，特色活动、教研活动开展的过程性资料，以及多维度对学生进行考评的记录，核实学校“校风、教风、学风”建设是否落到实处。

3. 结果分析维度

通过对学校规划、特色活动开展、教研活动开展、文化建设、多元学生评价等方面情况，对学校“校风、教风、学风”建设给予公平公正的评价。

第三章
挂牌督导流程方式及结果呈现

强化程序意识、细化工作规范、完善督导流程、规范结果呈现，对激发队伍生机活力，推进专业督导向纵深发展，具有十分重要的现实意义。本章呈现挂牌督导工作总流程图、八大主题督导工作流程图，校园巡视、课堂观察、资料查阅等五类督导方式的运用要领，督导报告、调研报告、督导案例等五类督导文本的撰写要求，以期使挂牌督导重点内容、重要环节实施有更细致的规范与遵循可依，更好履职尽责。

规范主题挂牌督导流程，绘制挂牌督导工作总流程图、八大主题督导工作流程图。主题督导前要掌握标尺做好准备，主题督导中要高效实施充分建言，主题督导后要跟踪落实资料归档，每一个细节都体现专业性。细化每一类督导方式的准备工作、目标内容、过程方法、结果分析、工作要求，作为责任督学选用督导方式的重要参考，应有机组合、扬长避短，充分发挥每一类督导方式的长处，采集更多有效信息，实现督有据、导有方、评有度。统一挂牌督导报告、调研报告、督导案例、督导简讯、督导随笔等督导文本的标题、正文、附件格式体例，掌握各部分内容撰写技巧，提高文本质量，力求多点位提炼督导经验，多方式呈现督学风采，对内供交流学习，提升责任督学专业能力；对外供宣传推广，提升区域挂牌督导影响力。

第一节
区域挂牌督导工作流程

一、挂牌督导工作总流程

（一）总流程图

挂牌督导工作总流程图如图 3-1 所示。

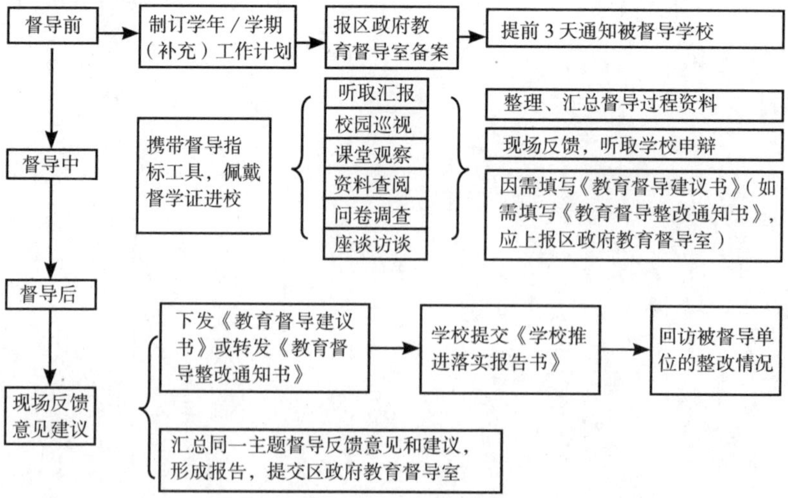

图 3-1　挂牌督导工作总流程图

（二）使用说明

根据本流程图做好督导前、督导中和督导后的相关工作，及时整理、汇总相关数据并提出切实可行的意见和建议，根据实际情况下发《教育督导建议书》或转发《教育督导整改通知书》，帮助学校不断改进工作方式，提高现代学校治理能力与水平。

二、“校务管理和制度执行情况”主题挂牌督导工作流程

（一）流程图

“校务管理和制度执行情况”主题挂牌督导工作流程图如图 3–2 所示。

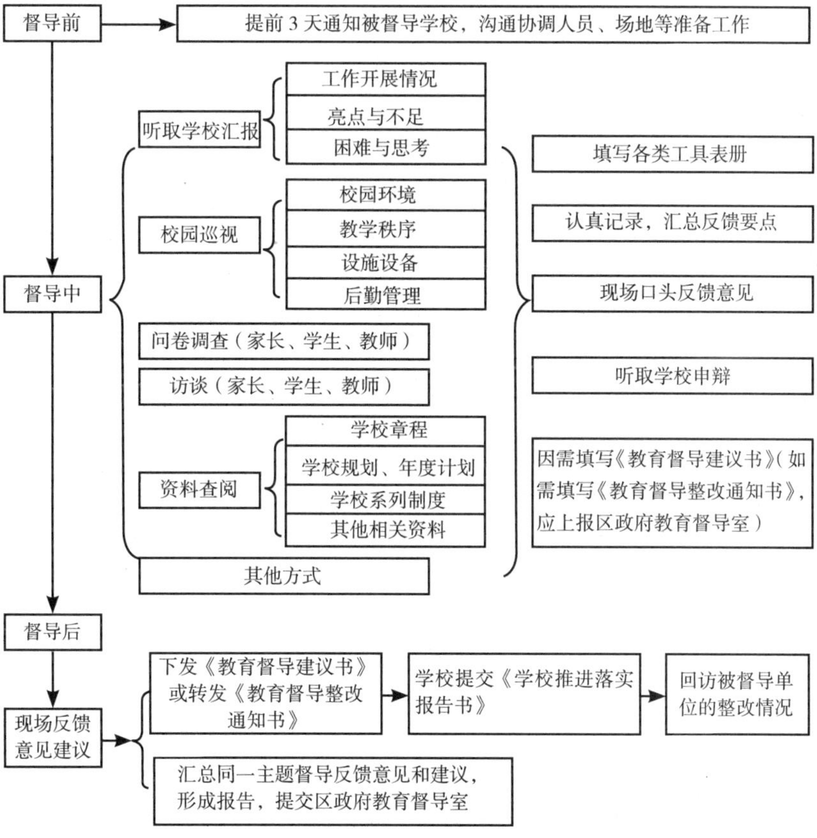

图 3–2 “校务管理和制度执行情况”主题挂牌督导工作流程图

（二）使用说明

开展校务管理和制度执行情况专题督导，主要督导方式有校园巡视、资料查阅、座谈访谈和问卷调查，量化工具有校园巡视督评表、资料查阅督评表、问卷调查（家长版、学生版和教师版）和座谈访谈督评表。责任督学原则上按此流程开展督导工作，也可根据实际情况进行调整。督导过程中，针对学校情况下发《教育督导建议书》或转发《教育督导整改通知书》，帮助学校不断改进校务管理，提高办学质量。

三、"招生、收费、择校情况"主题挂牌督导工作流程

（一）流程图

"招生、收费、择校情况"主题挂牌督导工作流程图如图 3-3 所示。

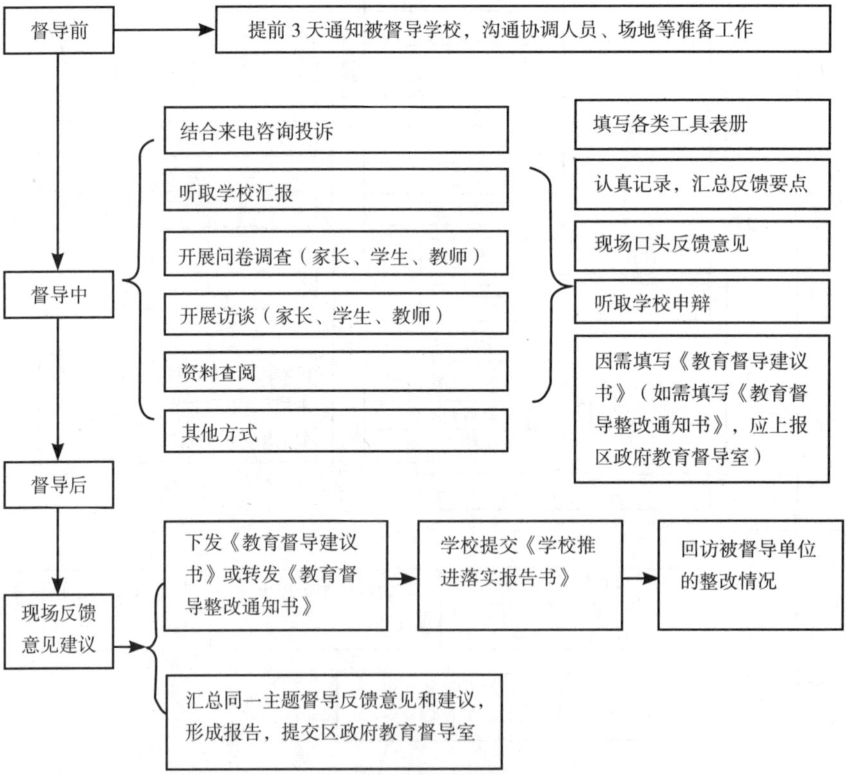

图 3-3 "招生、收费、择校情况"主题挂牌督导工作流程图

（二）使用说明

开展招生、收费、择校情况督导工作，主要督导方式有校园巡视、资料查阅、座谈访谈和问卷调查，主要量化工具有校园巡视督评表、资料查阅督评表。责任督学原则上按此流程开展督导工作，也可根据实际情况进行调整。督导过程中，针对学校具体情况下发《教育督导建议书》或转发《教育督导整改通知书》，帮助学校不断改进工作，规范办学行为。

四、“课程开设和课堂教学情况”主题挂牌督导工作流程

（一）流程图

“课程开设和课堂教学情况”主题挂牌督导工作流程图如图 3–4 所示。

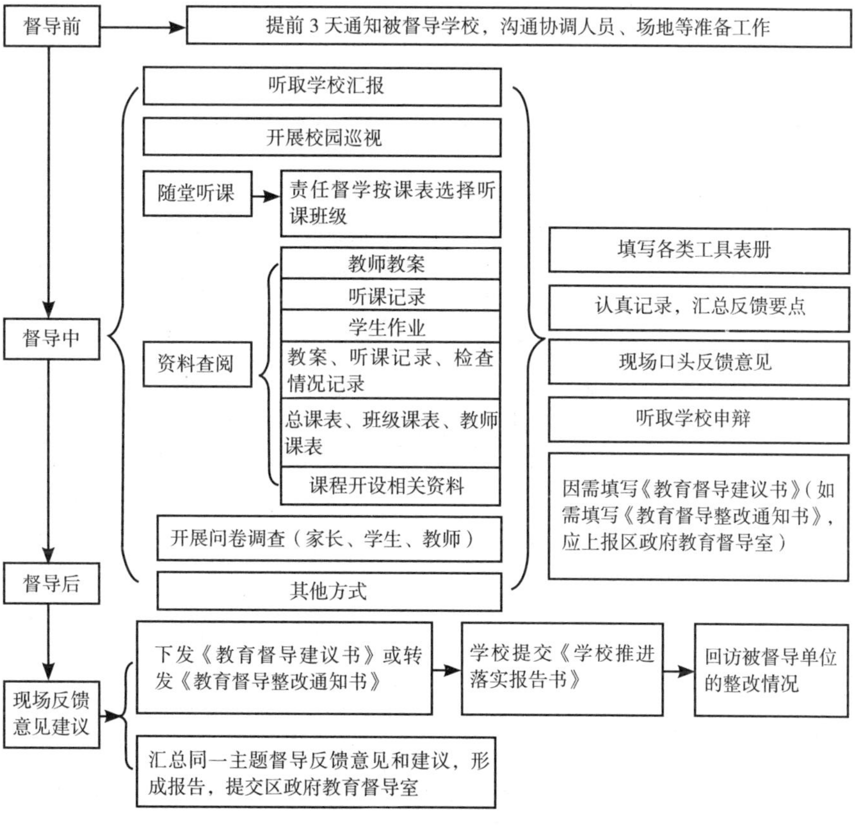

图 3–4 “课程开设和课堂教学情况”主题挂牌督导工作流程图

（二）使用说明

开展课程开设和课堂教学情况专题督导，主要督导方式有校园巡视、资料查阅、座谈访谈、课堂观察和问卷调查等，以深入了解学校课堂教学情况。量化工具有校园巡视督评表、课堂观察督评表、资料查阅督评表和调查问卷。责任督学原则上按此流程开展督导工作，也可根据实际情况进行调整。督导过程中，针对学校具体情况下发《教育督导建议书》或转发《教育督导整改通知书》，帮助学校不断改进课程建设和课堂教学管理，提高教育教学质量。

五、“学生学习、体育锻炼和课业负担情况”主题挂牌督导工作流程

（一）流程图

“学生学习、体育锻炼和课业负担情况”主题挂牌督导工作流程图如图 3-5 所示。

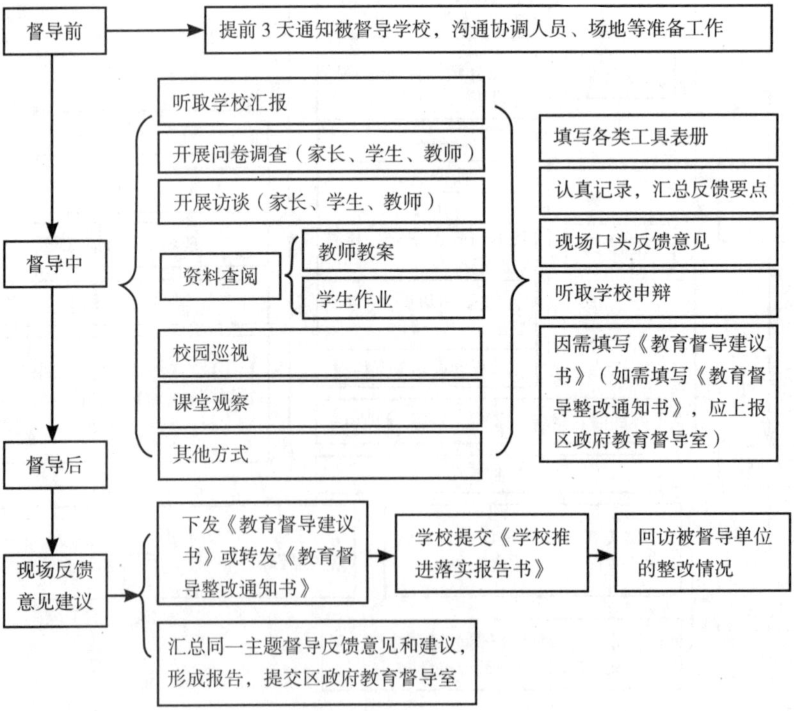

图 3-5 “学生学习、体育锻炼和课业负担情况”主题挂牌督导工作流程图

（二）使用说明

开展学生学习、体育锻炼和课业负担情况专题督导，主要督导方式有校园巡视、座谈访谈、资料查阅、课堂观察和问卷调查，深入了解学校课堂教学情况。量化工具有校园巡视督评表、课堂观察督评表、资料查阅督评表、调查问卷和座谈访谈督评表。责任督学原则上按此流程开展督导工作，也可根据实际情况进行调整。督导过程中，针对学校具体情况下发《教育督导建议书》或转发《教育督导整改通知书》，帮助学校不断改进教学管理，促进学生健康持续发展。

六、“教师师德和专业发展情况”主题挂牌督导工作流程

（一）流程图

“教师师德和专业发展情况”主题挂牌督导工作流程图如图 3–6 所示。

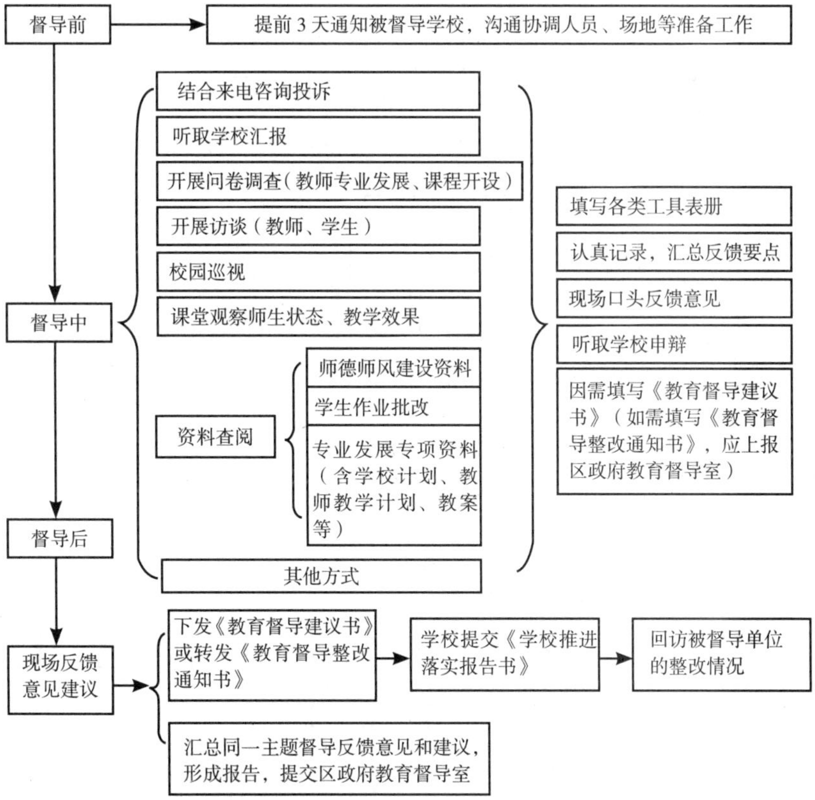

图 3–6 “教师师德和专业发展情况”主题挂牌督导工作流程图

（二）使用说明

开展教师师德和专业发展情况专题督导，主要督导方式有资料查阅、座谈访谈和课堂观察，量化工具主要有校园巡视督评表、课堂观察督评表、资料查阅督评表、座谈访谈表和调查问卷。责任督学原则上按此流程开展督导工作，也可根据实际情况进行调整。督导过程中，针对学校具体情况下发《教育督导建议书》或转发《教育督导整改通知书》，帮助学校不断创新教师管理，加强教师队伍建设。

七、“校园及周边安全情况，学生交通安全情况”主题挂牌督导工作流程

（一）流程图

“校园及周边安全情况，学生交通安全情况”主题挂牌督导工作流程图如图 3-7 所示。

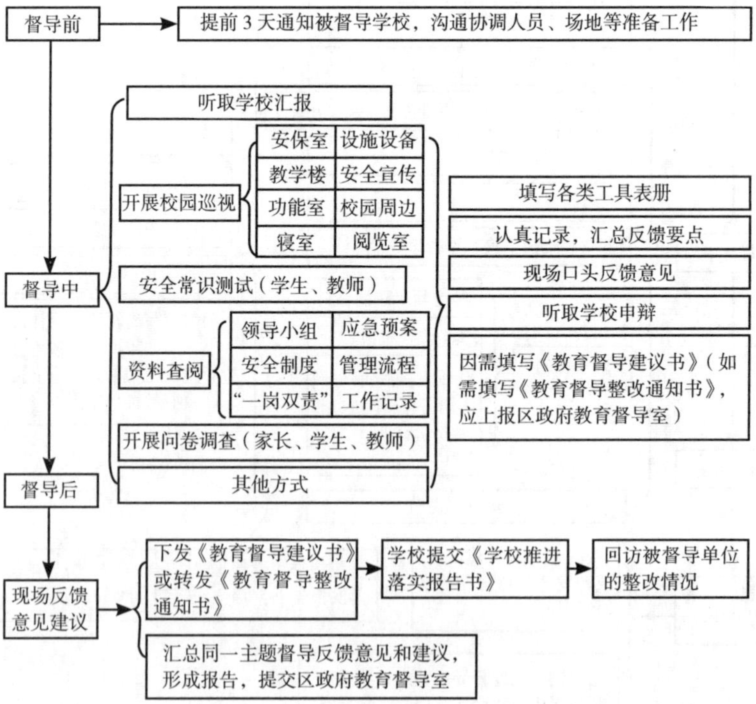

图 3-7 “校园及周边安全情况，学生交通安全情况”主题挂牌督导工作流程图

（二）使用说明

开展校园及周边安全，学生交通安全情况专题督导，主要督导方式有校园巡视、资料查阅、问卷调查和座谈访谈，量化工具有校园巡视督评表、调查问卷、座谈访谈督评表、资料查阅督评表。责任督学原则上按此流程开展督导工作，也可根据实际情况进行调整。督导过程中，针对学校具体情况下发《教育督导建议书》或转发《教育督导整改通知书》，帮助学校强化危机管理意识，提高安全管理水平。

八、“食堂、食品、饮水及宿舍卫生情况”主题挂牌督导工作流程

（一）流程图

“食堂、食品、饮水及宿舍卫生情况”主题挂牌督导工作流程图如图 3–8 所示。

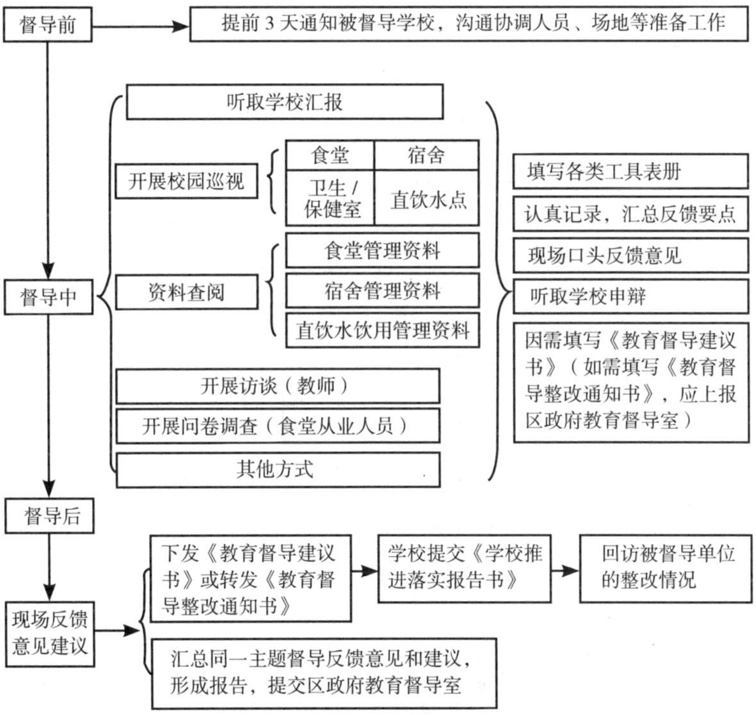

图 3–8 “食堂、食品、饮水及宿舍卫生情况”主题挂牌督导工作流程图

（二）使用说明

开展食堂、食品、饮水及宿舍卫生情况专题督导，主要督导方式有校园巡视、资料查阅、问卷调查和座谈访谈，量化工具有食堂从业人员问卷调查表，校园巡视督评表、座谈访谈督评表和资料查阅督评表。责任督学原则上按此流程开展督导工作，也可根据实际情况进行调整。督导过程中，针对学校具体情况下发《教育督导建议书》或转发《教育督导整改通知书》，帮助学校加强食品、饮水等卫生管理，提高校园卫生安全管理水平。

九、“校风、教风、学风建设情况”主题挂牌督导工作流程

（一）流程图

“校风、教风、学风建设情况”主题挂牌督导工作流程图如图 3-9 所示。

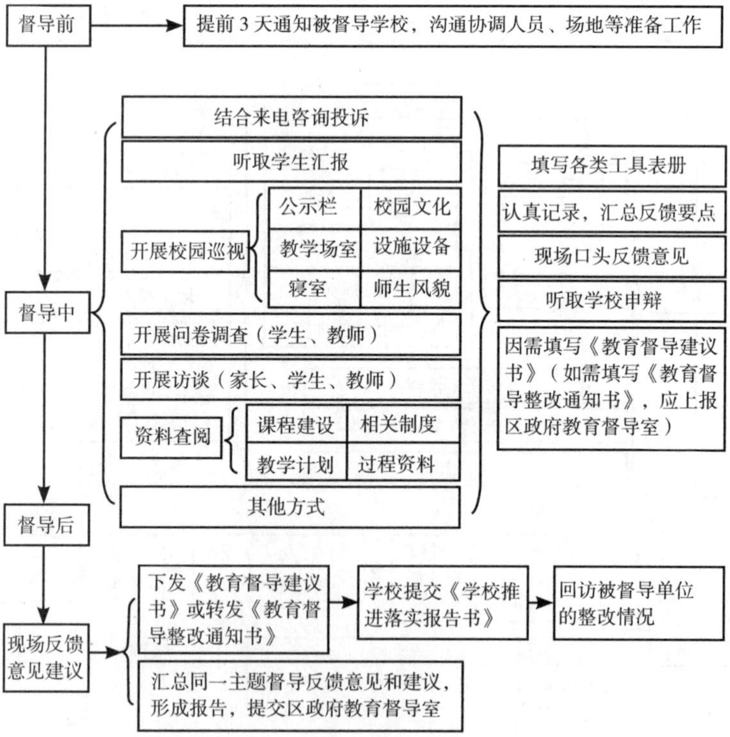

图 3-9 “校风、教风、学风建设情况”主题挂牌督导工作流程图

（二）使用说明

开展“校风、教风、学风”建设情况专题督导，主要督导方式有校园巡视、问卷调查、资料查阅和座谈访谈，量化工具主要有校园巡视督评表、资料查阅督评表等。责任督学原则上按此表开展督导工作，也可根据实际情况对流程中相关事项进行调整。督导过程中，针对学校具体情况下发《教育督导建议书》或转发《教育督导整改通知书》，帮助学校强化“三风”建设，优化育人环境，提升育人水平。

十、案例剖析

【案例一】

规范校务管理　强化制度执行

2018年9月，茶园教育督导责任区督学对学校进行“校务管理和制度执行情况”督导。督导过程中，责任督学全程佩戴工作证，通过问卷调查、校园巡视、听取汇报、资料查阅、座谈访谈等方式，对各校树立依法治校与现代学校治理思想，以教师为本，营造和谐、宽松的民主氛围，以学生为本，落实教育政策法规和学校相关制度，保障学生的合法权益等18个要点进行现场督导。

通过资料查阅，认为各校以章程建设为核心的制度体系建设全、细、实，均能根据办学理念和特色拟定符合学校实际、引领发展、依法合规的学校章程。学校具有规范、可操作的各类管理制度，全面、准确体现学校特色的学校发展规划，发展规划中有实施计划、步骤、自测要求等。通过问卷调查、师生访谈了解到，学校制度的出台能广泛征求教职工意见，对教职工合理的意见建议能及时研究和合理采纳。师生、家长对学校校级干部及管理团队的规范办学和执行力表示高度认可。但是个别学校教职工问卷中存在不太认同“学校职能部门设置合理、责权明晰”和“学校同级部门间运行顺畅，工作高效”的情况。

据此，责任督学提出建议：一是按照规范、精简、高效的原则，科学设置校内职能处室（或中心）；二是权责明晰，内设机构之间一定要定位清晰、职责清晰、任务清晰、要求清晰，忌交叉重叠、多头管理、权限不清；三是加强协调配合，强化机构之间积极合作，建立横向关系，使各项工作顺畅高效完成。针对个别学校“同级部门间运行效率极低”的特殊情况：一是结合近期绩效考核方案的拟定与实施，加强政策宣讲，方案学习，逐条详解，并分别召开座谈会，真心诚意听取意见建议；二是推进各项工作时，除了工作布置、检查与考核，还要讲求工作艺术；三是加强干群融合，增进干群关系。

点评：

牢牢抓住依法治校这一重点，对学校实施“校务管理和制度执行情况”经常性督导，旨在促进学校建立和完善管理制度，构建顺畅高效的运行机制，使办学、管理、教育教学都符合要求，也可进一步健全学校管理、决策及运行机制，厘清师生权利和义务，加强学校与社会的关系，突出制度体系与发展规划引领作用的发挥，全面提升各级各类学校治理水平和办学质量，促进学校内涵发展，推进教育治理能力现代化，构建现代学校制度体系的现实需要。由此，印证责任督学依法督导、规范督导、阳光督导，始终坚持在法治的轨道上运行。

【案例二】

由投诉电话引起的一次专项督导

2017 年 2 月，龙门浩教育督导责任区督学先后三次接到对责任区内某校五年级 × 班班主任的投诉电话。第一次责任督学要求学校立即核实情况并汇报处置结果；隔一天后同一位家长再次投诉，责任督学要求学校马上彻查此事并反馈情况；学校反馈已处置完毕后的第 3 天，另一位家长也投诉该班主任“动手”教育学生现象。

当月，责任区正在开展“学生学习、体育锻炼和课业负担情况”专项督导，这所学校成为该月督导中重点督导的对象。三名责任督学就此事召开专题会，思考、讨论、剖析该事件发生的深层次原因、调查方式及解决办法。

校园巡视、课堂观察结束后，带着问题开展教师、学生集体访谈和问卷调查，特别选择了该校 4—6 年级的学生，有意选择了几位来自五年级 × 班的学生代表。

现场访谈和问卷调查结果表明：参与调查的 80% 的教师和 90% 的学生表示，学校教育教学活动丰富，体锻活动落实到位。但学校拖堂及放学滞留现象严重，占用学生休息时间情况普遍。督学就采集的信息与之前接到的电话内容整合、梳理后，向学校反馈：该校学生课业负担普遍较重，教师教学压力较大，两者互相冲击造成教师与学生、家长之间产生不和谐因素，影响学校教育教学质量与水平的提升，并提出具有可操作性的建议。学校领导高度重视，立即表示：将再次彻查此事以防疏漏，教职工会上明确学校师德师风管理评价标准，明察暗访重点加强对此类事件的督查，完善学校相关管理制度。

半个月后，为了解该问题是否有所缓解或解决，责任督学对学校开展督导回访。根据问题生成评价工具，制作了家长调查问卷二维码，随机选取家长扫码完成。家长问卷结果表明：参与调查的70%的家长对学校关于“减轻学生课业负担”改进的效果整体满意度较高，教师与家长互动频繁，彼此间信任度有较大提升。责任督学再次走进该校，随机选择4—6年级学生共计20名，就半月前的问题进行集体访谈与个别访谈，结果表明：课堂生成富有趣味性，参与调查的95%的学生表示愿学乐学。课堂拖堂及放学滞留现象明显减少，参与调查的95%的学生表示师生关系比之前和谐亲密。教师实施分层作业布置，参与调查的85%的学生表示课业负担能轻松应对。

点评：

国家实行中小学责任督学挂牌督导制度，根本目的是加强对学校教育教学工作的监督、指导与服务，以促进学校提高教育质量，实现教育事业整体优质发展。责任督学严格按照督导工作要求及流程，合理规范实施督导，直面问题、敢于建言。在督导过程中，本着科学合理、公平公正的原则，尽量做到覆盖面有广度、参与面有深度、督评结果有效度，将电话、问卷获取的信息与现场采集的信息比对、梳理和整合，确保为学校提供的督导建议与督评结果真实可靠。

【案例三】

督课堂教学　促专业成长

为了更好地深入各校了解情况，深入教师课堂获取第一手资料，我做了充分的准备工作。首先，认真研读了国务院《教育督导条例》《中小学责任督学挂牌督导办法》《中小学责任督学工作守则》等条例准则，拜读了《教育督导理论与实践》《学区督导：理论、实践与探索》等专业书籍。其次，提前准备了督导方案和针对核心素养落地的课堂观察量表。

2016年10月19日，我们按计划对某小学进行督导。当我走进一位年轻教师的课堂时，她正在为学生讲人教版四年级下册《白鹅》这篇课文，整堂课以串讲串问为主，如：①学生读课文第一自然段，白鹅的高傲体现在哪里？（生：伸长头颈—左顾右盼）②小朋友在陌生环境中是什么心情？（生：紧张）③这只白鹅是谁送我的？（生：一个朋友）④它到陌生的环境没有紧张，而是什么样的？（生：高傲）

我想，在枯燥的一问一答过程中，学生的思维和能力并没有得到明显的提高，教师也并没有在这样的讲授中收获自身的专业成长。因此，我决定针对这种情况说出我的看法与思考，以向学校提供一些帮助，给予一些启发。

课下，我与课中状态不佳的几个孩子分别进行了谈话，了解他们的听课感受、课堂中印象最深的地方以及对教师讲课方式的看法等。我也与执教这堂课的年轻教师进行了交谈，以求证她对本堂课教学目标达成情况的评价、师生互动满意度及对自身专业成长的看法。这位年轻教师对区域进行得如火如荼的课程改革了解甚少，对核心素养的理解几乎一无所知。

在督导反馈会上，面对学校的校级领导、分管教学的中层干部，我中肯地交流了自己课堂观察所得和对该状况的成因分析，并提出督导建议：组织全体教师学习二期课改背景下的核心素养理念，将核心素养的落地纳入学校课程设计，各科教师摸索出聚焦核心素养的教学方式，凝练本校基于核心素养的课堂育人方式，完善课堂改革的保障体系等。他们衷心感谢我的建议，表示高度重视课堂教学改革落地的事情。学校校长还带领相关行政干部当即表态，聘请专家到校对教师们进行培训；整合教科研活动展开探究，举行“中青年教师赛课”，以赛代训，接下来让更多的教师参与改革，深入实践……

点评：

结合区域教育改革形势，规范运用督导工作流程，关注学生发展核心素养与课堂教学的融合，精准实施挂牌督导，提升教师专业能力，提高学校教育教学质量。在督导流程中，根据学校实际情况展开科学合理的督导，在不越职不越位的同时，要善于发现学校的微观细节，通过细节发现问题，提出见解，凝聚智慧，强化指导。

第二节
区域挂牌督导常见方式

一、校园巡视

（一）准备工作

了解学校布局、制定巡视路线、确定巡视重点、准备巡视工具。

（二）目标内容

1. 目标

①通过校园巡视，了解学校在校园环境、教育教学、后勤工作等管理方面存在的问题，提出改进建议，形成反馈意见，及时与学校沟通交流，下发《督导建议书》；对其中的重大问题及时上报督导室，提出整改要求和整改时限，督促学校整改，规范学校办学行为，促进学校内涵发展。

②通过校园巡视提供对学校办学行为、办学水平、教育教学质量的评价信息，为区级教育督导机构开展督导评估提供参考。

2. 内容

①校园环境：巡视师生穿戴是否整齐大方，行为规范，文明礼貌；校务公开栏设置是否醒目，按要求公示；宣传栏内容是否丰富，更新及时；教师办公室各类用品是否放置整齐，环境清洁；教室清洁是否到位、布置得体，黑板报内容是否符合学生实际，正前方是否张贴（或悬挂）国旗；校园里是否存在“乱贴、乱放、乱丢、乱涂”现象，学校环境卫生是否达标，“四害”控制是否达标等。

②教育教学：巡视教师是否按时到岗、准时上下课；教学秩序、课堂纪律是否良好；教育教学语言是否使用普通话、规范字；学生“两操”是否认真，动作是否到位等。

③后勤管理：巡视食堂环境是否清洁卫生；用餐秩序是否良好；是否存在乱倒饭菜现象；厕所管道是否堵塞，水龙头是否漏水，便槽是否及时冲洗且无异味；学生宿舍是否整洁卫生；图书馆及各类专用教室管理是否规范、有序；各类设施设备是否做到使用率与完好率高，无安全隐患；校园内交通标志是否清晰，车辆停放是否规范；是否贯彻禁烟条例，校内无吸烟现象等；校门口交通状况、校园周边200米范围内的安全情况是否良好等。

（三）过程方法

①申报备案：责任区根据工作计划及月预安排向区级教育督导机构申报备案，应结合本次经常性督导主题，分析学校基本情况，确定本次督导采取校园巡视方式。

②方案设计：设计校园巡视路线图、巡视流程及时间安排，有目的、有重点地开展校园巡视工作。

③分工合作：明确人员分工、职责任务、工作要求，实际督导时可根据项目任务和人员实际做必要选择与调整。

④准备工具：校园巡视督评表和校园巡视情况记录表等。

⑤收集信息：预先拟订在督导过程中要收集的相关信息与实证材料（如图片、文字、声像等），明确其信息收集人和处理信息的方式，确保信息的公正、客观、真实。

⑥分析汇总：通过校园巡视，对采集的信息进行梳理汇总、分析诊断，了解学校现状、成绩、问题，分析产生的原因，提出改进的建议。

⑦形成结果：对校园巡视评价结果纳入督导报告，上报教育督导机构。

（四）结果分析

校园巡视通过观察、走访、巡问等多种方式了解学校的环境、文化建设、教育教学、后勤管理等情况，通过对现象的观察与描述，定性分析学校管理的规范有序，学校办学的依法依规等情况，从而发现问题，提出改进建议，促进学校整改，推动学校发展。

（五）工作要求

①校园巡视时佩戴责任督学证。

②校园巡视时要认真、仔细。

③认真记录、整理问题，填写工作记录表。

（六）案例剖析

【案例】

全面调研　科学服务　建言献策　切实改善学校周边环境

——南坪四海小学校门口安全隐患的解决

责任督学接到南坪四海小学校关于门口道路拥挤并存在严重交通安全隐患问题的反映后，两次到校进行实地勘察。

经勘察，学校大门外道路拥挤，存在严重的交通安全隐患，危及师生人身安全。辅向路长约300米，宽约6米，道路为两车道，中间隔离，双向通行。学校伸缩门外马路两侧长期有小区业主私家车、商贸公司的大挂车、废品收购站的装运车、商贩的三轮车随意停放；人行道上，流动摊贩较多，占道经营，随意摆放商品，阻碍了上、放学时段学生及接送家长的正常通行；上、放学时段，伸缩门内路段聚集了大量的学生及接送家长，人车混杂，在一定程度上造成了校门口道路交通拥挤，影响交通秩序；学校两侧（尤其是右侧陡坡）人行道上的盲道在雨天非常湿滑，上、放学时段学生及接送家长行走吃力，容易摔倒，严重影响学生及家长的通行和人身安全。

知晓上述情况后，责任区立即联系学校领导，召开了问题处置研究会，并及时上报区政府教育督导室。在区政府教育督导室的指导下，责任督学在相关法律法规中寻找依据，提出建议：①公安部门依法依规对辅向路车辆乱停现象开展交通秩序整治，确保道路畅通；②市政部门按照规定对人行道上的盲道进行整修，保障行走安全；并在学校大门外安装人行护栏，实行人车分流，避免人车争道；③城管部门对学校周边环境卫生进行整治，解决校门口及周边脏、乱、差现象，提高通行效率，保障交通安全；④学校联合海棠溪街道及所辖四海社区，开展广泛的宣传活动，加强社会公德建设，提升周边居民的文明素养，塑造良好的城市形象。

点评：

责任督学挂牌督导服务于学校，在接到学校反映问题时，缜密分析、深入思考，通过实地勘查，全面调研，以确保信息的准确性、真实性，力求协调多方解决学校实际办学困难。既聚焦核心问题，促进学校内部治理特质的提升，又全面调研、协调多方解决学校实际办学困难，充分体现挂牌督导对现代学校发展的指导与服务，体现责任督学的个人修养与专业水平。

二、课堂观察

（一）准备工作

①围绕主题，结合学校实际，确定观课学科、年段、数量、对象，了解师生基本情况。

②熟悉新课程理念和当前课堂教学改革的趋势，把握课堂教学评价标准。

③了解学校课程改革与课堂教学的发展目标、现状及学校教学常规要求。

④准备观课工具，如课堂教学观察表等。

（二）目标内容

1. 目标

①通过课堂观察指导教师提高教育教学能力，促进教师专业发展。

②通过课堂教学评价指标的导向，及评价结果的反馈，为学校改进办学行为、教育教学管理、师资建设、学生发展、提高教学质量提供参考依据，促进学生、教师、学校发展。

③通过课堂观察，收集学校办学行为、办学水平、教育教学质量的相关信息，为教育督导机构开展区域教育督导评估提供参考依据。

2. 内容

①课前、课后观察内容：教室环境布置、布局、卫生情况，学生行为习惯，作业布置与批改情况，教师精神行为状态等。

②课堂观察内容：学生学习情况、教师教学情况、课堂沟通与互动、课程资源应用、课堂环境、课堂管理、教学常规落实情况等。课堂观察重点根据督导主题、学校实际情况不同而有所侧重。

（三）过程方法

1. 课前充分准备

①与教务处沟通，获取全校课程表和作息时间表。

②确定推门听课的主题或重点。

③确定听课教师、听课班级、学科及时间。

④开展课前观察。

2. 课中认真观察

①在预备铃响前进入课堂。

②专心听课，并认真做听课笔记。

③既要善于发现亮点，特别是值得推广的经验，又要会捕捉问题，尤其是同学科、同年段中的共性问题。

3. 课后交流反馈

①检查教师教案和抽查学生作业本，随机访谈师生。

②小组汇总情况，填写课堂观察记录表。

③与执教教师交流意见，既要发现教师的闪光点，也要直面问题，提出意见和建议。

④向校方反馈情况，并提出改进建议。

（四）结果分析

通过课堂观察，了解教师教学状况、学生学习情况、学校教学管理的情况。运用定性分析与定量分析方法：定性分析描述学校教学管理情况、学生学习状况；定量分析描述教师专业素质与专业能力。

（五）工作要求

①课堂观察时佩戴责任督学证。

②尊重师生，友好交流，真诚反馈。

③课堂观察中不能影响教师的正常教学秩序。

（六）案例剖析

【案例】

聚焦课堂观察 促进教师成长

对责任区内学校进行课程开设和课堂教学情况的经常性督导，尤其注重课堂观察。本次督导事项之一是听一堂小学三年级科学课，课前任课教师并不知道有人听课，完完全全呈现的是一堂非常真实的常规课。在这堂课上，教师让学生用自己的常识测量水温，然后讨论可行性，分析正确与错误的方法，然后再次实践检验。通过学生的互动研究，对课题内容进行深入了解。整堂课气氛活跃，新课改理念在课堂上落实到位。

反观我们的课堂观察督导方式的运用，显得欠成熟。一是对学校课程开设印证资料选取不足，表现在对学校是否按照要求保证各类课程规范开展，只能是有所了解。二是观察教师在课堂中德育渗透不够细致，对要素的提取不足；三是缺乏数据印证，对观课结果的体现不够直观。

在下一次的督导中，我们注重了督导方式的运用，在课堂观察中不放过每一个细节。

首先，我们上课前进入教室，观察教室的布置。学校注重篮球文化氛围的营造，教室中有序摆放好学生的篮球，凸显了篮球文化元素；黑板旁贴有学生的课表和课程时间安排，课程安排符合国家规定，“两课两操”时间保障充分。墙面贴好班级公约等资料，“学生风采栏”中展示了学校运动会等活动。其次，观课中注重观察师生互动情况。既观察了教师教学能力、对学生学习习惯的纠正、学科育德等要素，还观察了学生学习积极性，尤其是学生回答问题次数、学生抽选重复率等方面情况。

课后，我们与教师进行深入反馈：教师在课程设计中需要明确学生分小组讨论的题目、小组分工、讨论秩序等要素，尤其关注课程内容对学生育德的要求。在后期的跟踪改进过程中，我们更直观地给予学校反馈，进一步帮助学校落实改进行为。

点评：

课堂是学校教育教学的主阵地，也是责任督学督导实施的重要阵地。通过课堂观察，有利于及时把脉学校教育教学管理中的不足，及时引导学校教师树立科学的教育质量观、营造良好的育人环境，推进课程改革，服务学校发展。进行课堂观察，要明确听课目的，准确定位角色。要在课堂观察中了解教师教学和学生学习情况、教学常规要求落实情况，透过教学活动情况感知规范办学情况，考察学校管理的实效性。

三、座谈走访

（一）准备工作

围绕督导主题、确定访谈重点、确定访谈对象、设计访谈提纲、准备访谈工具。

（二）目标内容

1. 目标

①通过召开校长、中层干部、教职员工、学生代表座谈会，全面了解学校教育教学管理、学生学习活动等情况。

②通过深入社区、学生家庭及相关社会单位走访，深度了解群众对学校工作的满意度，收集意见和建议，帮助学校不断改进和提升办学质量与水平。

2. 内容

①校务管理和制度执行情况；招生、收费、择校情况；课程开设和课堂教学情况；学生学习、体育锻炼和课业负担情况；教师师德和专业发展情况；校园及周边安全情况，学生交通安全情况；食堂、食品、饮水及宿舍卫生情况；校风、教风及学风建设情况”八个方面。

②结合督导选择的教育重点、难点、热点问题确定关注重点。但关注点要符合督导工作的基本要求，以及服务、监督和指导的工作原则。

（三）过程方法

1. 访谈前：做好相关准备，明确重点，工具到位

①确立重点内容：根据督导工作主题、目的，结合国家和市级政策文件要求，确定座谈访谈的重点内容。

②准备工具量表：根据重点内容，结合实际，设计座谈走访的工具量表，如调查问卷、访谈提纲及相关记录表等。

③确定访谈对象：结合实际，确定访谈对象（校长、教师、员工、学生、家长、社区群众或单位）及访谈人数，兼顾不同访谈对象的学科、年级、年龄、性别等因素，确定访谈方式为个别交流、集中访谈等。

④提前做好沟通：访谈前要与学校领导提前沟通，指导学校做好相关准备，提前安排好时间、地点和相关人员。

2. 访谈中：创造和谐氛围，鼓励说真话，讲实情

①真诚待人：督导活动是一种双边活动，需要督导双方之间建立起一种坦诚友好的新关系。因此，督学访谈时要态度真诚，使被访者产生亲切感，从而缓解紧张心理。

②学会倾听：在访谈中，督学要摆正自己的位置，要尊重、理解学校领导及师生，倾听他们的叙述，这是督学的基本专业素养，也是成功获取信息的必要条件。

③平等交流：在交流中，能尊重对方，适时地保护参与者的平等情绪，可以使沟通效果事半功倍，从而获得双赢。

（四）结果分析

督学要对座谈走访中收集到的被访者及所反馈的相关数据信息进行全面地梳理，归纳要点，提取关键，聚焦核心，客观且公正分析数据信息的信度与效度。访谈分析模式主要有：着重于意义的分析、着重于语言的分析和一般性分析。

（五）工作要求

①座谈访谈时佩戴责任督学证。

②创设良好氛围，适时关注对象的情绪与反应。

③注意访谈对象及访谈内容的保密性。

（六）案例剖析

【案例】

巧用个别访谈　增强督导实效

前不久，茶园教育督导责任区对某小学开展了“食堂、食品、饮水及宿舍卫生情况”专项督导。学校规模不大，环境雅致，绿树成荫，洋溢着浓郁的书香氛围，让我心中顿生好感。在学校后勤主任的带领下，我们巡查了食堂、卫生室和直饮水点等场所，均给我们留下良好印象，墙上标志清晰，管理制度规范，库房通风良好，卫生室设施完备，

直饮水机锃亮洁净……每一处细节都展现着学校在食品、卫生管理工作中的细致用心。接下来的资料查阅环节，也堪称无懈可击。

带着对这所小型学校的喜欢和敬畏，我们和几名学生代表开始访谈。孩子们很自信，也很健谈。我们按照提纲进行访谈，和孩子们交流得很愉快。孩子们不断表达他们对后勤工作的满意，对校长、教师、工人师傅的敬爱。临近结束时，我问了访谈提纲中的最后一个问题："你们对学校食堂、食品、饮水、卫生等工作还有什么意见和建议吗？"我原以为，孩子们一定会争先恐后地表态——没意见。一个孩子怯怯地说："老师，我说的不是意见，我只是希望以后能派固定的同学到食堂提取饭菜。"我马上调整思路，对这个问题进行了深入了解。当听到我问为什么要派固定的同学到食堂时，几个同学都活跃起来，七嘴八舌地说道："食堂太窄，站不下那么多人。""有些同学不是老师安排提饭菜的，他是到食堂去玩。""人多了，挤来挤去，经常会把饭菜打翻，有时还会倒在同学身上。"我意识到，先前对这所学校先入为主的好感让我敏锐度下降，差一点与这个重大安全隐患失之交臂。多亏最后的个别访谈，帮助我们了解到这个重要情况，及时协助学校化解安全隐患。

随后我们向学校领导反馈了此项情况，提出督导建议，发出督导建议书。学校落实推进举措，填写推进落实报告。一周后，我们到校回访，孩子们在教师的组织下，安静有序地打饭、进餐，展现出了良好的就餐礼仪和行为习惯。

点评：

座谈访谈是督导实践中人际交流频度最高的活动，是人与人的信息交流、思想碰撞、问题探究。认真做好个别访谈的提纲设计、问题引导和信息梳理，是督学专业能力的体现。访谈技巧很重要。一是精心设计，层层递进。责任督学要想真正全面深入了解学校实情，听到真话，防止访谈活动流于形式，挖掘到隐藏在表面之下的实质问题，就必须结合督导主题，针对学校发展实况及不同层面的访谈对象，精心设计访谈提纲，逐步深入，切忌泛化、浮于表面。二是积极引导，深入交流。在访谈过程中，督学还应巧妙设计访谈问题，积极引导访谈对象深入思考学校工作实践中存在的难点热点问题。交流中，督学提出的一些建议应具有前瞻性与建设性，对学校工作开展有很大帮助。三是善于总结，合理建议。要善于从不同类别的访谈人员谈话中梳理总结，找到不同类别人群对某个问题看法的共性和个性。再结合访谈中收集到的信息帮助学校找准问题，给学校提出相应督导建议，增强督导工作的实效性。

还可以随机访谈、电话访谈。电话访谈更有利于收集到更为全面真实的信息，但由于不能把控周围环境，及时捕捉访谈对象表情，操作上相对要复杂一些。

四、问卷调查

（一）准备工作

围绕督导主题、设计调查问卷、确定调查样本、确定调查方式、准备相关工具。

（二）目标内容

1. 目标

（1）收集信息

通过开展教师、学生和家长的问卷调查，广泛收集督导评估所需要的第一手数据和信息，作为全面和深入了解学校办学基本情况、教育教学管理工作及某项具体工作的印证。

（2）支撑评价

通过对问卷调查中收集到的数据和信息进行分析，得出有用的结论，为督学对学校某项工作做出定性与定量评价提供支撑。

（3）帮助改进

通过问卷调查，收集教师、学生、家长和社会对学校办学的满意度，以及意见、建议，由督学分析汇总后反馈给学校，帮助学校有针对性地改进工作，提升办学质量。

2. 内容

“教师问卷”应重点关注：学校管理、制度建设、课程与教学、教师发展等内容；“学生问卷”应重点关注：课程与教学、学业负担、教师师德和学习生活状态等内容；“家长问卷”应重点关注：学校校风、安全管理、办学规范等内容。

（三）过程方法

1. 编制问卷

根据督导主题和督导目的，确定调查对象，遵循问卷设计的原则和标准，编制高质量的调查问卷。

（1）主题突出

根据调查的目的，设计含义清楚和简明易懂的问题，注意避免问题过于笼统、含糊，指示不明确。

（2）结构合理

问题排列应有一定的逻辑顺序，符合回答者的思维习惯。一般是先易后难、先简后繁、先具体后抽象。

（3）通俗易懂

问卷应使回答者一目了然，并愿意如实回答。问卷中语气要亲切，符合应答者的理解能力和认识能力，尽量避免使用专业术语。对敏感性问题采取一定的设问技巧，使问卷具有合理性和可答性，避免主观性和暗示性，以免答案失真。

（4）长度适宜，内容适宜

问卷设计要避免需要询问的信息遗漏，同时也要注意问题不要过多、过繁，避免可有可无的问题，完成问卷的时间尽量控制在20分钟以内。

（5）便于统计

便于资料的校验、整理和统计。同时，一份完整的调查问卷应包含标题、问卷说明（卷首语）、信息采集点及答案选项、编码号、致谢语等内容。

2. 实施调查

①开展试测：问卷设计后，对调查对象开展试测，统计、分析试测数据。

②校对完善：根据试测情况，校对问卷，修订完善。

③实施调查：根据调查目的，确定抽样方式，如随机抽样、分层抽样、多段抽样等；根据督导学校规模，确定抽样比例和样本数量；根据实际情况，确定问卷调查的具体方式，如自填问卷、邮寄问卷、网络问卷等。

以到校现场问卷为例：

发放问卷：采取集中或分散的方式发放调查问卷。集中发放问卷是指将调查对象分类集中，由督学当场发放、当场填答、当场回收调查问卷的方式，其优势在于对问卷调查的目的、意义和相关情况可进行集中说明，被调查者当场填写问卷，有不明白的问题可以当场提问和解答，易于取得被调查者的合作，但要注意防止被调查者们在集体场合下填写问卷时的相互干扰。分散发放问卷的方式比较适合于教师、家长问卷，由督学发送二维码至随机抽样对象，其在手机或PC端填答后统一回传。

回收问卷：对回收的问卷，在剔除无效问卷的同时要统计有效问卷的回收率。保持一个较高的问卷回收率（即有效问卷率），也是我们获得真实可靠资料的保证。一般来说，回收率如果仅有30%左右，资料只能作参考；50%以上，可以采纳建议；当回收率达到70%及以上时，方可作为督导或评价结论的依据。因此，问卷的回收率一般不应少于 70%。另外，如有可能，可以做小范围内的跟踪调查或访谈调查，了解未回答问题那部分被调查者的真实看法，防止问卷结果分析的片面性。

（四）结果分析

问卷调查分析方法有定性分析和定量分析两类。

①定性分析是一种探索性调研方法，目的是对问题定位或分析提供比较深层的理解和认识，或利用定性分析来定义问题或寻找处理问题的途径。定性分析适用于小样本的问卷统计，且对督学的专业水平要求较高。

②定量分析，首先要对问卷进行数量化，然后利用量化的数据进行分析，如利用百分比、平均数、频率等来进行分析，并将分析结果作为定性以及督导结论的数据支撑。

（五）工作要求

①问卷调查时佩戴责任督学证。

②注重问卷调查的真实性，严禁弄虚作假。

③注意问卷的保护与保密。

（六）案例剖析

【案例】

行走在培训班的路上

2018 年 5 月 18 日，南坪第一教育督导责任区督学走进 ×××× 小学，开展“学生学习、体育锻炼和课业负担”经常性督导，通过听、看、查、访、验等多种形式了解学生学习状态、体育锻炼、课业负担情况。通过调查问卷了解到，学校为减负提质提出了整合课程内容、改进教学方法、创新评价方式、提高作业质量等减负提质措施，但仍有 9.41% 的学生不认同“课业负担较轻”的说法。如图 3-10、图 3-11 所示。

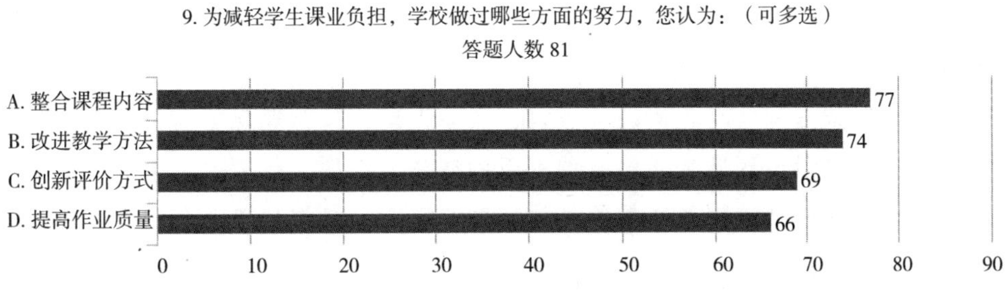

图 3-10 教师问卷：学校减负提质调查

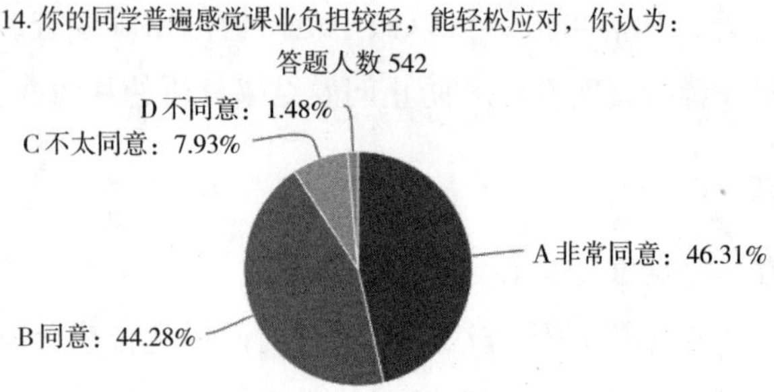

图 3-11　学生问卷：课业负担调查

这部分孩子的课业负担究竟源自何处呢？我们从以下几个方面做了相关问题的关联分析。

一是家长问卷分析。从家长抽样问卷数据来看，孩子周末参加兴趣辅导班的人数为 509 人，占抽样总人数的 74.74%。二是意见建议梳理。梳理学生问卷，汇总孩子对家长的意见和建议：大多数孩子希望周末少报补习班、兴趣培训班等，多一点休息时间和自由时间。三是访谈印证。为了进一步验证问卷中的数据和信息，在与学生代表访谈中特意了解孩子参加兴趣培训班的情况，4—6 年级 6 个学生代表，每个孩子都参加了至少 3 项培训班，有的甚至高达 5~6 项。无独有偶在教师访谈中，一位教师介绍班里一位孩子这样评价自己的课余时间——“一直行走在培训班的路上”。

通过对家长问卷数据的定量分析和学生问卷意见建议、学生访谈记录信息的定性分析，我们初步得出结论：造成学生课业负担不合理的原因之一在于过多的兴趣培训班。家长们的“热情”“愿望”“跟风”“攀比”“盲目”一步一步吞噬着孩子的快乐时光，掩埋了孩子憧憬的自由。归根结底，在于家庭教育方法的不适当。

反馈会上，我们把问题的相关数据及采集的信息一一呈现给学校，并得出结论：校内减负，校外增负，建议学校高度重视这一现象，以家长为突破口，多维度、多途径帮助家长树立正确育人观念，促进家长科学、合理地安排孩子的课余时间。学校充分采纳了这一建议，并落实了相关举措。

点评：

问卷调查法是一种结构化的调查方式，点多面广，较为客观。其结果经过统计处理和分析后，能在很大程度上了解被调查者的想法、态度、行为。本案例中运用问卷调查方式，通过对问卷数据及相关信息的梳理与整合，对学生课业负担产生原因进行较为准确的判断，帮助学校以家长为突破点积极作为，逐步实现减负提质，促进学生身心健康发展。

五、资料查阅

（一）准备工作

①查询与本次督导相关的政策文件。

②明确查找内容，梳理资料查阅信息列表。

③把握资料查阅关注要点。

④可提前与被督导学校联系，告知查阅资料信息列表中的重点内容，以便学校先行准备相关资料。

⑤准备资料查阅工具，如：资料查阅记录表、记录用纸、笔等。

（二）目标内容

1. 目标

责任督学根据督导主题内容收集查看与其相关的反映学校师生教育教学活动、后勤保障状况、学校管理情况等材料，进行分析评判后，客观、全面地纳入督导评估意见。

2. 内容

根据督导主题，责任督学查阅资料的主要内容涉及学校校务管理、财务管理、教学管理、人事管理、后勤管理等方面的规章制度，学校有关会议和活动记录、学生学籍档案、财务账目、教师教案、学生作业等。

（三）过程方法

①明确类别内容：围绕督导主题，确定查阅重点、查阅途径和方式。

②准备相关工具：根据督导主题，准备资料查阅记录表及相关工具等。

③开展资料查阅：被督导学校根据资料查阅记录表中的督导主题及资料查阅信息列表，提供出相关资料，责任督学进行资料查阅，并做好相关记录。根据督导工作需要，在督导小组会商后，必要时可对相关资料进行照相、复制等。

④梳理汇总分析：围绕督导主题对所获取的资料信息进行梳理汇总，去掉重复、过时、无用的资料信息，并进行情况分析。

（四）结果分析

通过对学校日常管理与办学各方面资料的查阅，了解学校管理现状与成效，运用定性分析与定量分析，描述学校资料的真实性、一致性、全面性、有效性。

（五）工作要求

①资料查阅时佩戴责任督学证。

②尊重学校办学特色，不宜公开的信息要严格保密。

③甄别资料的真实性与有效性。

④必要情况下，可追问、查阅需印证反馈意见和建议的相关资料。

（六）案例剖析

【案例】

从学生作业中“督”什么?

一次，来到一所中学督导，我们随机查看七年级一个班的语文、数学、英语作业，包括学生所有课内课外作业。就这个班的情况看，语文、数学、英语的课后作业类型多样：有书面作业、阅读作业、绘制的数学思维导图、数学几何图形设计、班级小报等，督导现场反馈中我们就学生作业汇总体现的学生课业负担情况与学校进行了交流和沟通，特别是学生单科作业量和作业总量的问题，以及作业量的调控机制建立问题等。就学生作业设计中体现了教师的敬业态度、工匠精神、专业水平和能力方面也大大点赞，如数学作业“积分制”评价方式；语文作业目录页让“作业”走向“作品”；项目制作业培养学生团队合作、实践能力等。督导另一所农村小学，学校规模不大，1—6年级共6个班级，学校很重视，将所有年级所有学科的课内外作业都收了上来，我们仔细查看。总体看，教师批改及时，全批全改，有批改有评价。有的教师精批细改，面批面改，评价既有等级评定，又有描述性评语。多数教师做到复批复改，批改符号清晰，批改态度认真；学生作业格式规范，书写工整，作业本干净整洁，纠错及时。学校常规管理落实较好，每个月都对教师的作业布置和批改情况进行了检查和考核，但是记录比较简单，缺少对教师作业布置情况、批改情况中的亮点和不足，以及对改进建议落实情况的详细描述。督后，我们就这一问题向学校反馈，建议进一步强化作业设计、作业批改标准方式研究，强化学生学习习惯的养成教育等。

点评：

《中小学校责任督学挂牌督导规程》第八条规定，责任督学可查阅学校校务管理、财务管理、教学管理、人事管理、后勤管理等方面的规章制度，学校有关会议和活动记录、学生学籍档案、财务账目、教师教案、学生作业等。”督导学校实施素质教育情况、教育教学水平、教育教学管理情况是执行督导工作规程的总要求，是挂牌督导的重要方式和途径，也是责任督学的基本职责和工作内容。通过学生作业可以了解学生学习、教师教学、教学管理，为学校提高教学质量提供真实情况，建言改进举措，从而促进学校更好发展。

第三节
区域挂牌督导结果呈现

一、督导报告

经常性督导结束，责任督学应当向教育督导机构提交督导报告。经常性督导报告是责任督学根据指标体系，按照督导规程，通过校园巡视、课堂观察、资料查阅、问卷调查、座谈访谈等督导方式，对学校实施挂牌督导后，结合所获取的信息进行分析判断，形成的具有指导性和权威性的文书，具有十分重要的地位和作用。

（一）格式要求

一般来说，督导报告应当涵盖以下几个部分。

①标题。一般由“关于 + 范围 + 主题 + 报告类别”组成，如《关于南岸区中小学“校务管理和制度执行情况”经常性督导报告（2018—2019 学年上期）》《关于珊瑚康恒小学校“大单元备课”协作督导报告》。

②概述。主要是把该次督导的基本情况作一个简要的介绍，包括时间、地点、对象、内容、督导人员的组成，以及督导依据、督导方式和使用工具等，概述的标题不一定呈现，直接作为报告的首段也可。

【示例】

一、情况概述

2019 年 4 月，根据督导室工作要求及责任区工作计划的安排，四位责任督学以校园观察、问卷调查、查阅资料、访谈座谈等方式对责任区 9 所学校开展了“教师师德和专业成长”重点主题督导工作。在督导中，查阅相关制度 877 个，听了 24 节随堂课，查阅作业 3047 本，访谈了教师 72 人、学生 80 人、家长 20 人，收回学生问卷 4813 份、家长问卷7102份、教师问卷577份。

在督导过程中，四位督学全程佩戴督学工作证，通过校园巡视、查阅资料、座谈访谈和问卷调查、意见反馈等方式进行现场督导，在校园巡视过程中，重点对学校师生的精神风貌进行了观察。通过座谈交流，详细了解学校在教师师德和专业成长方面的具体举措，并针对学校反映的突出问题进行政策分析和解答，积极做好意见搜集和反馈。

③总体评价。总体评价是基于督导内容对被督导单位“做得怎么样”作出的概括性描述，用精练的语言、准确的判断、鲜明的观点，综合归纳督导发现的全部情况，为后面的具体描述奠定基础。总体评价要特别注重适切性，凸显整体性和个性，还要避免与后面内容的过多重复，文字量不宜过大，一般应控制在300字左右。报告中是否撰写这一板块，可以根据实际情况确定。

【示例】

二、总体评价

督导结果显示，责任区内的学校师德建设总体方向明、思路清。坚持以党的十九大精神，尤其以习近平总书记在全国教育工作会上的讲话精神为指导，加强教师师德建设；学校以党风建设带干部作风建设，以干部作风建设带教风建设。以“新时代中小学教师行为十不准”为指南，强化师德，落实立德树人。以“上好每一节课、善待每一位学生、感动每一位家长”为要求，使学校师德师风建设基本做到了系列化、制度化、规范化。学校强化教师专业发展，拟定了教师专业发展规划，坚持校本培训，以师徒结对、教师论坛等形式，促进教师专业成长。

调研过程中也发现部分学校不同程度存在少数教师使命感和成长意识不强，部分青年教师对职业的坚守性不牢，学校的教师师德和专业发展的培养机制不够完善，“工学矛盾”在一定程度上影响专业发展等问题。

④报告的主体部分。一般是“成绩与经验”“问题与不足”“意见与建议”这三个板块，根据督导对象或内容的不同，可以有所调整。如对办学特色明显的示范性学校的督导，为总结学校办学特色以便于其他学校学习借鉴，“成绩与经验”可以改为“经验与特色”。“问题与不足”需要责任督学抓住办学中存在的影响学校内涵发展的重点问题，择要进行梳理，分析成因，进行阐述。“意见与建议”由责任督学根据梳理出来的问题，

提出相应的处置意见或改进建议。意见与建议要能回应、解决所提出的问题，不可出现部分问题无意见和建议，或者相对应的意见和建议并不能解决问题、改进不足情况。但是，可以根据教育发展形势，补充提出意见和建议，体现与时俱进观念。督导报告应体现问题导向促进学校工作改进，关于“成绩与经验”“问题与不足”“意见与建议”均应充分阐述，三部分内容比例可大致相当。

【示例】

三、经验与做法

通过到校督导，我们感受到了不同学校的办学理念和风格，也惊喜地发现了不同学校在教师师德和专业成长情况上的亮点，现将走访的学校的经验做法总结如下：

在师德、师风方面：学校教师具有良好的教师职业道德修养，有爱心、责任心和耐心，团队有集体荣誉感和合作精神，表现出积极向上的精神风貌，如 ××× 学校教师们签订了《师德承诺书》等，学校注重对教师师德、师风的培训与督促。

在专业发展规划方面：每个教师拟定了个人发展规划，如 ××× 学校的教师成长袋，××× 学校的教师成长规划等。教师们成长有方向、有目标，同时又有切实可行的操作方法。同时，学校在专业成长上，也制定了五年发展规划，为教师搭建平台，多元化、多渠道地对教师专业成长进行培训和引领。

在课堂教学方面：学校教师在课堂上的教学行为规范，备课充分，教案达标，按要求进行备课；教师在课堂上充分体现了以学生为主体、教师为主导；教师素质高，课堂气氛热烈，师生表现出积极向上的精神风貌。

在作业批改方面：绝大部分教师精批细改，对学生的作业做到了三个必须，即“有发必收、有收必改、有错必纠”。教师在批改作业时书写学生评语时体现出人文关怀，达到了启智启心的作用。

在学风、教风、校风方面：通过各项数据汇总，了解到 9 所学校学生对学校的认同度和教师的管理满意度较高，教师对学校的校务管理认同率平均达到 97%，佐证 9 所学校的教风、学风、校风良好。

四、问题与不足

（一）三大因素影响教师的专业发展

一是家长、社会对学校和教师的期望值太高，短期发展效果难以达到家长、社会的期望值。二是压力大，学校对教师进行师德考评、业绩考核、竞争上岗等，给教师带来较大的压力。三是“工学”矛盾是教师产生职业倦怠，影响教师专业成长最突出的问题。问卷中有67.94%教师认为影响教师专业发展的不利因素主要是存在“工学”矛盾。访谈中，教师也反馈出工作任务重，加之会议多、检查多、填表多、杂事多，难以应付，无多余时间进修提升。

（二）教师师德和专业发展的培养机制不够完善

学校重视教师师德和专业发展，各校均建立了相关工作机制。例如与全体教师签订了师德责任书，制定了教师专业发展规划，但是大多缺乏过程管理，缺乏对结果的评估，缺乏对教师培养的层次性，教师的专业成长目标不清晰，教师的专业发展存在随机性。

（三）少数教师使命感和成长意识不强

在调研了解中，发现教师的使命感和专业发展意识不尽人意。53.9%的教师反映出存在职业倦怠感，其中9.88%的教师反映出职业倦怠感较重。26.34%的教师在最近两年以来没有承担公开课（研究课、示范课）。54.94%的教师最近两年没有论文发表，17.33%的教师近三年未参加或者负责过课题研究。喜欢阅读教育类书籍的教师只占4.85%。

五、意见与建议

（一）进一步强化工作统筹，做到减负提质、科学安排

2019年是国家提出的“基层减负年”，一是学校要加强工作统筹，合理安排。各类学习会议要简明扼要地谈要点,既让教师好记载,又节省时间,体现注重实效,开短会。二是学校从工会角度开展利于教师宽松愉悦的工会活动和心理辅导讲座，给予老师心理减压，营造宽松、上进的工作环境。

（二）进一步强化落实教师师德和专业发展措施

一是进一步指导好教师专业发展。尤其要指导青年教师拟订好个人专业发展规划，做到青年教师成长有方向，目标有指向、要求有考核、成长有激励。建议以表格的形式引导青年教师从五个方面制定好个人发展规划：个人基本情况分析、专业发展的优劣势、专业发展目标、专业发展举措、专业发展达成情况对照小结。二是进一步加大骨干教师的培养力度。学校制定骨干教师培养规划，做到目标明确、措施有力，多渠道培养。做到人对人、点对点、快速培养。三是进一步加强教师专业发展团队建设。在网络问卷中，有部分教师认为影响专业发展的不利因素之一是“教师间缺乏合作、交流氛围”的占31.72%，尤其是青年教师渴望教师间的合作交流，更利于他们的专业成长。为此，建议学校搭建更多的专业发展平台，如课堂教学研讨、教学科研、课题分享、教材解读、学法研究等形成大家参与的、共同研究的专业发展氛围。同时，以

团队考核的方式，考核教研组、年级组、学科组，营造教师共研共进、团结向上的专业发展团队氛围。

（三）进一步强化教师责任意识，促进教师专业成长

教师师德是学校发展的永恒主题，应做到：持之以恒、常抓不懈。既要用榜样激励人，又要多措并举给教师创设良好的成长环境。一是建议学校开展以“讲师德、练师能、铸师魂”为主题的教育活动。进一步提高教师对职业的专注力，保持好的定力。做到爱岗敬业，用爱心、耐心、精心育人的职业精神落实在教育教学工作中。二是以校本培训为主阵地，通过“教师论坛”“学习赛台”等活动载体，促进教师素质提升。以教材解读、教材开发、“下水写作”等方式促进教师专业成长。以师徒结对、教学大赛、校际交流、同课异构等平台打造合格课堂，使教师站稳讲台，增强教师育人技能。以每月校本督导，教学常规管理、强化教师廉洁从教、科学育人。

（四）进一步完善教师管理机制

教师是知识分子，而知识分子最大的特点是渴望得到尊重与信任。为此，建议学校多思考，多建立结合教师工作实际，看得见、摸得着、易操作、易考核的调动教师前行上进的激励机制。

教师师德和专业发展的建设，既需要制度的管理，更需要人文的管理。而人文管理的落实、高尚师德的塑造、专业素质的发展、多彩活动的开展，使教师重新找到了职业的幸福感，当教师在工作中得到了发展、获得了理解、感受了成功、体现了价值，那么也就找到了“幸福感”。一旦教师有了一点“幸福感”，就不会把工作仅仅看成谋生的手段，而是作为自我发展的有效途径，是一项值得付诸奋斗、努力的事业。当这种主动性和创造性得到充分发展时，教师才能真正感受到职业中的幸福，才会幸福孩子、幸福家庭、幸福社会，实现办好人民满意的教育。

⑤报告的附件。附件是督导报告的必要补充，包括督导过程中产生的问卷汇总分析、观课汇总分析等材料，用数据与事实帮助学校深度了解自身发展现状，有利于学校结合实际用好督导报告，采取相关举措，务实推进工作。

（二）内容要求

①真实性。真实性是督导报告首要的、最大的特点。所谓真实性，就是尊重客观事实，基于数据、用事实说话。

②针对性。督导报告是基于主题督导下撰写的报告，因此督导工作中就具有很强

的针对性，在督导报告的写作上，必须中心突出，明确提出所针对的问题，摆出这一问题所获得的事实材料，分析问题的症结所在，提出具体可行的建议和对策。

③典型性。典型性是指在督导报告的写作过程中所采用的事实材料要具有代表性，以及所揭示的问题要带有普遍性。

④指导性。督导报告的指导性是指撰写的报告必须具有说服力，对基层学校工作的改进和推动要有一定的指导意义。不需要事无巨细，面面俱到，而是抓住问题的本质和主要方面，客观分析情况，中肯提出建议。

二、调研报告

（一）格式要求

1. 标题

①公文式标题。公文式标题由事由和文种构成，平实沉稳，如《关于校务管理和制度执行社会满意度调研报告》；也有一些由调研对象、事由和文种构成，如《南坪第一教育督导责任区关于学生课业负担现状调研报告》。

②一般文章式标题。一般文章式标题直接揭示调研报告的中心，十分简洁，如《学校亟待提高教师管理水平》。

③提问式标题，如《校外培训负担何时休》。这是典型调研报告常用的标题写法，特点是具有吸引力。

④正副题结合式标题，这是用得比较普遍的一种调研报告标题。特别是典型经验的调研报告和新事物的调研报告的写法。正题揭示调研报告的思想意义，副题表明调研报告的事项和范围，如《坚持科学办学 提升学校影响力——弹子石教育督导责任区2018年社会满意度调研报告》。

2. 前言

前言一般介绍调研的缘由、目的、时间、地点、范围和方式，概述调查对象的基本情况、历史背景以及调查后的结论等。可依据调研目的进行取舍，不必面面俱到。

【示例】

茶园教育督导责任区关于“课程开设和课堂教学情况”满意度调研报告

一、导言

为进一步深入了解教师、学生、家长对“课程开设和课堂教学情况”的满意度，掌握学校教育教学工作实际情况，更好为区人民政府和区教育行政部门的决策提供参考依据，根据南岸区人民政府教育督导室工作要求，2018年11月1日至2019年11月30日，茶园教育督导责任区督学以问卷调查的方式，开展了学生、家长、教师代表对学校教育教学工作的满意度调查。

二、调研对象、工具、内容

“课程开设和课堂教学情况”满意度调研对象为茶园教育督导责任区的8所学校：南坪中学校、十一中金科学校、长江初级中学校、弹子石小学校、龙门浩小学校、珊瑚中铁小学校、城南家园小学校、巨成金竹希望小学校。调研学校学生总人数构成情况见图1。

“课程开设和课堂教学情况”满意度调研问卷内容涵盖专业理念与师德、专业知识、专业能力三大方面，分别通过对学生、家长和教师三类对象采用网络问卷方式进行。其中，学生问卷一共有7个封闭式问题、1个开放式问题；教师问卷一共有5个封闭式问题、1个开放式问题；家长问卷一共有4个封闭式问题、1个开放式问题（见表2，表略）。

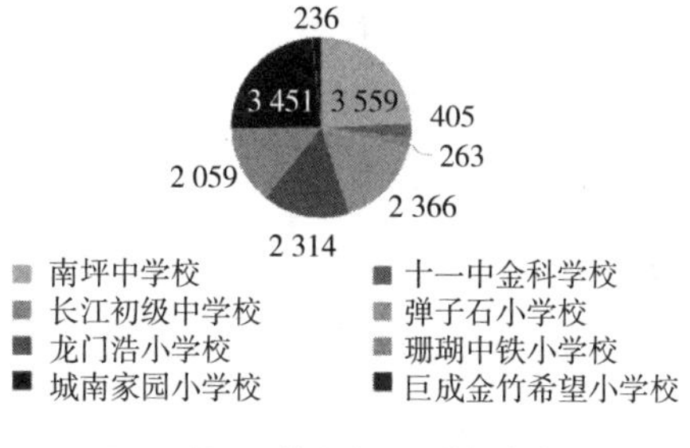

图1　调研学校学生总人数构成情况

3. 主体部分

主体部分是调研报告的主干和核心，是结论的依据。结构上可有三种形式，即横式结构、纵式结构、综合式结构。横式结构是归纳成几个问题来写，每个问题可加上小标题。纵式结构可按事件发生发展的先后次序行文，也可按成绩、原因、结论层层递进的方式安排结构。综合式结构，一般是在叙述和议论发展过程时用纵式结构，而写收获、认识和经验教训时采用横式结构。

【示例】

三、调研情况分析（提纲）

（一）总体满意度

茶园教育督导责任区8所学校参与学生问卷1952人、家长问卷2660人、教师问卷315人。调查数据显示，茶园教育督导责任区教师师德的总体满意度较高，达到90.8%。进一步分析发现，总体满意度高于90%占比达到72.7%，总体满意度为80%以上占比达到81.8%，说明本责任区满意度总体较高，但是也存在极少数学校满意度不够的情况。

（二）不同模块满意度

对不同模块满意度进行统计，对教师的专业理念与师德、专业知识、专业能力满意度总体较高，从高到低是专业理念与师德、专业能力、专业知识。

对专业理念与师德的总体满意度为96.32%。其中，满意度达80%以上的占比100%。

对专业知识的总体满意度为81.71%。其中，满意度达80%以上的占比66.67%。

对专业能力的总体满意度为93.15%。其中，满意度达80%以上的占比100%。

（三）各个题目上的满意度

总体看，各个题目的满意度都比较高，第5、6、9、10题为80%~90%，第1、3、4、7、8、11题超过95%。其中教师教学满意度最高为99.2%，其次教师师德师风满意度为98%，其他各题的满意度都介于90%~95%。

（四）不同类型学校的满意度

参加本次调研单位有小学5所，中学3所，对两种类型学校满意度进行比较，小学总体满意度为90.7%，中学总体满意度为90.5%。

从不同类型学校在三个模块的满意度来看，各中学满意度在90%以上的有专业理念与师德、专业能力两个模块，专业知识模块小学满意度为79.6%，中学满意度为80.7%。

4. 结尾

结尾可总结主要观点，深化主题；可提出努力方向，进行展望；可提出意见建议，供领导参考；可提出待今后解决的问题；可补充交代其他值得重视的情况或问题。结尾要简洁有力，没有必要也可不写。

【示例】

四、结论与建议

数据显示，本责任区内学校课程设置规范，校本课程丰富；教师教学方法得当，课堂管理有效；师生关系融洽。但也存在偶尔挤占艺体课程现象、作业设计布置有待科学规范、“减负提质”效果有待提升等问题，建议如下：

1.进一步加强教学常规管理。开齐开足开好各类课程，严格按课表上课，不随意占课、调课，加强过程性检查和督促。

2.进一步规范学生作业情况。依据相关规定严格控制作业量，精心设计基础性作业，适当增加探究性、实践性、综合性作业，让枯燥的作业变得更灵活、更有趣。

3.进一步提高认识增强本领。引导教师树立正确的教育观和质量观，积极推广应用优秀教学成果，教会学生逐步形成自己的高效学习方法，探索提升单位时间内的学习效率，提升减负提质效果。

5.附件

附件包括调研工具、样本数据分析、参考政策文件及图书文献目录、印证资料、调研方案、过程照片等资料，可择要纳入调研报告附件，便于读者查阅以求更深入了解情况。

【示例】

附件：

1.“校务管理和制度执行状况”教职工问卷及样本分析

2.“校务管理和制度执行情况”家长问卷及样本分析

3.“校务管理和制度执行情况”专项督导中小学生调查问卷及学生问卷样本分析

4.抽选范围内各校教职工、家长、学生基本信息表

5.现场调研活动照片

（二）内容要求

①情况类调研报告：情况分析要准。一般采用公文式标题。主体部分往往采用横向结构。写法上偏重于反映客观情况，分析研究的成分相对少一些。如《关于校务管理和制度执行社会满意度调研报告》，重在情况介绍及分析，同时也提出相应的对策建议。

②问题类调研报告：问题分析要透。一般包含主要事实、产生原因、危害程度、

对策建议，如《南坪第一教育督导责任区关于学生课业负担现状调研报告》，重点介绍存在问题及原因分析。

③经验类调研报告：经验提炼要足。其内容主要包括基本情况、突出成绩、具体做法、主要体会等，如《关于×××学校传承中华优秀传统文化情况调研报告》，重点介绍了学校推进中华优秀传统文化传承的做法和成效，同时也简要介绍发展概况、面临的问题和制约因素、思考与建议。

④其他类调研报告也各有侧重。

三、督导案例

要求

1. 选题

①督导工作流程中（督导前、督导中、督导后）采取的具体举措及感受。

②督导工具、方法使用（如座谈访谈、问卷调查、资料查阅、校园巡视、课堂观察等）的体会与改进建议。

③督导工作制度建设、指标研发、资源共享等方面开展工作的方法与体会。

2. 格式

题目（居中、黑体、三号）
（空1行）
作者单位、姓名、电话号码（居中、宋体、小四号）
（空1行）
【案例背景】（顶格，仿宋，四号，加粗）
内容（首行空两格，宋体，小四）
【案例描述】（顶格，仿宋，四号，加粗）
内容（首行空两格，楷体，小四）
【案例评析】（顶格，仿宋，四号，加粗）
内容（首行空两格，仿宋，小四）

3. 内容

①案例背景：叙述案例的基本情况，提出案例反映的问题等。

②案例描述：描述督导片段，具有真实性、典型性和普适性。

③案例评析：针对案例描述作点评与分析，体现案例的启迪作用。

【示例】

播撒智慧　共享精彩

——做好挂牌督导中的反馈工作

【案例背景】

《中小学校责任督学挂牌督导工作规程》中提出，责任督学应针对发现的问题提出改进建议，形成反馈意见，及时和学校沟通交流。督导反馈是进校实施挂牌督导的最后一环节。在这关键一环里，督导组要对被督导学校作出客观公正的评价，提出具有指导性和建设性的意见及建议，促进学校发展。反馈会上，督导组以实事求是、认真负责的态度，肯定学校工作，指出发现的问题，并积极为学校发展出谋划策，真诚地指导学校、服务学校，让学校更加理解与接纳挂牌督导工作。

【案例描述】

案例一：

在一次到某校督导的访谈中，从家长处了解到每到周末，有很多小孩子从学校围墙处随意攀爬进出，存在安全隐患。在校园巡查时，也发现该校围墙较矮，存在孩子被摔伤的隐患。如果有不法分子从围墙处进入学校，其后果更是不堪设想。在督导反馈时，与校长谈到这一问题，校长也意识到了这一隐患，原本想加高，可是地基不够，若是在围墙上方加些防盗铁丝网，又觉得安上之后把学校变得像监区一般，不太合适。经过思考，督学向学校提出重建并加高围墙，在墙上做文化建设的建议。该校校长觉得这个建议非常好，高度重视，立即向教委打报告，重建围墙。如今，这所学校的围墙不仅及时排除了安全隐患，还成了一道亮丽的风景线。

案例二：

到A学校督导时，责任督学发现学校安全资料收集、整理到位，不仅严格按上级要求做了资料夹，还专门制作了一本《安全工作手册》发放给学校每一位教职工，里面涉及组织机构、安全工作职责、各类安全工作流程、安全考评和奖惩制度、各种应急预案等，内容齐全；还有一册《学校安全管理制度汇编》，里面涉及校舍、设施设备、安全教育、安全工作考评等的安全制度，专设有特质学生调查表，与相关职能部门的沟通记录。而这一方面恰恰是很多学校薄弱的。部分学校的安全管理制度比较简单，类别不完善。不久，督导组去B学校督导，这所学校在安全方面做了很多工作，但拿出来的制度、手册等零碎、粗略，甚至缺失。在反馈时，督导组首先肯定了学校有作为，将上级对安全工作相关的政策要求及时传达给学校教职员工。再以建议的方式将A学校如何建设制度、制订手册这方面的经验进行有效传递。有具体的经验做法，B学校领导觉得这样的指导是务实、有效的，很是受益，立即表示将在下一步工作中采纳建议，重视安全制度手册管理，将本校的安全系列制度进行清理归类，然后汇编成册，发放到每一位教职工手中指导工作开展。

案例三：

近几年，各校的课程建设在南岸区教委引领下，开展得如火如荼。在到校督导中，某学校校长在自评汇报时表示，学校在课程建设方面开展了很多活动，也获得了一些奖项，虽然雏形已经出来，但始终觉得校本课程的脉络理得不是很清晰。于是，就向督学请教。为了能够更好地把脉并提出优质建议，督学当即利用自有资源，联系了课程专家，并约好时间到学校进行诊断并建言。这一做法得到学校领导的感谢与赞许，觉得此举是切切实实助力学校内涵发展。

【案例评析】

学校对挂牌督导的态度，在责任督学如何处理意见反馈这一环节尤其重要。表扬是一种激励，督导组要对学校的努力和成绩给予肯定；建议是一种促进，对存在的问题也要认真对待，并提出有效建议。在三个案例中一是用督学的智慧为学校支招；二是将各所学校的“妙招”相互传递、推广；三是借专家之外力为学校建言，指点迷津。这是三种行之有效的反馈方式，能切实帮助学校解决难题，使挂牌督导的作用得到彰显，使学校感受到了督导人员指导与服务学校发展的诚意，使双方更加和谐地携手促进区域教育发展。

点评：

此案例是督学进校督导时的工作案例，格式规范，逻辑严密、层次分明，做到中心突出、观点明确，语言表述规范正确，具有较好的借鉴意义。

四、督导简讯

要求

1. 格式要求

①标题：概括简讯的主要内容。

②导语：导语是简讯开头的一段话，要求用极简明语言概括简讯的基本内容。

③正文：反映活动时间、地点、参加对象及具体内容即可，以三段式为佳，是简讯的主要部分，要求具体清楚，内容翔实，层次分明。五号宋体，注意段首空两格。

④结尾是对简讯内容的小结。有些简讯可无结尾。

⑤附图：以活动照片为主，获奖名单等也可在此体现。

> 主题督导服务 ×× 学校内涵发展（居中、黑体、三号）
>
> ×××× 年 ×× 月 ×× 日，××× 教育督导责任区督学 ×× 来到 ××× 学校开展 ×× 主题挂牌督导。
>
> 首先，责任督学开展了……。随后，进行了……。其充分肯定了……。同时，针对督导过程中发现的问题，责任督学提出了六点建议：1.……2.……3.……希望学校……
>
> （仿宋，四号，首行空 2 字符，行距 30 磅）
>
> 附图：……
>
> ×××× 教育督导责任区
>
> ×××× 年 ×× 月 ×× 日

2. 内容要求

督导简讯发布要及时。

简讯内容要准确清晰、简明扼要、文字严谨、呈现亮点。

简讯内容须明确活动时间、地点、准备过程、活动过程、结果反馈、结果运用、总结反思、舆情分析等。

简讯内容中的文字与图片相匹配，摆放恰当。图片版式通常为四周型。

【示例】

强化师德建设　指导专业成长

——“教师师德与专业发展”主题挂牌督导

为深入贯彻教育部《中小学教师职业道德规范》，进一步强化教师师德建设，促进教师专业成长。2019 年 4 月 23 日上午，南坪第三教育督导责任区督学来到 ××× 学校，开展“教师师德与专业发展情况”督导。

两位督学走进课堂，分别听取了初一（1）班刘老师的数学课、高二（6）班蒋老师的历史课。两位督学深入学生群体之中，倾听学生小组讨论。课后，两位督学就听课情况与两位任课老师进行了深入交流。接着，两位督学对全校学生、家长进行了网络问卷调查，并对全校 13 名教师代表、11 名学生代表进行现场访谈。倾听教师、学生、家长对学校“教师师德与专业发展”的意见和建议。紧接着，两位督学查阅了相关资料，如不同学科的手写教案、教学工作计划、作业批改情况，并详细记录了检查中发现的优点和不足。对学校制订的师德师风建设工作计划，师德考核细则和量化评比标准，教师专业发展规划，教师专业发展“绩点积分”制度等做法给予肯定。

责任督学认为：新学校、新面貌，××× 学校教师具有良好的教师职业道德修养，关爱学生。学校重视教师专业发展，积极开展课题和项目研究，课程改革成果显著。教师在课堂上充满激情，注重学习方法指导，学生积极参与，呈现出和谐共生的课堂氛围。教师对任教学科知识体系有较为深刻的理解，能合理应用现代化的手段辅助教学。学校积极开展班级活动，班级文化建设卓有成效。教学设计结构完整、书写规范。同时，结合问卷和访谈中教师、学生、家长提出的问题，建议学校进一步深化课程改革，更新教育理念，提升教师专业水平。对跨学科、跨年级教师的教学工作进行合理安排，保证充足的备课和研修时间。

最后，该校副校长感谢督学的悉心指导，并回应了督学们提出的问题。学校将依据责任区下发的《教育督导建议书》具体要求，进一步优化师德建设工作，推进教师队伍建设与专业发展，推动南岸“一中心两支点”引领区域校内外督导“双轮驱动”实践，凝聚共同力量，强化工作合力，落实“奋进之笔”。

点评：

简讯格式规范。标题概括了活动主题，主要内容表述清楚，简明扼要，层次分明，能完整、准确地呈现此活动过程。

五、督导随笔

督导随笔，谈督导思想观点的随笔，主要是写督导工作中最深最新的某一点体会。它的主要特点是题目小，篇幅短；层次和结构比较简单；内容单纯，涉及面比较小，写作材料便于收集、整理和使用。

要求：

督导随笔在写作样式上没有什么固定的限制，常见的有借事说理、夹叙夹议等形式。借事说理：作者要着力描写一个事件，不用太多的语言去发议论、作点评，把一件事情写清楚，文章的结尾有个简单的点题就可以了。读者通过读作者叙述的这件事，就能受到触动，明白一些道理，道理寓于故事之中。夹叙夹议：作者在叙述一个事件的同时，发表自己的见解，一边叙述一边评论；也可以是先叙述完事件，再作评论。

写作思路上，可以由点及面作发散性思考，也可由表及里进行深层挖掘。立意要新，既要自己觉得有新意，又要让别人看后觉得耳目一新，不可重复别人的观点。列举实例要具体生动，把事实讲明白，使读者看后既懂，又能学会用。要做到小中见大，从个别具体的事例出发，能体现出一般规律，把中心思想集中到一点上来，反映较深刻的问题和道理，使读者透过现象看本质，通过个性看共性。文章结构可多样化。

【示例】

再见“晓刚”

有人说上帝为你关上一扇门的同时，一定会为你打开一扇窗。对特殊教育学校的孩子们而言这句话再适合不过了。不过，我要说的是对重庆市特殊教育中心（以下简称“特教中心”）的孩子们而言，开窗的“上帝”就是特殊教育中心的老师们。

其实，每次到特教中心都是一次心灵的洗礼。现代社会工作节奏快、生活压力大。但是当我面对特殊教育学校的学生们的时候一切都已经释然了。

他们很多学生一出生就无法看到这个世界，但他们依然在这里开心地学习生活。他们依然阳光，积极向上，居然还学会了演奏多种乐器。他们的乐队还在很多国家级，甚至世界舞台上演出。面对他们，我们各自的困境还算是困境吗？

这些成绩的得来和那群打开那扇窗的老师们息息相关，我发自内心地敬佩这群老师。11 月 26 日下午，黄桷垭教育督导责任区与黄桷垭校内督导联动片区，“两区”携手在重庆市特殊教育中心开展艺术特色课程建设协作督导。特教中心工会主席介绍，他们为了孩子们的艺术特长课程不知吃了多少苦，下了多少工夫。好多老师并非特教专业毕业，他们来到特教中心，才开始学习盲文。好多老师不懂音乐，不识五线谱，更谈不上会什么乐器。为了特教中心的孩子们，好多老师一把年纪了才开始学简谱，开始接触乐器，其中有我的同学喻晓刚老师。他是我上师范时的同学，那时我在 7 班，他在 5 班。我们两个班教室隔得近，经常有往来。再有我们来自同一个区，有相同的爱好——踢足球。他可能要比我早一点接触足球，在同年级里也算是脚法佼佼者之一。因此我对他的印象一直都停留在绿茵场上。

相隔多年我们并未见上几面，这次见面他居然在指导学生演奏长号，认识了二十几年，我从不知道他有这个能耐。孟主席介绍：学校艺术教育起步阶段师资不足，他是到特教中心来才学的。他只是特教人中的一员，有的人学的是黑管，有的人学的是萨克斯，就连他们学校的驾驶员也学习了乐器。我想说特教人真的不容易、不简单。听到长号里流出的动人旋律，我知道：晓刚和孩子们一起成长了。

12 月 3 日，我再次来到特教中心，开展“课程开设和课堂教学情况”主题督导。在校园巡视中我再次见到了晓刚，他居然在上化学课。孟主席说晓刚也是到特教中心来之后才学的盲文，化学也差不多是自学的。前些年学校缺高中化学老师，国家也无统一的特殊教育的高中化学教材。我知道晓刚不是化学专业的，二十年前他和我一样读的是中等师范学校普师班。盲文与高中化学这两样对他这种普师班毕业的中师生而言，应该都是有相当难度的。他开始的时候也有困难，自己化学底子薄就跑到普通高中的课堂里去学。化学基础理论知识是学回来了，可视力缺陷的学生化学怎么教，放眼周边无师可学，他就自己反复琢磨。今天他已经是这个领域的半个专家了，他前不久才获得了全国赛课的一等奖。晓刚和孩子们都收获了。这应该就是教学相长在现实中的典型事例了。

今天作为一名教育督导人，蓝色督学公示牌上我的相片出现在了特教中心的大门外。过去二十年，特教中心对于我都是陌生的，而今天的我或许和二十年前的晓刚一样，一切都还比较陌生。因为在很多政策与现实方面，特教与普通教学学校是完全不同的。虽然我所面对的是一个新课题，但我在想，晓刚不是和孩子们一起成长了吗？教与学是能够相长的。有些时候我也感到了自己的成长。我想：在教育督导过程中，学校与督学也是可以相长的。

点评：

随笔自然灵动，如行云流水一般，慢慢浸润读者的内心。志合者，不以山海为远，不以时间为久，作者与“晓刚”的同学情，在奉献教育、教育督导事业中得到升华。无论是责任督学还是大众读者，都能感受到作者真挚的同学情谊、强烈的担当意识。结尾升华主题，点明“学校与督学也是可以相长的”，引人深思，余味无尽。

第四章
挂牌督导追踪回访的机制创新

挂牌督导追踪回访，是现场督导的后续，是切实推动挂牌督导科学深入开展的重要环节，能有效解决教育治理实效问题，推动教育督导实现常态化、规范化、制度化。本章旨在明确追踪回访的重要意义和规范要求，通过梳理追踪回访机制创新的具体内容，进一步压紧压实责任，强化精准督导的力量，更好地提升教育督导的权威性、专业性和实效性，促进学校依法治教，高品质发展。

挂牌督导追踪回访的机制创新，体现了教育督导体制机制改革的综合思维和开拓精神。创新意味着更多的机遇与挑战，这种机遇与挑战，推动区域现代学校制度建设，在促进学校依法依规、内涵发展的同时，进一步助力教育督导机制改革，科学发展，从而建立更优质均衡的教育生态，提升人民群众对教育治理的满意度。

南岸区在挂牌督导追踪回访机制改革中，统筹区域教育资源，分类报告督导事项，动态追踪处置进程，建立了一种更畅通、规范的教育督导运行模式，为形成决策、执行、监督三位一体的教育公共治理新格局奠定了发展基础。

第一节 追踪回访机制创新的重要意义

一、聚焦社会热点，回应人民满意教育的有效途径

创新追踪回访机制，是建成全面覆盖、运转高效、结果权威、问责有力的中国特色社会主义教育督导体制机制，加快教育由量的增长向质的提升转变，形成良性循环的教育生态，回应办好人民满意教育的有效途径之一。

中共中央办公厅、国务院办公厅《关于深化新时代教育督导体制机制改革的意见》一文提出，要深化教育督导运行机制改革，就要聚焦社会关注的“教育热点难点问题……集中研究督导发现的问题，督促整改落实，确保督导发挥作用”。通过创新追踪回访机制，教育督导以问题为导向，真正做到“民有所想，督有所向”，对学校发展过程中出现的热点难点问题，尤其是师生家长和社会各界持续关注的热点难点问题进行追踪回访，提出解决问题的可行性建议，进行针对性督导回访，指导并追踪督导主体建立自我督导体系，助力优化内部管理，督促规范办学行为，有效提升教育治理水平和治理能力，形成良性循环的教育生态，并回应党和国家以及人民群众在新时代对教育的新要求和新期待，为“办好人民满意的教育”奠定坚实的基础，提供有力的支撑。

从党的十八大报告提出要努力“办好人民满意的教育”，到习近平总书记在十九大报告中强调“深化教育改革，加快教育现代化，办好人民满意的教育”，回应人民满意教育一直是教育督导必须完成的重要任务，“进一步深化教育督导体制机制改革，让督导成为推进教育综合改革的有力助推器”也是新时代教育督导的使命担当。要在构建政府宏观管理、学校自主办学、社会广泛参与的新型教育格局中起到重要作用，

责任督学需要实现理念转型，进一步提升教育督导“监管”“促办”的实效性。追踪回访机制创新是其中非常关键的一步，它是教育督导的“售后服务”，是责任督学依据国家相关法律、法规、方针、政策，运用科学的教育评价手段，对学校的发展现状进行价值判断和监督指导的动态管理活动中重要的一步。它可以直接介入学校的策略制定、举措实施、监督改进等处置进程，高效反馈学校措施推进情况和目标达成度等，进一步发挥教育督导行为改进实效，形成学校良性循环的教育生态，协力学校共同育人，促进完善内部治理，走内涵发展和特色打造之路。正如陈宝生部长在《努力办好人民满意的教育》一文中所说“始终坚持协同育人……构建全社会共同参与建设、共同参与治理、共同分享成果的教育发展新格局”，才能成就真正让人民满意的教育。教育督导创新追踪回访机制的意义，也在于此。

二、促进均衡发展，优化区域教育治理的重要举措

创新追踪回访机制是助推区域义务教育优质均衡发展，建立更加开放、持续、公平的教育体系，创新参与式、问责式教育督导机制，提升区域教育治理能力，不断增强区域办学活力的重要举措之一。

义务教育优质均衡发展是在义务教育基本均衡发展基础上提出的。《中国教育现代化 2035》聚焦教育发展的突出问题和薄弱环节，立足当前，着眼长远，将“实现优质均衡的义务教育”作为国家推进教育现代化的主要发展目标之一，使优质均衡发展成为当下全国各地教育的重点发展任务和优先发展工程。优质均衡发展涉及教育权利保障和教育公平，它既是一种全新的教育理念，也是一种科学的教育发展观。按照《中国教育现代化 2035》要求，需“建立学校标准化建设长效机制，推进城乡义务教育均衡发展。在实现县域内义务教育基本均衡基础上，进一步推进优质均衡”。要实现这一目标，首先就要破解当前制约优质均衡发展的体制机制障碍，坚持通过教育督导推动解决优质均衡发展面临的实际问题，并进一步深化教育督导体制机制改革，从而建立更符合社会整体发展和稳定、符合个体发展和需要的教育资源配置模式及基于公平的优质教育。追踪回访机制的创新实践，作为深化区域教育督导体制机制改革的重要举措，一方面强调以强化督导评估的追踪回访为关键点，关注学校内部管理的“自我激励”和“自我发展”，引导学校从当前教育督导改革方向出发，精准施策发力，校正措施落地，重视督导反馈，促进结果运用；另一方面综合运用现代信息技术，不断跟进整改信息的及时反馈和互动沟通，以问题为导向，广泛争取支持合作，探索教育

督导体制机制发展新路径。它以开拓的视野、创新的举措、务实的行动、专业的工具、高品质的服务为区域教育质量稳步提升、科学发展提供精准服务，为区域教育优质均衡发展保驾护航，也进一步加速区域教育治理能力的提升和优化。

追踪回访机制创新，以督导服务推动学校内涵发展，促进区域教育治理现代化变革目标达成。区域教育治理变革起着承上启下的作用，作为国家和社会普遍关注的焦点问题，有着丰富的时代内涵和深刻意义。它是国家教育治理现代化的具体体现和关键环节，作为国家教育治理现代化的重要层级，它的能力和水平又关系着国家治理的全局和成效。从运行形式上看，它不是自上而下或自下而上，而是交互多样，合作包容，充满活力，强调互动和协商，鼓励多元参与。在全程参与、渐进互动基础上的追踪回访机制创新，能有效构建多元协调的主体体系，建立完善问责的执行体系，创新参与互动的监督体系，有效提升和优化区域治理能力，产生同频共振作用，推动区域发展。这种“多元主体、对话协商”的视角也可以同样用来探讨教育均衡发展问题。从某种程度上来讲，“我们所致力的区域义务教育优质均衡发展，也正在经历从‘管理’到‘治理’的嬗变过程”[1]。

三、强化责任意识，促进依法治教治校的基本保障

创新追踪回访机制是实施依法治教、依法治校，规范学校办学行为和教育教学实践，强化督导主体责任意识，提高教育督导的权威性和实效性，加快推进现代学校制度建设的基本保障之一。

党的十八届四中全会提出建设中国特色社会主义法治体系，全面推进依法治教，促进教育治理体系和治理能力现代化。《依法治教实施纲要（2016—2020年）》在“构建多元参与的教育治理体制”中进一步明确，要实现依法治教，需要“健全教育督导制度，切实发挥教育督导机构和督学的作用……形成多元参与的教育治理格局”。创新的教育督导追踪回访机制，不仅有助于切实发挥教育督导机构和责任督学的作用，依法依规协调教育关系，保护学校和师生的合法权益，促进教育事业的健康快速发展，更有助于近距离关注学校在依法治校过程中出现的种种问题，高效协助解决整改中出现的新矛盾新问题，进一步强化学校管理与运行机制的制度化和规范化，提高教育督导的权威性和实效性，督促学校办学行为不超出教育法律规范允许的范围，做到“有法必依、有章必循”，并最终促进形成教育行政部门依法行政，学校依法自主办学、依法接受

1 汪莉. 多元主体参与视角下公立中小学治理结构之重塑［J］. 基础教育，2012，9（4）:61-65.

监督的格局。

落实到学校层面的依法治校，是坚持依法治教，推进法治社会建设，构建多层次、多形式法治创建活动的重要组成部分。创新的追踪回访机制，在遵循法治原则和法律规范的基础上，进一步延伸了教育督导在学校法治建设板块的触角。通过更科学有效的追踪回访，责任督学动态参与学校管理，行使监督权力，推动学校自主发展，有利于形成督导管理防错、纠错机制，助力学校健全管理民主监督体系。这种追踪回访机制的创新让学校管理与运行更趋制度化、规范化、程序化，并加快推动依法办学、自主管理、民主监督、社会参与的现代学校制度建设，在构建政府、学校、社会的新型关系中，起到了积极有益的作用。“从目前我国教育行政主管部门内部职能划分看，教育督导应当担负教育执法监督职能”[1]，而追踪回访机制创新，强化了这种教育督导监督职能的效度和力度，使得教育督导的权威性和实效性更加彰显。

第二节 追踪回访机制创新的规范要求

一、追踪回访机制创新的原则

（一）统筹区域教育资源原则

统筹区域教育资源原则是教育督导机构从区域教育资源因素出发，立足整体规划，统筹整合、有效利用资源，在实现区域教育布局结构优化和教育供给侧结构性改革的过程中推进追踪回访机制创新的重要原则。

统筹区域教育资源原则，要求教育督导机构在对不同资源进行不同层次利用的时候，必须充分考虑区域配置和综合发展方面的要求，优化教育布局结构，促使要素实现最优化，结果运用效能最大化。教育资源由于分布的不平衡性，管理体制和供给方式的不同，社会对人才需求的信息不对称等原因，存在着人力、物力和财力上的诸多差异，在此基础上的追踪回访机制创新，一要考虑区域整体人力资源状况，立足区域人力优势，加强对师资队伍等人力资源的持续投入，强化师资队伍资源建设和相关服务。从提升学校教师软实力的角度，促进学校管理优化和运行效率提升，提供更加优质、

1 张国华. 依法治教 督导是先锋［N］. 人民日报，2012-07-13（018）.

均衡、多元的人力资源服务，满足当前区域教育多样化人力需求。二要联合社会资源，推动教育投入主体和经费来源的多元化、立体化，形成更为广泛意义的公私合力，开放办学。根据学校“内涵发展需要，强化有限教育经费的精准投放，着力支持解决教育领域发展短板问题”[1]。通过追踪回访不断提高末端供给的质量、效率和创新性，形成物力、财力资源正向循环。

（二）督导事项分类报告原则

督导事项分类报告原则是教育督导机构建立自上而下的教育督导系统，规范督导管理工作程序，按照追踪回访主体、内容和规范流程分类报告督导事项，在规范各级督导网格进程中推进追踪回访机制创新的重要原则。

督导事项分类报告原则要求责任督学在教育督导实践中进一步明确不同事项的处理界限，建立各类督导事项处置程序和协同参与的工作机制，依法依规厘清分类，报告主体，规范程序，推进督导事项处置工作。一是厘清类别。校园安全卫生类督导事项重点在保底线，牢固树立底线思维和红线意识，切实担负起校园安全卫生职责，消除各类安全卫生隐患；课程教学评价类督导事项重点在抓关键，关注课程规划差异性，推进校本课程开发和利用，突出发展性功能和激励性功能；学校内部治理类督导事项重点在强内涵，促进学校优化内部组织结构，完善制度体系，不断提升治理能力，推动现代学校转型升级；师生优质发展类督导事项重点在提质量，互动交流聚力增能，依据优势取长补短，精准施策运用结果，成就学校师生优质发展。二是报告主体。一般性事项由学校上报，协作类事项由责任区上报，需教育系统内部或区外相关部门协助的事项，由教育督导机构上报。三是规范流程。按照督导事项的轻重缓急，明确层级，分类处理。一般性事项，责任区指导学校落实处置；协作类事项，责任区和联动片区自主协商落实处置；需区教育系统内部协助的事项，教育督导机构上报区教育党政联席会或区委教育党工委会审议，落实处置；需区级相关部门、街镇等协助的事项，教育督导机构上报区政府教育督导委专题审定，落实处置。

（三）动态追踪处置进程原则

动态追踪处置进程原则是教育督导机构对被督导单位存在的问题，提出限期整改要求和建议后，进一步强化处置进程督导，动态追踪被督导单位的整改情况，从而推进追踪回访机制创新的重要原则。

动态追踪处置进程原则可以有效加强挂牌督导工作实效，提升挂牌督导问题整改

1 庞丽娟．教育供给侧结构性改革：改什么，如何改［J］．民主，2017（10）：10-11.

效率和效果，它更重视追踪之后的进程处置，包括追踪进程处置策略、实施、监督和改进的内容。一是追踪进程处置策略。根据被督导单位上报的整改方案，责任督学要进一步落实政策依据，把握尺度，明确重点，预判整改措施的可行性和目标达成度，进行反馈指导和服务，并提出相应的策略调整建议。二是追踪进程处置实施。被督导单位开始进入整改实施阶段后，责任督学要适时关注整改的推进情况和实际困难；督查被督导单位是否遵循整改方案的时间节点和相关要求，严格推进相关举措；了解处置进程是否稳定受控并达到预期的整改目标。三是追踪进程处置监督，包括进程处置中和进程处置后的监督。追踪整改实施过程中是否建立可检测的阶段性目标，并有相应的自查举措；整个整改过程中的自评、自验和确认；整改完成后有没有进行达成预期目标的结果监督；回访督查结束后，还要再次核实、监督有无情况变化，防止问题反弹等。四是追踪进程处置改进。追踪进程处置改进是在监督的基础上推进的，根据监督信息反馈，责任督学要追踪被督导单位在柔性范围内如何及时调整改进；在限期内回访追踪中如果发现整改不力的，要上报整改完成情况，限期再改，持续推进。

二、追踪回访机制创新的实施要求

（一）实施目标

中共中央办公厅、国务院办公厅发布的《关于深化新时代教育督导体制机制改革的意见》，在充分肯定教育督导有督促落实教育法律法规和教育方针政策，规范办学行为，提高教育质量等方面的重要作用之后，也提出了教育督导新的主要目标，“到2022年，基本建成全面覆盖、运转高效、结果权威、问责有力的中国特色社会主义教育督导体制机制”。这一目标，不仅要解决当前教育督导中存在的“机构不健全、权威性不够、结果运用不充分”等一系列问题，也要适应新时代教育改革发展目标，以利于提升区域教育改革导向性、操作性和发展性，促进区域教育改革向纵深发展。

追踪回访机制创新，是区域教育督导要实现这个主要目标的实践举措，它完善了现代教育治理体系“最后一公里”，不仅问事，还要问责，追求结果运用效力，促进现代教育内涵发展，提升教育治理现代化水平，落实到具体的操作层面，可以细化为促进问题有效解决，挖掘学校特色亮点，服务学校内涵发展三个具体目标。

一是促进问题有效解决。追踪回访机制创新，强调责任意识，责任督学始终保持高度负责的态度，定准督导方略，咬住真实问题，抓住重点问题，突破瓶颈问题。通过服务、指导和处置过程追踪，规范反馈，健全复查，全面提升督导力度和深度，促进问题有效解决。

二是挖掘学校特色亮点。追踪回访机制创新，发挥教育督导职能，着眼学校特色打造优势，以现代化办学理念引导，给予学校发展外部支持，协力学校疏通办学“脉络”，帮助学校找准特色定位，提升学校现代治理能力，助力学校特色创建和品牌打造。

三是服务学校内涵发展。追踪回访机制创新，提供更全面的协力处置和智力支持，从不同角度、不同层面打破局限和常态化，通过责任督学的“锐眼甄别”“慧心建言”，提供更有针对性的专业支持，促进交流研讨，整合资源力量，联合内在发展驱动力和外部力量推动力，共同协商，共同构建，促进学校内涵发展，加快现代学校制度建设进程。

（二）实施内容

随着党和国家对教育督导工作越来越重视，并在《关于深化新时代教育督导体制机制改革的意见》中进一步指明了教育督导工作任务和方向，教育督导也要与教育发展步调一致，追踪回访机制的实施内容包括校园安全、学校管理、课程教学、师生成长和卫生健康，这些内容也是教育发展比较关注的焦点问题。

校园安全。追踪回访要落实安全制度、安全管理和安全保障三个部分，对组织管理、规章制度、校园安全、周边安全、安全教育、事故处理、设施设备等出现的问题有重点、有针对性地进行回访追踪。

学校管理。追踪回访要落实管理方略、制度建设和执行效能三个部分，对管理思想、管理队伍、管理举措、章程建设、发展规划、管理效果、社会评价等出现的问题有重点、有针对性地进行回访追踪。

课程教学。追踪回访要落实课程建设、课堂教学和教学管理三个部分，对课程规划、课程开设及开发、资源利用、常规管理、教学评价等出现的问题有重点、有针对性地进行回访追踪。

师生成长。追踪回访要落实教师师德修养、专业素养、专业能力和学生品德修养、能力提升五个部分，对职业修养、关爱学生、教育常识、教育艺术、学科知识、课程素养、教学实施、班级管理、评价反思、公民素养、行为习惯、学习能力、实践能力、创新能力、学业成绩、综合素养等出现的问题有重点、有针对性地进行回访追踪。

卫生健康。追踪回访要落实卫生保健、环境创设、食品安全、饮水安全和素质提升五个部分，对卫生制度、健康教育、教学区域卫生、保健场所卫生、设备条件、加工规范、食材购买、制度保障、管理规范、体质健康、心理健康等出现的问题有重点、有针对性地进行回访追踪。

（三）实施举措

创新的追踪回访机制规范追踪回访事项的管理，优化追踪回访节奏，调整追踪回访措施，提升追踪回访水平，依照聚焦回访问题、讲究方法艺术、运用现代技术、强化结果运用、提炼典型经验五个举措实施开展，行之有效、独具特色、相对稳定。

聚焦回访问题。创新的追踪回访机制不同于常规的督导实践。在回访追踪过程中，要根据督导发展建议或整改问题的轻重缓急以及学校人力物力财力、社会资源条件等客观因素，区别对待，有所差异，合理地确定回访追踪方式和回访追踪时间，使之符合实际需要。回访追踪过程中，也要对准问题的关键环节发力，有的放矢，对症施药，“不蔓不枝”，不绕弯路，把精力放在解决问题上来。不仅在督导内容的侧重点上有所体现，还要在追踪处置过程中充分明晰重点，抓紧落实督导整改的时间表、“路线图”，形成合力，积极推进，追踪督导确保见实效。

讲究方法艺术。追踪回访机制创新，对责任督学队伍提出了反馈和指导技巧的专业化要求，责任督学处理督导问题的专业能力和职业素养不仅在督导反馈的过程中得到体现，还在后面的整改处置推进环节得到印证。要为学校提供更优质的指导和服务，责任督学必须业务更精湛、经验更丰富，不仅要准确“把脉”“问诊”，抓得准关键，还要关注细节，沟通信息，注重反馈，理解需求，客观评价，向学校传达善意，形成情感共鸣，设身处地站在学校的角度寻找解决问题的切入点，探讨状况，提出具体、明确、有建设性的对策，用积极友善的态度达成解决督导问题的共识和“协议”。

运用现代技术。教育督导是一个不断发现与解决问题的过程，基于教育督导网络信息处理系统平台的追踪回访机制创新，扩大了教育督导信息采集的渠道和反馈范围，全方位、多角度、多渠道收集信息，分类统计，准确分析，系统整合，能快速准确地分析与处理追踪中各种督导数据，缩短解决问题的时间，优化督导流程，最大化发挥出教育督导的作用，也减少了不必要的烦冗环节，尤其是在无须实地回访的督导整改中，能提高追踪整改的效率与质量。所以追踪回访机制创新要实施，还要依托现代教育督导信息化，运用现代技术，建立信息管理、高效反馈、处置及时的追踪回访机制，以最科学的手段“对整个追踪回访流程进行‘监督与指导’”[1]。

强化结果运用。新时代中国特色社会主义教育督导体制机制改革，再一次强调“以

1 姚玉阁，于艳东. 信息化时代下的高校教学督导工作创新研究［J］. 集宁师范学院学报，2019，41（5）：84-87，98.

优化管理体制、完善运行机制、强化结果运用为突破口，不断提高教育督导质量和水平”。强化教育督导结果运用，是因为在实际操作层面上，督导结果运用确实存在着“走过场”的问题，如整改意见不受校级领导和相关部门重视，上不行下不效，没有问责力；督导结果没有与职务选任、绩效考核、教师奖惩等有效结合，只求敷衍塞责，没有影响力；督导成效不注重标准制定和程序建设，举措落不到实处，令不行禁不止，没有震慑力等。通过追踪回访机制创新进一步强化督导结果运用，“紧紧抓住问责追责的‘缰绳’不放松，动真碰硬，坚持有责必问，问责必严，违法必究”[1]，有利于实际问题的解决。

提炼典型经验。追踪回访机制创新，是用发展性眼光解决教育督导问题，进一步强调责任督学和被督导单位的主体地位，倡导教育督导的自我反思，激发主动性和创造性，实现与提升追踪回访的实际价值，促进责任督学的专业发展和学校的可持续发展。追踪回访督导，不是简单的“就事论事”，要“针对比较突出、带有一定共性或较长时间内存在的问题，进行深入系统的了解和深刻细致的剖析，找出成因，判断趋向，商讨管控”[2]，合法合理解决。以问题为导向“回头看”，进一步强化反思，提炼问题导向、类比分析、深刻剖析的追踪回访方法。

三、追踪回访机制创新的反馈要求

（一）责任主体

追踪回访机制创新，压实督导问责制度，是推动教育督导体制机制改革良性循环的基本保障，它对责任主体有及时性、互动性和持续性的反馈要求。

及时性：及时性是指追踪回访的责任主体应当针对问题及时进行信息反馈，还要确保反馈信息的真实性及时效性。某些问题（尤其是涉及师生安全等问题）必须第一时间推进改进举措，遇有问题协同解决，不能拖延或者敷衍。及时性原则有两重含义，即整改及时和反馈及时，不仅要在规定时限和要求下不打折扣完成相关举措，还要及时汇集完成的实效成果，对责任督学进行实时反馈，有的根据责任督学的回访结果还需要多次反馈。

互动性：互动性是指追踪回访的责任主体应以共同协商为基础，以共同构建为形式，通过彼此联系，相互作用的过程，形成共同的或者相类似的督导价值理念。学校自主思考和推进实践，责任督学联合资源和策略指导，相互支持，协力合作，智慧共享，

1　窦苗苗. 高等继续教育发展中的政府督导机制研究［J］. 当代继续教育，2020，38（3）：17-22.

2　王道泉. 关于责任督学履行督导职责的实践探索［J］. 甘肃教育，2019（18）：21.

推进举措落实和问题的解决。追踪回访反馈的互动主要有两种方式，即督导实践时，各类信息汇总交流之后面对面反馈时的直接互动和以现代化信息手段、以督导信息平台为媒介的间接互动。

持续性：持续性是指追踪回访中的责任主体需摒弃功利性，突出价值导向，彰显督导实效，要对督导问题保持长久的关注状态，反复出现的问题或一时无法解决的问题要有持久战准备，通过逐渐、连续地增加举措加以改善，甚至解决。持续性原则有效防止问题反弹，杜绝追踪回访中的不坚决不彻底，其关键因素是督导问题的实际解决效果，责任督学的介入和学校的自愿改变和沟通，表现形式为形成问题导向意识，逐步和稳定的举措推进，小幅度改进问题，争取更好解决方式等。

（二）结果运用

强化督导结果运用的指导性、权威性和严肃性，可以推动教育督导切实发挥监督、评价、指导和反馈等职能，并进一步落实督导整改效果，突出教育督导辐射作用。

指导性：重视策略引路、方法点拨，引导和鼓励学校树立自主发展意识，认真分析自身发展现状，激发学校内生的督导需求，有机结合宏观和中观维度，聚焦微观，解决学校未来发展的关键问题、瓶颈问题和各类纷繁复杂的实际问题。精准指导督导事项，联合有利资源，为学校“量体裁衣”，提供更有针对性的专业支持和服务，关注结果运用指导性。

权威性：遵循教育督导相关法律法规，秉持公正公平和科学严谨的态度，运用现代信息手段开展工作，通过规范反馈、强化整改、健全复查、落实激励、严肃约谈、建立通报、压实问责等规范流程，体现挂牌督导的统一、规范和科学，同时立足学校发展历史和现状，尊重学校发展差异，对督导事项的表现形式、存在原因、解决关键等进行深入分析，共同参与，形成监督、指导学校发展的合力，强化督导结果运用，确保督导问责实效性，增强结果运用权威性。

严肃性：以协调配合、互助合作、效益优化为目的，适时公开督导报告，逐项反馈、强化整改，复查问题、持续跟踪。督促责任主体提高重视程度，牢固树立“问题必整改，整改必到位”的责任意识，压实责任，落实举措，完善报告，升级效率，并且取得实实在在的整改效果。进而形成合力，推动督导力量和示范效应，扩大教育督导的实际影响和结果运用，形成“共谋发展、协调配合、互助合作、效益优化”的发展局面，切实维护结果运用严肃性。

第三节 追踪回访机制创新的具体内容

创新的追踪回访机制不仅限于“秉法执体察之责”，随着教育督导的改革、发展与创新，它还被赋予了新的内涵与外延，以“指正其待纠之处、启发于发展欲趋之势”，并“巡视执行、落实之状”[1]，从咨询投诉事项受理，教育督导事项建议，教育督导事项整改，教育督导议题处置四方面进一步加强“现场督导”后的服务跟进，打通教育督导服务学校、服务教育发展的“最后一公里”。咨询投诉事项受理机制着眼于记录群众咨询投诉内容，责任督学核实处置情况和结果；教育督导事项建议机制着眼于督导学校后的集体会商，提出建议，优化学校内部治理，促进学校内涵发展；教育督导事项整改机制着眼于多方收集或发现的重大问题，推进学校整改举措和情况汇报，开展回访督导，核查整改情况，反馈督导效果，规范学校办学行为；教育督导议题处置机制着眼于立足督导实践，集体研讨商榷，促进专业发展和互动交流，总结推广典型案例等。为了让四个机制良性运行，我们通过探索，形成了“1+N”书，其中“1”书即《教育督导整改通知书》，它具有高厉害性，结果运用权威性最大；“N 书”即《咨询投诉受理书》《教育督导建议书》《推进落实报告书》《回访督导反馈书》和《教育督导议题笺》，它体现教育督导追踪回访机制流程规范，环环相扣。

一、咨询投诉事项受理机制

（一）咨询投诉事项受理的政策依据

依据国务院教育督导委员会办公室印发的《中小学校责任督学挂牌督导办法》责任督学的基本职责要求中含有“受理、核实相关举报和投诉”。《中小学校责任督学工作守则》进一步强调责任督学在受理、核实相关举报和投诉时要“客观公正”，即“了解情况实事求是，处理问题公平公正”。

（二）咨询投诉受理书的格式模板

咨询投诉受理书的格式模板如图 4–1 所示。

1 蒋保华 . 区域教育治理的“守望者”——南京市秦淮区教育督导坚守与创新之路［J］. 江苏教育，2018（50）：6-14.

咨询投诉受理书

责任督学：

时间		信息收集方式	电话□ 邮件□ 信件□ 网络□ 其他____________
		联系人 联系方式	
事由概述			
核实处置			
处置结果			

图 4-1 咨询投诉受理书的格式模板

（三）咨询投诉受理书的使用要求

责任督学要倾听师生、人民群众和社会各界人士的意见，受理、核实相关举报和投诉，更全面、更准确地了解学校依法依规办学情况。对于学生、家长、社会的建议要做好咨询投诉受理并及时处置。《咨询投诉受理书》包括：信息采集时间、收集方式、联系人及联系方式、事由概述、核实处置及处置结果等。责任督学对来自不同对象与不同渠道的信息要做好记录，核实情况，追踪整改，反馈情况。对经核实的举报和投诉不予以配合与处理的，责任督学应上报区政府教育督导室对相关人员进行约谈和问责。

（四）咨询投诉事项的受理处置流程

咨询投诉事项的受理处置流程如图 4-2 所示。

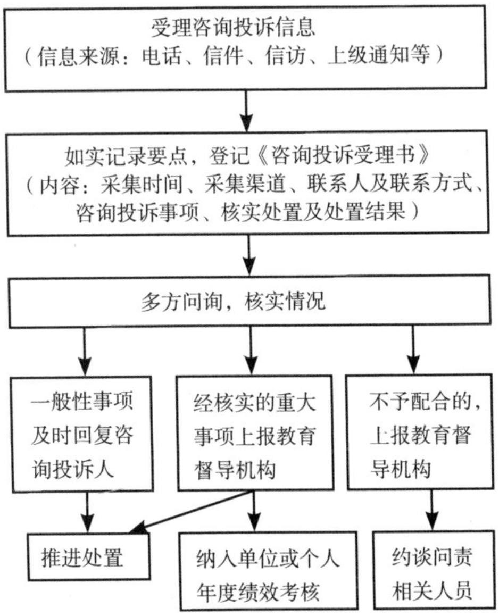

图 4-2 咨询投诉事项的受理处置流程

（五）咨询投诉受理事项的档案管理

作为责任区及责任督学开展的督导相关工作档案，《咨询投诉受理书》要以学期为单位放入“综合事项处置资料”卷宗和责任督学工作手册。根据教育督导机构要求，统一使用档案局制作的文书档案盒，按照《南岸区教育督导责任区档案建设基本规程》规范填写，记载内容与实际相符。遵照《重庆市实施〈中华人民共和国档案法〉办法》规定，严格执行档案保管的相关要求，专人负责，各督导责任区存档保管于责任区办公室，同时提交区教育督导机构备案。

（六）咨询投诉受理事项的案例剖析

规范电话处置流程　还教师一个清白

【案例背景】

依据国务院《教育督导条例》规定，在区教育督导机构统筹安排下，每所学校要在显著位置悬挂责任督学公示牌，实行挂牌督导制度。公示牌上公示监督内容、责任督学姓名及联系方式、区政府教育督导室监督电话，接受家长及社会人士对学校规范办学的监督，接受家长及社会人士对教师师德师风等问题的举报投诉。

【案例描述】

2017年3月13日下午，责任督学接到一名自称是家长的投诉，反映×××中学化学教师有偿补课。家长说某校初三（1）班化学教师组织学生在江南枫庭小区补课，收取学生一千多元的补课费，家长还说对补课情况录了音，希望教委处理此事，如果不处理，家长将继续反映。

责任督学收到投诉后，在电话里反复核实相关情况，认真记录对话内容，按照接听电话规程，填写电话记录登记处置表。因教师有偿补课属于严重违反师德师风问题，要受到严肃处理。在责任区督学商议讨论后，报送区政府教育督导室，督导室协同教委人事科负责核查此事。学校接到通知后，高度重视，组织相关人员在学生和家长中开展调查，了解到被举报教师从未补过课，更谈不上有偿补课。学校进而核实举报人所说的补课地点，该地点住户姓苏，与化学教师姓名不符，且不相识。学校说明了该教师相关情况，形成书面材料回复意见，加盖公章，报教委职能科室人事科和区人民政府教育督导室备案。同时，督导室责成相关责任区责任督学深入学校实地调查，结果与学校上报材料所述情况完全一致。

按照电话投诉流程，责任督学向投诉举报人回复处置结果，通过举报人手机电话，与其沟通举报不实的情况，并表示可能追究其相关责任。在细心劝说下，举报人说出了真相。原来该举报人是一家补课机构的工作人员，有几名学生原先在该机构补课，后来突然退学，到另外一家机构补课。通过对这几名学生进行追踪，该工作人员发现在前面所说的补课地点。于是在未核实情况下，误认为是学校教师在补课，就拨打了学校外悬挂的责任督学电话，投诉学校教师的所谓补课行为。责任督学对该举报人进行了教育，该举报人也承认了自己的错误，并请求责任督学转达对该教师的歉意。责任督学将调查结果向学校领导作了详细反馈，学校领导非常感激，高度评价责任督学高效务实的工作作风，切切实实为学校发展保驾护航。

【案例评析】

依据《中小学校责任督学挂牌督导办法》关于责任督学基本职责“受理、核实相关举报和投诉”的要求，责任督学要倾听师生、家长、人民群众和社会各界人士的意见，受理、核实相关举报和投诉，更全面、更准确地了解学校依法依规办学情况。对于学生、家长、社会的意见要做好记载，及时调查核实，并积极妥善处置，答复处理意见。

受理群众咨询投诉，一方面可以促进学校依法依规，强化规范办学，关注内涵发展，在构建政府宏观管理、学校自主办学、社会广泛参与的新型教育格局中起到重要作用。另一方面有利于了解群众心声，进一步密切与人民群众联系，是提升教育满意度，促进教育事业科学发展的基础性工作和有力保障。同时，注重证据、调查研究、有理有据、实事求是的受理方式，也可以有效避免假举报带来的“误伤”。

（七）咨询投诉受理事项的注意要点

加强沟通，态度真诚：沟通交流要讲究策略，坚持正面宣传引导，及时回应准确信息，加强沟通疏导，最大限度地避免或减少咨询，或投诉人的猜测或误解。及时用真诚的态度，中肯的语言，析事明理、解疑释惑，赢得咨询或投诉人的理解与认同。

协作联动，快速处理：针对反映的问题，要快速核实情况，督促学校采取果断措施，找准处理问题的正确方式，并把处理结果进行及时反馈。同时，要以人为本，不生搬硬套，不教条，人性化处理问题。如一时还不能处理的要说明原因，给咨询或投诉人一个合理的答复。

及时总结，提高水平：加强对责任督学的培训学习，提高责任督学的政治敏锐性、回复技巧、引导能力和研判能力。问题处置后要及时总结，分析问题，查找不足，以提高应对处置水平。

二、教育督导事项建议机制

（一）教育督导事项建议的政策依据

依据国务院《教育督导条例》第二十条规定：“督导小组应当对被督导单位的自评报告、现场考察情况和公众的意见进行评议，形成初步督导意见。督导小组应当向被督导单位反馈初步督导意见；被督导单位可以进行申辩。”《中小学校责任督学挂牌督导规程》第十二条规定：“责任督学应针对发现的问题提出改进建议，形成反馈意见，及时和学校沟通交流。”

（二）教育督导建议书、推进落实报告书、回访督导书的格式模板

教育督导建议书、推进落实报告书、回访督导书的格式模板如图4–3至图4–5所示。

（三）教育督导建议书的使用要求

在督导过程中，责任督学发现学校的一般性问题或内涵发展生长点，经集体会商后由责任区当场发出《教育督导建议书》，提出发展建议，形成反馈意见。《教育督导建议书》包括有待提高的方面和发展建议。挂牌督导责任区下发此书后自行备案；学校接到此书后，及时上报校内督导联动片区备案。

（四）推进落实报告书的使用要求

学校接到《教育督导建议书》或《教育督导整改通知书》后，推进相关举措，落实事项处置，并按时以《推进落实报告书》的形式上报推进落实情况。其文本需如实

教育督导建议书

编号：（20 ）第 号

______学校：

经督导，我们认为你校在以下方面有待提高：

经集体会商，本教育督导责任区提出以下建议：

希望学校根据建议内容，结合实际，增添举措。

______教育督导责任区	学 校：
责任督学：	接收人：
年 月 日	年 月 日

备注：本建议书一式三份，一份送达学校，一份责任区存档，一份提交区政府教育督导室备案。

图4–3 教育督导建议书的格式模板

推进落实报告书

督导学校		督导时间	
督导责任区		责任督学	
督导主题			
问题建议			
□发展措施 及成效 □整改措施 及落实情况			

填表人： 校长签字：
填表时间： 学校（盖章）

南岸区人民政府教育督导室 制

图 4-4 推进落实报告书的格式模板

回访督导书

督导学校		首次督导时间		回访督导时间	
督导责任区		责任督学			
督导主题					
存在问题					
（发展/整改） 举措					
（发展/整改） 结果					
回访意见					

填表人： 责任区主任： 填表时间：
备注：开展督导工作后一周内，将此表上报区政府教育督导室。

图 4-5 回访督导书的格式模板

填写督导主题、问题建议，如实回应《教育督导建议书》的事项，勾选“发展措施及成效”选项；如实回应《教育督导整改通知书》的事项，勾选“整改措施及落实情况”选项。学校填写完成此书后，需及时上报挂牌督导责任区和校内督导联动片区备案。

（五）回访督导书的使用要求

教育督导机构应当对被督导单位的推进落实情况进行核查，开展回访督查。《回访督导书》包括首次督导时间、回访督导时间、督导主题、存在问题、发展/整改举措、发展/整改意见和回访意见，由责任区填写完成并自行备案。

（六）教育督导事项建议的处置流程

教育督导事项建议的处置流程如图4–6所示。

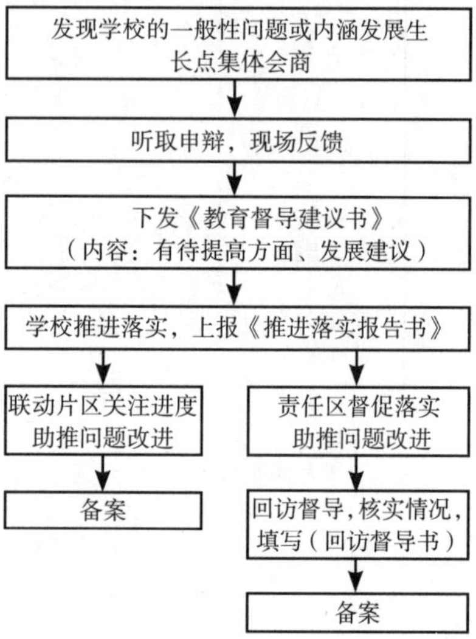

图4–6　教育督导事项建议的处置流程

（七）教育督导建议事项的档案管理

作为责任区及责任督学开展经常性督导的过程性资料，《教育督导建议书》《推进落实报告书》《回访督导书》要以学期为单位放入“经常性督导类”卷宗和责任督学工作手册。根据教育督导机构要求，统一使用档案局制作的文书档案盒，按照《南岸区教育督导责任区档案建设基本规程》规范填写，记载内容与实际相符，图文相符，书写材料字体端正，图像资料清晰易辨。遵照《重庆市实施〈中华人民共和国档案法〉办法》规定，严格执行档案保管的相关要求，专人负责，各督导责任区存档保管于责任区办公室，同时提交区教育督导机构备案。

（八）教育督导建议事项的案例剖析

重视安全督导　压实安全底线

【案例背景】

依据《中华人民共和国消防法》《南岸区教育责任督学挂牌督导工作指南》，南岸区责任督学要对学校是否“按要求配置消防设施、器材，完好有效，设有消防安全标志，消防疏散图，有消防合格证明（或整改方案）”进行检查，确保校园消防安全，督促学校加强设施设备的管理和维护。

【案例描述】

2019年9月初，正值开学时节，龙门浩教育督导责任区责任督学到×××中学进行“校园及周边安全情况，学生交通安全情况”督导，巡视校园时发现学校多数消火栓门生锈，无法打开，存在安全隐患。责任督学对学校下发了督导建议书，要求学校加强安全设施设备、器材的定期检查和维护，更换已经锈蚀的消火栓门，消除校园内消防安全隐患。

在区教育督导机构的指导下，责任督学根据《南岸区教育督导责任区追踪回访督查制度》，于 2019 年 9 月 30 日对该校进行实地回访督导，检查消火栓门整改情况，以便有效督促学校重视对问题的整改。结果发现消火栓门未做任何处理，于是要求学校马上进行整改。2019 年 11 月 3 日责任督学再次到校进行督导检查，进行第二次查看，发现消火栓门虽作了简单除锈处理（去除了表面的锈蚀部分），但部分消火栓门还是无法打开，存在严重安全隐患。责任督学就这一问题告知学校相关负责人，并进行严肃批评，学校相关负责人表示立即整改，并按要求将此项整改工作的进度安排及时上传责任区。在责任督学锲而不舍地督促和常态追踪推进下，锈蚀的消火栓门终于在一周内进行了更换，消除了校园消防安全隐患。

【案例评析】

责任督学到校督导发现问题是督导工作的"上半篇"，督导改进、促进发展是督导工作的"下半篇"。案例中的责任督学发扬钉子精神，锲而不舍、持续追踪、深化落实。要求学校对照督导反馈意见深刻剖析，做到真认账、真反思、真改进、真负责，不简单流于形式、走过场。以问题为导向，准确把握了回访督查追踪到底的精神，做到挂牌督导工作有实效，切实为师生服务，助推学校内涵发展，规范办学。

（九）教育督导事项建议的注意要点

依法依规，程序规范：责任督学对学校进行督导之前，必须熟悉法律遵守规章，遵循规律，明晰标准，依法依规对学校进行督导，对有可能影响公正督导的情形还要实行回避。督导过程讲究程序，严格操作，持证进校，友善交流。

客观公正，听取申辩：责任督学要了解情况实事求是，处理问题公平公正，既保护座谈走访对象隐私，也要公开透明，有理有据。《教育督导建议书》下发后，认真听取学校申辩，设身处地做好指导和服务工作。

善于沟通，及时反馈：加强交流，及时反馈重要信息，下发建议时做到实事求是、观点鲜明、文字简练、言之有据，协调学校内部发展的矛盾，提供典型案例，推广优秀经验。

三、教育督导事项整改机制

（一）教育督导事项整改的政策依据

依据国务院《教育督导条例》第二十一条规定：“教育督导机构应当根据督导小组的初步督导意见，综合分析被督导单位的申辩意见，向被督导单位发出督导意见书。督导意见书应当就督导事项对被督导单位作出客观公正的评价；对存在的问题，应当提出限期整改要求和建议。”第二十二条规定“被督导单位应当根据督导意见书进行整改，并将整改情况报告教育督导机构。教育督导机构应当对被督导单位的整改情况进行核查”。国务院教育督导委员会办公室发布的《中小学校责任督学挂牌督导办法》在责任督学基本职责部分，也明确提出责任督学要“发现问题并督促学校整改”。国务院教育督导委员会办公室发布的《中小学校责任督学挂牌督导规程》第十三条进一步提出书面报告和时限要求，“责任督学在督导中发现的重大问题，应书面报告教育督导部门，提出整改意见，由教育督导部门向学校及相关部门发出《整改通知书》，明确提出整改要求和整改时限”。第十四条规定责任督学“应根据《整改通知书》要求，督促学校或有关部门认真整改。对在期限内没有及时处理或整改落实不到位的，应及时报告教育督导部门负责人”。

（二）教育督导整改通知书的格式模板

教育督导整改通知书的格式模板如图 4–7 所示。

（三）督导整改通知书的使用要求

责任督学在督导中发现学校存在违法违规办学行为或者危及生命安全隐患等重大问题，经责任督学集体会商，当日书面报告督导室。督导室经核实后一周内，向学校下发《教育督导整改通知书》，明确学校存在的重大安全隐患（或重大问题）、提出整改时间和整改要求。学校应严格按照《教育督导整改通知书》内容，撰写整改方案，并提交挂牌督导责任区和校内督导联动片区备案。

（四）教育督导事项整改的处置流程

教育督导事项整改的处置流程如图 4–8 所示。

（五）教育督导整改事项的档案管理

作为责任区及责任督学开展的经常性督导过程性资料，《整改通知书》《推进落实报告书》要以学期为单位放入“经常性督导类”卷宗和责任督学工作手册。根据教

教育督导整改通知书

编号：（20　）第　　号

重庆市南岸区________学校：

经______责任区核查，你校办学条件（或办学行为）存在以下重大安全隐患（或重大问题）：

经区政府教育督导室研究决定，针对你校上述问题提出以下整改要求：

整改时间：

限你校按规定的时间和要求进行整改，于本通知书下发10日内形成整改报告，提交区政府教育督导室备案，并由______教育督导责任区适时对学校整改情况进行复查确认。

____________________责任区　　　　　　　　　________________学校

责任督学：________________　　　　　　　　　接收人：______________

南岸区人民政府教育督导室

年　月　日

图4-7　教育督导整改通知书的格式模板

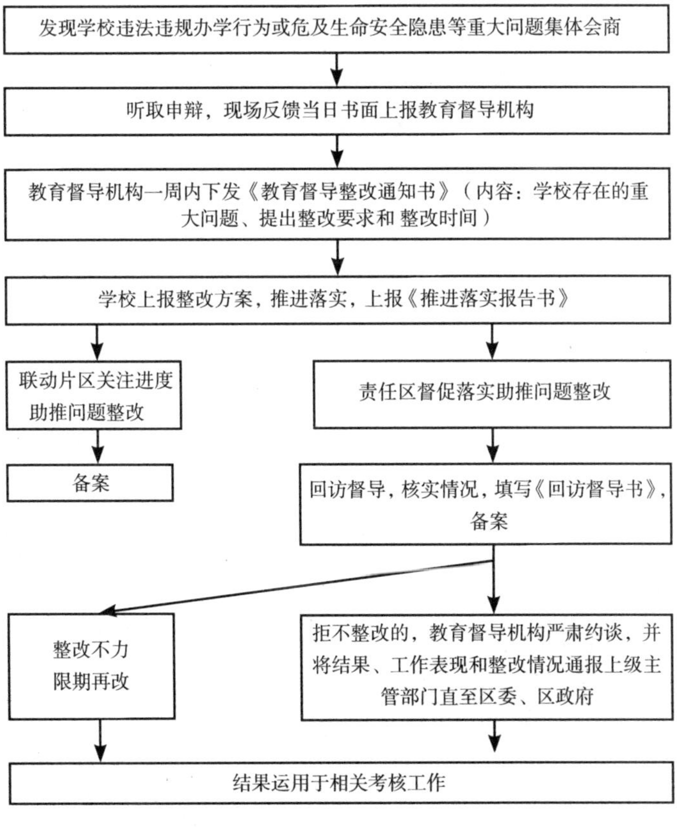

图4-8　教育督导事项整改的处置流程

育督导机构要求，统一使用档案局制作的文书档案盒，按照《南岸区教育督导责任区档案建设基本规程》规范填写，记载内容与实际相符、图文相符，书写材料字体端正，图像资料清晰易辨。遵照《重庆市实施〈中华人民共和国档案法〉办法》规定，严格执行档案保管的相关要求，专人负责，各督导责任区存档保管于责任区办公室，同时提交区教育督导机构备案。

（六）教育督导整改事项的案例剖析

严格制度落实　规范课程设置

【案例背景】

教育部关于印发《〈义务教育课程设置实验方案〉的通知》中明确提出“一至九年级设艺术课，旨在丰富学生的艺术经验，发展感受美、创造美、鉴赏美德能力，提高审美情趣”。重庆市教育委员会印发《关于调整普通中小学课程计划的通知》中明确规定：七至九年级每周艺术或音乐、美术课时为3节。

【案例描述】

2018年10月，弹子石教育督导责任区按照南岸区政府教育督导室统一布置，对学校进行“校务管理和制度执行情况”主题经常性督导，监督学校校务管理和制度执行等方面工作情况是否符合国家政策文件规定。

到×××中学实施督导时，在与学生座谈活动中，有位初三的学生谈到他的班级没有上音乐和美术课。紧接着，责任督学到初三年级教室查看课表，发现课表上未安排音乐、美术等艺术课程。为此，责任督学与学校领导沟通，听取了学校申辩，学校三个年级之前一直都开设有艺术课程，但本学期生源增量较大，艺术教师仅能满足初一初二需要，初三年级学业压力相对较重。因此，艺术课程开设受到一定影响。

责任督学在对学校办学困难表示理解的同时，也严肃指出这一问题的严重性。明确表示，艺术课程是国家课程的一部分，一定要严格执行和落实国家课程规范要求，开齐开足艺术课程。同时，向学校提出建议，在现有条件下，可以采用大班多媒体教室方式授课或请另一学校艺术教师授课等方式，临时缓解艺术师资不足、设备不足、场地不足的问题；积极向教委申请艺术教师编制，满足艺术课程开设要求。

随后就学校没有开齐开足国家课程的情况，责任督学立即上报区人民政府教育督导室。经督导室研究决定，向学校下发了《整改通知书》，限定学校在15日内完成整改。

学校接到《整改通知书》后，更意识到问题的严重性，立即召开党政会议。经研究，决定采取如下措施：一是组织学习、提高认识。全体教职员工采用集体学习和个人自学等方式，认真学习国家课程设置相关文件精神。二是积极行动，在全体教职工大会上公示《整改通知书》，并要求各部门虚心采纳责任督学的意见和建议，落实区政府教育督导室整改意见。三是学校制定了整改落实方案，并填写《推进落实报告书》。四是学校外聘艺术教师，满足学校课程开设要求。五是教导处调整课表，安排课时。整个过程中，学校深刻认识问题，直面问题，积极主动从多方面想办法，最终解决了问题。

2018年11月21日，责任督学到学校对课程设置情况进行回访督查。首先，查看学校课程表，已安排艺术课。随机访谈九年级学生，学生表示，重新开设艺术课程后，个人爱好得到体现，特长得到发挥，心情有一定放松，紧张的学习氛围有所调节，能够以更好的状态专心学习，学习效率更高。

【案例评析】

监督、促进学校规范办学，督促学校按要求设置国家课程，是责任督学肩上的重要任务之一。任何学校都不应该随意增减课程门类，责任督学要提高对课程设置重要性的认识，指导学校、教师、学生、家长正确认识理解国家课程规范设置的必要性，促进学校规范办学。同时，还要有敢于面对问题的勇气，对被督导学校存在的问题，特别是违反国家相关教育法律法规和制度的行为要大胆指出来，并责令其改进。

（七）教育督导整改事项的注意要点

熟悉政策，踩稳底线：责任督学要提高认识，加强政策理论学习和实时更新。强化法治意识，明确学校教育易踩线问题和人民群众普遍关注的焦点问题，站稳教育督导底线不放松。

精准建议，追踪落实：加强信息综合分析，落实整改意见下发的政策依据和具体要求。同时，关注学校的实际困难，以高度负责的态度，精准建议，恪尽职守，一追到底。

四、教育督导议题处置机制

（一）教育督导议题处置的政策依据

国务院教育督导委员会办公室发布的《中小学校责任督学挂牌督导办法》在明确责任督学基本职责时，提出“责任督学要向教育督导机构报告情况，并向政府有关部门提出意见”。其第十一条要求“教育督导部门定期听取责任督学工作汇报，研究处理相关问题”。《重庆市教育督导条例》第三章“督导实施”中提出，责任督学要关注“各级各类教育的规划布局、协调发展，办学条件改善、提供公共教育服务情况”“完成教育改革发展任务情况”“社会普遍关注的教育问题解决情况”“教学和生活建筑、设施、设备等硬件的配备、使用和管理情况，教育经费投入的管理和使用情况”等，这些都是责任督学挂牌督导时提出议题处置的关注重点和内容。

（二）建议督导议题笺的格式模板

建议督导议题笺的格式模板如图 4-9 所示。

南岸区挂牌督导与校内督导工作研究议题笺

20　—20　学年度

责任区：　　　　类别：　　编号：　　时间：

议题名称	
提议人员	
议题内容	
处置建议	
同伴提议	提议人：
研究结果	

注：一题一笺，有相关材料可附上。

南岸区人民政府教育督导室　南岸区教育督导评估中心　制

图 4-9　建议督导议题笺的格式模板

（三）教育督导议题笺的使用要求

教育督导议题笺的使用要求责任督学依法依规对学校进行督导，基于协同处置、专业发展、经验交流或者其他事项的需要，立足督导实践和反馈信息，在定期或持续关注学校规范办学中出现的各类问题或典型经验后，经责任督学集体研讨商榷，向教育督导机构提交议题笺，汇报并听取指导意见。

《教育督导议题笺》包括议题名称、提议人员、议题内容、处置建议、同伴建议和研究结果。一般性议题事项由责任区备案，责任区和联动片区协作议题事项由责任区和联动片区备案，区教育系统内部协作事项由教育督导机构备案，区级相关部门、街镇协助事项由区政府教育督导委办公室备案。

（四）教育督导议题事项的处置流程

教育督导议题事项的处置流程如图 4–10 所示。

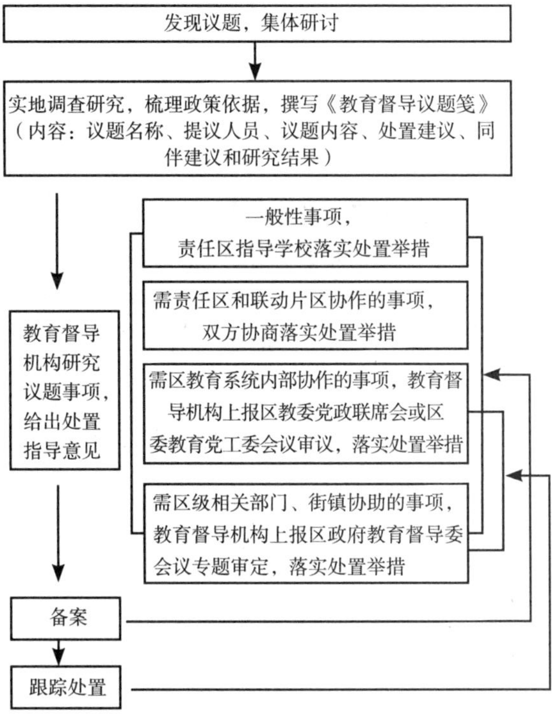

图 4–10　教育督导议题事项的处置流程

（五）教育督导议题事项的档案管理

作为责任区及责任督学开展的各级各类总结研究资料，《教育督导议题笺》要以学期为单位放入“综合事项处置类资料”卷宗。根据教育督导机构要求，统一使用档案局制作的文书档案盒，按照《南岸区教育督导责任区档案建设基本规程》规范填写，记载内容与实际相符，图文相符，图像资料清晰易辨。遵照《重庆市实施〈中华人民共和国档案法〉办法》规定，严格执行档案保管的相关要求，专人负责，各督导责任区存档保管于责任区办公室，同时提交区教育督导机构。

（六）教育督导议题事项的案例剖析

充分发挥督学职能　助力学校解决问题

【案例背景】

《中小学与幼儿园校园周边道路交通设施设置规范》中规定“城市校园周边道路

应设置永久或临时性人行道，宽度不小于2米，新、改建校园周边道路应设置永久性人行道，宽度不小于3米”。挂牌督导主题“校园周边安全情况，学生交通安全情况”也有“系统分析校门口交通状况和潜在风险，主动联系交管部门，完善校门口红绿灯、斑马线等交通设施设置”的指标要求，即责任督学需要“明察秋毫”，加强校园周边安全排查，对校园周边进行安全管理。

【案例描述】

2019年3月19日，龙门浩责任区责任督学在×××小学进行教育督导时，了解到学校大门外，上学、放学时段存在小摊贩占据人行道摆摊、公路人车混杂通行等安全隐患比较严重的情况，以及学校需要取缔校门口小摊贩占道经营，撤销门口绿化带，拓宽人行道，在校门口加装安全防护栏，将校外车道由双行道调整为单行道等诉求，希望督学代为反映并帮助解决。

责任督学经过商讨，认为问题十分重要。一方面指导学校处置学生交通安全问题是分内职责；另一方面如果问题解决得好，无疑会对学校的发展起到一定推动作用。于是责任督学立即将情况汇报区人民政府教育督导室。督导室经过研究，以协同处置事项要求提交议题笺。

2019年3月21日中午，责任督学再次来到学校核查情况。经核实，学校大门及其右侧公路沿线大约120米的路段缺少安全防护栏，学校前门道路由于上学、放学时段要接送学生的往来车辆多，极易堵塞。学生、家长为走捷径常常在车辆间穿行，存在极大的安全隐患。从学校提供的监督数据了解到平时校门口车流量大约每分钟10辆，接送学生的高峰时段车流量每分钟20~30辆。同时实地测量记录数据，支持学校拓宽人行横道的要求。对于学校门口小摊贩摆摊的问题，责任督学建议学校发挥主观能动作用，一方面积极教育和引导学生不在小摊购买不卫生小食品；另一方面发挥好学校保安的作用，随时观察周边情况，及时制止。

实地勘察结束后，责任督学通过学校，联系社区街道负责人，再一次核实相关情况。然后将核实结果通过议题笺形式上报，作为需要政府相关部门协同处置的重点议题，在区政府教育督导委员会专题会议上研究讨论。2019年4月19日在区人民政府教育督导委员会专题会议上，对议题进行研究后，逐一落实需要部门协作的工作。相关部门均表态，愿意积极参与，尽快落实。

2019年5月28日上午以及6月11日中午，责任督学两次来到学校回访，学校大门正对的公路沿线已经加装安全防护栏，校门两边的绿化带已经拆除，校门处学生上学、放学区域已扩大，能有效防止踩踏事故的发生。

【案例评析】

责任督学以问题为导向，面对学校诉求，认真分析、深入思考，通过实地勘查、全面调研、多方协调，解决学校办学难题，充分体现挂牌督导对现代学校发展的指导与服务职能。一方面群策群力，集思广益，提出解决问题的方案和建议；另一方面做好“桥梁”，争取支持，以求真务实的作风助力解决学校困难，为建立现代学校制度提供坚强保障。

（七）教育督导议题事项的注意要点

熟悉政策，着眼区域：责任督学要熟悉教育的政策、法规，时政热点，教育发展的前沿和趋势，着眼区域、学校教育发展的长远未来。

敏锐观察，联动协调：责任督学要培养敏锐的观察力和洞察力，透过现象看本质。明晰教育督导的工作机制和规范流程，联动协调各方力量，指导、服务学校解决实际问题。

第五章
督学队伍专业建设的实施策略

强化督学队伍专业建设，一要从源头把关，在督学选聘中坚持优中选优，高起点准入。二要在高起点准入的基础上，强化专业培训，促进督学队伍教育督导相关理论与实践能力提升。三要在管理与考核评价中激发督学内生动力，以严格的管理、科学的评价，促成督学自我提升。本章旨在从督学队伍的“选”“聘”“管”“培”“评”五个方面，总结回顾区域督学队伍专业建设的实施策略，为其他地区强化督学队伍专业建设提供可资借鉴的有效路径。

党的十九大和全国教育大会开启了新时代中国特色社会主义教育现代化建设新征程，吹响了建设教育强国的奋进号角，也赋予了教育督导新的历史使命。2019 年 11 月 26 日，中央全面深化改革委员会第十一次会议审议通过了《关于深化新时代教育督导体制机制改革的意见》，该意见坚持问题导向和目标导向，围绕确保教育优先发展，落实立德树人根本任务，提出要以优化管理体制、完善运行机制、强化结果运用为改革突破口，着力构建“全领域、全口径、全支撑、全保障”的教育督导新体系，推动教育督导“长牙齿”[1]。这是责任督学面临的新机遇与新挑战。

区域教育督导重视督学队伍专业建设，不断探索促进督学队伍专业化发展的有效实施策略。区域教育督导在促进督学队伍专业建设中，突出“选”“聘”“管”“培”“评”五个方面。一是建立高起点督学遴选机制，优选精兵强将充实督学队伍。二是落实督学聘用机制，严格把控督学聘任关。三是规范督学管理机制，促进督导效能提升。四是优化督学培训机制，提升督学专业能力。五是有效运用督学评价机制，激发督学内生动力。本章将就以上五个方面重点介绍区域督学队伍专业建设的实施策略。

第一节 责任督学遴选机制

严把“入门关”是保证督学队伍质量的重要举措。美国、英国、法国建立了教育督导人员资格证书制度，由省部级教育部门颁发[2]。区域建立严格的督学遴选机制就是为了从源头上把好这一“入门关”。

一、遴选范围

区域督学队伍构成多元，有着一支专、兼职结合，数量充足，人员结构合理的督学队伍。专、兼职督学各有所长，相互配合，相得益彰。

（一）专职督学遴选范围

专职督学具有较强的稳定性与专业性。为此，区域从以下四个方面遴选专职督学。

①近 3 年即将退休的学校、教科研机构的校级干部、中层干部、教研员。他们熟

1 叶仁荪 . 全面深化新时代教育督导体制机制改革 着力推动教育督导“长牙齿”［J］. 江西教育，2020（10）：22-23.

2 韩烨 . 加强教育督导队伍建设的国际经验与启示［J］. 北京教育，2019（8）：98-100.

悉学校行政管理、教育教学工作，了解各级各类学校现状。

②已经退休离岗的。初聘年龄不超过61周岁的学校、教科研机构校级干部、中层干部、教研员及教育行政机构管理部门人员。他们虽已退休，但离开岗位不久。他们政策理论水平高，教育行政管理、教育教学理论扎实，实践经验丰富。同时，已从原单位退休，其办事公信力强。

③校级后备干部人选。他们年富力强，头脑灵活，全面扎实，有追求，多创新。

④在职区级及以上骨干教师。他们有着扎实的教育教学理论功底与丰富的一线实践经验。

（二）兼职督学遴选范围

兼职督学是专职督学的有益补充，尤其强化与促进教育教学高质量发展，且能灵活、有效地完成相关教育督导工作。区域立足教育督导实际工作需求，明确了兼职督学遴选范围。一是具有行政管理副科级及以上，或高级教师及以上专业技术职务的在职在编校级干部、教研员、教师。二是具有行政管理副科级及以上，或高级职称的已退休或近5年即将退休的校级干部、教研员、教师，其中参与过教育督导工作的校级干部优先。

总之，不难看出区域责任督学遴选的高起点要求。他们层次高、专业能力突出、能迅速适应责任督学工作的需求。

二、遴选原则

责任督学遴选是一件非常严肃与专业的工作，为确保区域遴选出优秀责任督学，区域始终坚持以下四项遴选原则。

（一）结构合理

中共中央办公厅、国务院办公厅印发的《关于深化新时代教育督导体制机制改革的意见》中明确提出了督学队伍结构合理的要求。科学合理的人员结构有利于相互配合、互相弥补，顺利开展督导工作。根据教育督导责任区挂牌督导工作实际需要，区域督学队伍遴选坚持以在职人员为主，退休人员为辅，女性和党外人士占一定比例，职称结构合理，学科搭配适当、老中青年段兼顾的原则。

（二）强化专业

责任督学工作本身的专业性决定了责任督学遴选必须坚持强化专业的原则。以贯彻落实国家教育方针、政策、法规作为基本条件，既要有熟悉教育行政管理的专业人员，又要有熟悉学科教育教学与研究的专业人员，且兼顾幼儿保育教育及小学、初中、高中各学段教育教学。

（三）双向选择

责任督学工作并非简单的机械劳动，其特殊性决定了只有充分发挥督学主观能动性方能不断提升督导效能。本人是否有意愿成为责任督学尤为重要。只有满足本人意向与组织意向一致的前提条件，再进行遴选，才真正具有现实意义。

（四）公平公正

具有足够的公信力，才具有足够的权威性。严格遵守遴选纪律，加强遴选工作监督，确保责任督学遴选程序公开透明，是责任督学本身公信力的基础。同时也要聘用坚持客观标准,平等对待每一所学校，每一位师生、家长，有公平公正之心，为人正直，办事公道，讲话有公信力的同志担任督学。

三、遴选条件

国务院《教育督导条例》对责任督学任职条件有明确规定，区域进一步明确细化责任督学遴选条件是对国家教育法规的落实与先行先试。区域责任督学遴选条件如下：

①坚持党的基本路线，热爱社会主义教育事业。

②遵纪守法，品行端正，坚持原则，廉洁自律，恪尽职守，公道正派。

③熟悉教育与教育相关领域的法律、法规、规章和国家教育方针、政策，具有相应的专业知识和业务能力。

④具有大学本科及以上学历，从事与教育相关领域行政管理工作，或从事教育行政管理、教育实践或研究工作 10 年以上，具有副科级及以上行政管理职务或一级教师及以上专业技术职称，工作实绩突出。

⑤具有较强的组织协调能力、文字写作能力、综合分析能力以及表达能力，能熟练使用现代信息化办公设备。

⑥身体健康,热心教育督导工作,能够保证履行督学职责和完成任务所必需的时间。

⑦对于行政机关荣获三等功及以上奖励的公务员，事业单位荣获区级及以上师德标兵、骨干教师、学科带头人、名师、名师工作室主持人，特级教师，国务院津贴获得者等优秀教师、优秀教育工作者，优先考虑。

四、遴选方式

区域每一位有愿望成为正式责任督学的候选人，都必须通过严格的考核方能纳入责任督学资源库，等候聘用。考核工作开展前，成立由区教委主要领导任组长，分管领导任副组长的遴选工作领导小组，指导由相关科室、中心负责人及专家组成的考评组开展工作。一是考评组要对所有候选人进行资格审查，对候选人是否符合遴选条件进行甄别。二是专家实施对资格审查合格者的考核。区域责任督学遴选考核主要有笔试和面试两种形式。笔试主要考察候选人政策理论水平、教育管理、教育教学基础理论知识、分析解决实际问题的能力及书面表达能力等。面试主要考核候选人的政治素养、语言表达能力及应变能力等。

五、遴选程序

程序合法合规，既是教育督导本身严谨工作作风的体现，也有利于真正遴选出优秀人才加入督学队伍，提升督导效能。区域责任督学遴选主要有以下三个环节。

（一）个人申请

凡有志于从事教育督导工作且符合专兼职督学遴选条件的同志都可以提出申请，并填写《南岸区教育督导专兼职督学申请表》。

（二）单位推荐

各单位对提出申请人员的基本条件进行初审，提出推荐意见并加盖公章，提交纸质材料，一式两份，上报区人民政府教育督导委员会办公室。

（三）组织考核

由区人民政府教育督导委员会办公室组建考评组对所有候选人进行资格审查，之后请专家评审符合资格审查条件的督学候选人或个人申请的督学候选人进行考核。经专家评审组确定的拟聘名单，将上报区人民政府教育督导委员会最终审定，其选聘人员进入区教育督导专、兼职督学资源库，适时任用。

第二节 责任督学聘用机制

创新责任督学聘用方式，完善责任督学聘用机制是对《关于深化新时代教育督导体制机制改革的意见》的深化与落实。严肃认真的聘任工作是对责任督学在遴选基础上的再把关。

一、聘用原则

区域在积极探索与实践中积累了以下四项聘用原则。

（一）双向选择

责任督学的主观能动性在督导实践中起着非常重要的作用，区域在遴选阶段强调双向选择，在正式聘任阶段更强调双向选择。这给予通过遴选的候选人再思考与组织再审视的空间。坚持这一原则既是对教育督导事业负责，也是对候选人本人负责。

（二）考核合格

考核合格是对责任督学聘用的基本要求。区域所有责任督学聘用必须通过由区教委主要领导任组长，分管领导任副组长的考核领导小组及由相关科室、中心、专家组成的考评组考核，成绩合格方可入围。考核合格说明了候选人具备成为责任督学的基本条件与能力，但是否真正聘用，还需综合考虑专业对口、工作需要等因素。

（三）择优选聘

为确保教育督导质量，责任督学聘用坚持优中选优。责任督学正式聘任时，在所有遴选成绩合格的候选人中，根据其考核成绩从高到低依次排列，排名靠前者优先聘用。

（四）按需聘用

区域根据挂牌督导学校全覆盖的基本要求及每名责任督学负责 3~5 所学校的具体要求，确定区域责任督学聘任总需求。在总数一定的情况下，结合区域学校类型、规模、发展需求、地理位置等多种因素，综合考虑确定责任督学聘用具体需求。所有责任督学均按区域教育督导实际工作需求进行聘任，同时聘用时，严格实行督学回避制度。

二、聘用方式

（一）新聘重纳贤

新聘责任督学重在吸纳优秀人才，充实督学队伍。候选人通过考核，成绩优秀且个人意愿与组织意见一致时，经区政府教育督导室对外公示无异议者，作为拟聘督学。新聘责任督学宜从工作实际出发，弥补原有督学队伍的不足。综合考虑拟聘督学专业背景、能力特长、工作年限等多种因素，为区域督导队伍注入新思想，带来新活力，增添新动力。

（二）续聘强专业

续聘旨在强化专业，巩固队伍。经过督导实践充分检验的优秀责任督学，是督导队伍中的中流砥柱。他们专业突出，经验丰富。区域原聘用责任督学聘期结束时，工作成绩突出，各方满意度评价较高，且聘任年限符合相关要求时，由个人提出申请，在区域工作需要的情况下，可续聘为责任督学。申请续聘责任督学并经区政府教育督导室审核合格后，重新颁发责任督学证，开始新的聘期工作。

三、聘用程序

区域责任督学的聘任程序公开透明，专职督学聘任主要经历公示、试岗、聘任三个环节。

（一）公示监督

考核合格的候选人经领导小组确认后，公示 7 个工作日。候选人公示期满无异议后确定为拟聘督学。公示监督是对候选人的进一步考察。办好人民满意的教育，责任督学服务于民，群众认可、民心所向方能顺利开展工作。

（二）试岗试用

由于教育督导工作本身的专业性与特殊性，候选人通过遴选、公示后也存在个别不适应督导工作的。在成为拟聘督学后，还需进行 3 个月试岗试用。拟聘督学在试岗试用期内参与教育督导工作，区政府教育督导室将根据拟聘督学在试岗试用期内的工作表现及相关学校的意见反馈，合格者正式作为聘任对象。

（三）正式聘任

试岗试用合格的拟聘督学，由区政府教育督导室报区政府教育督导委员会批准后正式聘用，实行注册登记，颁发责任督学证，持证上岗，由区政府教育督导室直接管理。

兼职督学聘任程序虽与专职督学聘任略有不同，但同样严肃认真。经个人申请、单位推荐、组织考核后确定的兼职督学拟聘人选，同样会在教育系统内予以公示，公示期为 7 个工作日，公示期满无异议的拟聘兼职督学。

第三节
责任督学管理机制

贯彻落实国务院《教育督导条例》精神，按照《重庆市教育督导条例》规定，区域探索创新责任督学管理机制已初显成效，努力建设一支高水平、专业化、适应教育督导工作新形势的督学队伍。

一、明确责任区主任岗位能力标准

教育督导责任区是督导实践的桥头堡，直接关乎教育督导实践的成败。责任区主任既是实践者，也是教育督导具体工作的指挥官。区域重视教育督导责任区建设，首先要重视责任区主任管理，教育督导责任区主任要求具备执着的专业精神、明晰的专业职责、丰富的专业知识、较强的专业能力、较高的专业修养。

（一）执着的专业精神

专业精神，注重政治素养与法制精神。要求责任区主任政治立场坚定，忠于党的教育事业，积极践行社会主义核心价值观；在教育督导工作中，自觉引导学校全面贯彻执行国家教育方针、政策，开展政策宣讲、主题交流、谈心谈话等活动；依法督导，进校主动出示督学证，按照《南岸区教育督导责任区督学挂牌督导操作指南》开展工作。

（二）明晰的专业职责

专业职责主要包含基本职责、组织职责、指导职责三个层面。首先，基本职责，即是履行《教育督导条例》规定的督学职责。如对学校依法依规办学进行监督；对学校管理和教育教学进行指导；受理、核实相关举报和投诉；发现问题并督促学校整改；向教育主管部门提出被督导单位主要负责人的奖惩建议等。其次，责任区主任不仅是一名督学，还是教育督导责任区的负责人。因此，责任区主任除基本职责外，还担负组织本责任区实施挂牌督导，管理与建设责任区办公室文化，确保挂牌督导有序、有效开展的组织职责。最后，责任区主任是本责任区工作开展的指导者，负责指导责任区其他督学与工作人员提升政策理论水平与督导实践能力。

（三）丰富的专业知识

责任区主任从工作性质与职责来看，必须具备比较丰富的专业知识，才能科学、有效地开展教育督导工作。责任区主任是督学中的“领头羊”，所涉知识要求广而深，并最好有所专长。因此，责任区主任岗位能力标准要求责任区主任熟悉教育法律法规、方针、政策、规则、制度；掌握教育学、心理学、学校管理、课程与教学、应急处理与安全防范等领域的基本理论与知识；掌握督导实施流程与教育督导报告、案例撰写知识；掌握评估监测、社会调查、统计分析的基本知识与方法。

（四）较强的专业能力

责任区主任是学校挂牌督导的实践者与责任区教育督导工作的指导者。责任区主任岗位能力标准要求责任区主任必须具备学校挂牌督导规范操作、洞察诊断、沟通交流、书面表达、听课评课、实践研究等多方面能力。责任区主任专业能力要求，主要基于收集信息、价值判断、反馈研究等方面。如“洞察诊断”要求责任区主任能通过实地察看、资料查阅、问卷调查、座谈访谈等方式收集真实信息，全面深刻了解学校发展现状，同时，科学分析，做出判断，及时反馈。“听课评课”要求以新课改理念为指导，结合学校办学文化，中肯、客观地评价授课氛围、教学环节、教学效果等，并做好记录，帮助教师提高教学水平。这就要求责任区主任要能听会听，懂教学，会沟通。责任区主任还应掌握必要的现代信息技术，便于收集信息，科学分析，提升督导效能。当然，面对高速发展的教育形势，责任区主任的自我更新与学习能力也在能力指标体系中。

（五）较高的专业修养

责任区主任的专业修养主要是在职业修养与个人修养两个方面做出了规定。一方面把遵守《督学管理暂行办法》《中小学责任督学挂牌督导办法》《中小学校责任督学工作守则》作为基本标尺，坚持原则、实事求是、作风民主、廉洁督导；另一方面与同事和睦相处、合作分享、心态乐观、头脑清醒、判断理智，传递正能量，懂得自我调节，保持身心健康。

二、明晰责任督学工作职责

教育督导是教育督导组织及其人员根据党和国家的教育方针、政策和法规，对下级政府、下级教育行政机关和所属各级各类学校的教育、教学、管理工作，通过观察、调查和考核，做出审慎的分析和评定，指出优劣，给予明确评价和指导，使教育、教学、管理工作达到遵循教育规律，提高教育质量的目的。为完成这一神圣使命，要求教育督导人员必须具有较高的职业素养。根据《教育督导条例》《督学管理暂行办法》《中小学校责任督学挂牌督导办法》，结合实际，拟定责任督学具体工作职责，其根本目的就在于用明确的职责为标尺，指导督导队伍专业发展。

（一）依法督导，监督规范

《中小学责任督学挂牌督导办法》明确规定责任督学有对学校依法依规办学进行监督的基本职责。熟悉教育法律法规，关注学校是否规范办学是责任督学的首要职责。

（二）指导办学，服务学校

《中小学责任督学挂牌督导办法》明确规定责任督学有对学校管理和教育教学进行指导的基本职责。区域严格执行责任督学对所负责的每所学校，实施经常性督导每月不少于 1 次的次数要求。同时，对具体内容进行深化，了解学校办学情况，以及校园周边综合治理等情况，分析和研究学校办学中的焦点、热点、难点问题，为挂牌督导学校的管理和教育教学工作提供服务与指导，督促学校遵循教育教学规律，全面提高教育教学质量。

（三）积极参与，深度督导

责任督学应根据区政府教育督导室工作安排，列席挂牌督导学校有关会议，了解挂牌督导学校发展情况；做好挂牌督导学校的经常性督导与协作督导，按上级要求参与专项督导、综合督导及国家、市级义务教育质量监测，指导学校做好督导准备工作，回访学校各项改进举措的落实情况。

（四）发现问题，提出建议

责任督学发现学校在某一方面存在问题，应向督导组提出，经集体会商后，下发《教育督导建议书》，为解决问题提出合理、可行的建议，指导学校内涵发展。

（五）重大问题，及时上报

发现危及师生安全的重大隐患、办学行为存在违规违纪等重大问题，责任督学应及时上报区政府教育督导室，经审批后，由区政府教育督导室下发《教育督导整改通知书》，限期督促学校整改。对各种突发事件或重大事故，责任督学应及时了解并督促学校上报有关情况，协同相关责任部门人员按照法规政策加以处理，推进情况与结果及时上报区政府教育督导室。

（六）受理举报，处置投诉

责任督学应多渠道听取师生、家长和社会各界人士的意见，受理相关举报和投诉，做好记载，逐一核实，并积极处置。

（七）资料填写，规范完整

督导过程中责任督学应注意原始资料的收集与保存。督导结束后，责任督学应认真、规范、翔实地填写《南岸区教育督导责任区督学工作手册》，完成相关佐证资料收集、整理与组卷工作。

（八）平台完善，信息报送

严格按照市、区教育督导信息系统平台建设的要求，在责任区主任指导下，完成本责任区信息报送、意见反馈与学习交流等工作。

（九）培训学习，学以致用

积极参加市、区级教育督导机构组织的各类学习与培训活动，认真学习，做好记录，不断总结与反思，学以致用。

（十）实践研究，撰写报告

责任督学应积极参加区域教育督导实践研究，结合责任区内学校实际情况，开展专题调研，多渠道采集数据，整合资源，撰写调研报告、论文、案例等，提高教育督导专业化水平。

（十一）服从安排，完成工作

教育督导工作涉及面广，工作头绪较多，责任督学应服从安排，完成区政府教育督导室交办的其他工作。

三、规范挂牌督导工作规程

责任督学日常最核心的工作就是实施挂牌督导。挂牌督导工作规程的标准化，就是用标准的流程，促使责任督学督导行为的规范化，促进责任督学专业提升。根据国务院教育督导委员会办公室印发的《中小学校责任督学挂牌督导规程》，结合实际，详细制定了区域挂牌督导工作规程，并对诸多环节提出了具体要求。

（一）工作计划

责任督学围绕区教育年度工作要点、区教育督导年度工作要点，结合责任区内学校实际情况，制订学期和学月工作计划；填写《责任督学学期工作要点》《责任督学月工作计划表》；上传“重庆市教育督导管理系统”平台审核备案。在此环节，区域强调工作的前瞻性，计划的可操作性。

（二）主题方案

责任督学开展督导工作，应事先制定督导工作方案，明确任务和重点，确定督导学校、类型、时间、目的、内容与方式等。填写《责任区月预安排表》；上传“南岸区教育督导管理系统”平台审核备案。方案要求具体，工作照此实施，如有变化需向管理部门提出申请，经管理部门批准后方可实施。

（三）专题学习

责任督学应熟悉与掌握督导有关指标、工具等内容，认真学习、领会与本次督导有关的政策、法律、法规等相关文件精神，遵守《责任督学工作守则》，提高督导素养，做到有的放矢。区域已系统拟定《中小学责任督学挂牌督导办法》所列八项经常性督导主题指标，并完整研制与之匹配的多类工具。区域还要求责任督学心中有指标，操作用工具，避免督导的随意性。

（四）持证督导

区域为每位责任督学颁发了责任督学工作证，要求责任督学实施督导，必须规范佩戴督学证。同时，注意责任督学着装规范、言语得体。

（五）校园巡视

区域对校园巡视的前、中、后三个阶段做出细致规定。前期：要求设计巡视路线、流程及时间安排；拟定预收集的相关信息与实证材料；明确人员分工、职责任务、工作要求等。中期：有目的、有重点地开展校园巡视，主要巡视校园环境、师生着装和行为规范、课堂教学秩序、食堂卫生、消防设施设备、校园周边安全等。同时，注意根据督导主题，巡视有所侧重。后期：注意通过对现象的观察与描述，基于现象但不限于现象，深层思考，发现问题，提出建议。

（六）课堂观察

前期应获取学校课程表和作息时间表，确定观察主题或重点，确定听课教师、班级、学科及时间，提前进入课堂做好准备。中期主要观察课堂组织管理、教学行为规范、教学常规落实及课堂文化营造、师生精神风貌、课程资源应用等。责任督学应认真记录、发现亮点、捕捉问题。课后及时与执教教师交流，态度和蔼、评价中肯，既要充分肯定其闪光点，又要提出意见建议促其成长。

（七）资料查阅

查阅前应明确类别，围绕督导主题，确定查阅重点、途径和方式；根据督导主题，准备相关工具等。查阅时应重视规范、关注细节，特别是证照类、资质类关系重大的资料要仔细核对并做好记录。查阅后认真梳理，及时反馈并填写《资料查阅记录表》上传“南岸区教育督导管理系统”平台审核备案。

（八）问卷调查

问卷调查是网络时代快捷获取信息的常用方式，便于在较短时间内收集较大数量的相关信息。前期应契合主题，紧扣指标编制问卷。确定问卷对象、人数、方式等。问卷编制应具有针对性，问题简洁明了，指向清晰。问卷编成后按计划网络发放或采用纸质问卷直接调查。无论哪种方式进行问卷调查均应注意对受调查人员信息的保密工作。完成调查后，责任督学应对数据进行定性与定量分析，将结果反馈给学校。填写《问卷调查记录表》，上传“南岸区教育督导管理系统”平台审核备案。

（九）座谈访谈

座谈访谈前确定重点内容、拟定提纲，确定对象、人数、方式等。座谈访谈时创造和谐氛围，关注对象情绪反应。灵活运用访谈提纲，收集有效信息。鼓励说真话，讲实情。真诚待人、耐心倾听、平等交流，同时，应特别注意座谈访谈对象及内容的保密性。

（十）督导记录

责任督学在督导过程中，可通过笔录、拍照、录音、录像、复制文件等方式，对现状、问题、意见等进行记录。记录过程力求客观、真实、完整，避免断章取义，同时防止信息外泄。

（十一）分析汇总

督导实践中一般两人及以上成行，督导小组务必交流讨论、还原事实、客观分析、综合判断，最终形成一致意见。尊重实践者的信息第一性，同时重视同伴意见，最终由督导组长形成成熟意见和建议。

（十二）交流反馈

责任督学针对发现的问题提出改进建议，形成反馈意见，及时和学校沟通交流。一般性问题可向学校口头反馈，重大问题可下发《教育督导建议通知书》，如学校在执行教育法律法规、规范办学行为、维护安全稳定等方面存在重大问题，应及时书面报告区政府教育督导室。由区政府教育督导室向学校下发《教育督导整改通知书》，上传“南岸区教育督导管理系统”平台审核备案。同时，交流反馈应听取学校的申辩解释，平等交流，以促进问题解决为中心。

（十三）撰写报告

报告撰写应客观公正、简明扼要；反映问题应做到准确具体，不回避、不掩饰、不夸大；提出意见应观点鲜明、针对性强；整改建议措施应具体、时限明确，操作性强。每月底前形成《月督导报告》，经专项督导、综合督导、协作督导或专题调研后，按规定时限形成报告。各类报告上传“南岸区教育督导管理系统”平台审核备案。

（十四）总结汇报

责任督学每月梳理、总结一次督导工作，填写《月实际进校情况汇总表》《月督导情况整理表》，向区政府教育督导室书面报告工作情况。学期结束后，责任督学按基本情况、亮点工作、问题困难、反思展望等撰写《学期工作总结》。总结要求简明具体、客观真实，有对过去工作的经验凝练，也有对未来工作的思考谋划。

四、优化教育督导工作会议

高效务实的会议，是推动各项工作开展，提升督学专业能力的有效途径。经过多年实践，区域已形成层级清楚与功能明确的会议制度。

（一）督导委员会专题会议

区人民政府教育督导委员会专题会议，由区政府教育督导委员会主任召集并主持，原则上每学期不少于2次。遇重大问题也可临时召集召开。会议由督导委员会成员单位相关领导参与，区教委相关科室中心成员列席。审议“全国义务教育优质均衡发展区”创建工作等重大教育督导工作事项的推进方案，并负责统筹、协调、指导具体工作开展。会议协调解决区域内教育督导工作中的重大问题，着力解决挂牌督导中的突出问题。区人民政府教育督导委员会专题会议是区域教育督导领域最高级别会议，重顶层设计、统筹规划、突出实效。

（二）学年工作与总结例会

学年工作例会，一般在新学年开始前一周进行，主要学习上级教育行政主管部门、教育督导机构及区级教育行政主管部门、区级教育督导机构下发的各类文件；解读区域学年主要工作要点与计划；安排区域学年常规督导工作与学年重点工作事项，同时展开新聘责任督学岗前培训等。学年总结例会，主要是回顾总结一学年的教育督导成果与经验；明确新学年工作努力的方向；公布各责任区综合考评情况等。

（三）学期工作与总结例会

学期工作与总结例会内容以学年工作与总结例会内容为参照。在学习新文件精神的同时，对各项工作进行再细化、再安排、再深化，促进各项工作落实到位。

（四）月末工作与培训例会

区域坚持每月末召开区级月末工作与培训例会。一是通过例会总结本月主要工作开展落实情况。二是统筹安排下月工作，明确工作目标、方向等。三是开展下月经常性督导主题相关内容培训。如开展下月经常性督导主题指标研讨、督导工具设计意图解读与督导工具使用注意事项培训等。四是开展其他教育督导微主题交流。五是集中研讨各类议题笺议题，群策群力，集思广益，为解决学校实际问题出谋划策。

（五）责任区工作学习例会

各责任区每周一上午9：00，于本责任区办公点召开责任区内部工作学习会议。

一是再学习领会各级各类文件精神；二是具体安排责任区内各责任督学周工作事项，明确分工与具体工作要求；三是开展责任区内部研讨，提升责任督学专业能力与专业素养。

（六）责任督学工作座谈会

座谈会由区政府教育督导室组织召开，区政府教育督导室与区教育督导评估中心相关人员、责任督学、联动片区主任共同参加。会议根据挂牌督导工作的需要，不定期召开，旨在充分听取责任督学就当前教育发展的热点、重点、难点工作或某个突出问题的意见建议，深入分析原因，增添改进举措。

（七）责任督学工作咨询会

咨询会由区政府教育督导室不定期组织召开，根据探索、创新挂牌督导工作设定咨询会主题。区教育督导机构聘请市内外相关督导专家为全体责任督学答疑解惑。咨询会重在帮助责任督学厘清思路、开拓视野，更好地指导督导实践。

（八）重大问题征求意见会

征求意见会重点传达贯彻上级领导机关、部门的重要文件、指示、决定和有关会议精神；研究挂牌督导工作思路、要点、措施、步骤；广泛征求责任督学对重点问题的意见建议，商讨、商榷教育督导重大问题的处置方案。会议目标明确，直指核心问题。

（九）其他专项工作培训会

区域除重视培训挂牌督导常规工作外，还重视其他各类专项工作开展的培训。如在“幼儿园办园行为规范”“政府履职”“质量监测”“防控新冠肺炎”等各项专项工作开展前，必定召开相关会议实施培训，做到了有工作必培训。详细解读各类工作流程、指标要点，明确工作要求与时间节点等，做到了凡责任督学参与必清楚工作，且高质高效完成。

同时，区域各级各类教育督导会议凡需责任督学参与的，均要求责任督学全员全程参与，一般情况不得请假。即使防控新冠肺炎期间，区域仍通过视频会议的形式召开相关会议，以保障各项工作有序开展。

五、强化责任督学考勤纪律

出勤情况是队伍管理的基本面，更是队伍工作作风的直接体现。严格的考勤制度有利于提升工作作风，强化责任督学管理，督促责任督学扎实开展各项工作。依据《南岸区教育督导责任区挂牌督导实施细则》，特制定了督学考勤制度。督学考勤制度主要关注责任督学以下三方面的出勤情况。

（一）岗位出勤考核

专职责任督学在法定工作日内，根据区政府教育督导室周工作统筹安排事项，除开展进校督导和根据自身业务专长对学校进行针对性指导外，均应在所属教育督导责任区办公室办公。兼职责任督学在法定工作日内，根据工作安排定点办公。兼职督学开展督导工作考勤与专职督学一致，原单位工作事项由原单位考勤。责任督学法定工作日在责任区办公时间每天不少于 8 小时。

（二）进校督导考核

责任督学按照区政府教育督导室周工作统筹安排表，进校开展挂牌督导。为确保督导质量，原则上每次进校督导时间不少于 4 小时。

（三）会议培训考核

责任督学根据工作需要有义务参加各级各类培训。会议和培训出勤考核由区政府教育督导室负责，原则上不得请假。

区域重视责任督学出勤考核，责任督学责任区办公室办公与进校督导均通过重庆市教育督导信息系统手机 App 签到。会议与学习培训均以签到表的面签时间为准。同时，责任督学因公、因私请假，必须提前履行书面请假手续，需填写《请假申请表》，报相关领导审批同意。如遇特殊情况，可电话先行请假手续，《请假报批表》后补。病假补《请假报批表》时，一并附上印证资料。

区域重视责任督学出勤考核结果运用。区政府教育督导室每月向责任区主任反馈当月责任督学出勤考核结果，学期末责任督学出勤考核情况纳入责任区总体综合考评。另外，区政府教育督导室负责对责任督学考勤情况进行不定时抽查，确保出勤情况客观真实。

六、坚持责任督学档案规范

档案规范是教育督导工作规范的最后一环，也是整个工作过程规范的集中体现与缩影。坚持教育督导档案规范是全面提升和展示责任督学工作内涵与品质的需要，也是进一步促进责任督学专业提升的有效途径之一。区域根据《中华人民共和国档案法》，结合实际制订了责任区档案管理制度。

（一）专人负责制度

教育督导责任区档案管理实行责任区主任负责制，责任区主任对本责任区所有档案负责。责任区内安排专人负责接收、收集、整理各类工作资料，并按规定程序归类建档、保管和提供利用等。负责档案工作的责任督学应当遵守法律、法规和规章，忠于职守，保守秘密，热情服务。

（二）及时整理档案

责任区内负责档案工作的责任督学，应及时收集、整理责任区工作过程资料，如上级下发文件、通知，挂牌督导进校督导各类资料。要求进校督导后三个工作日内收集、整理完毕相关资料。学期结束前，整理完毕本期内所有档案资料。同时，区域重视档案质量，学期结束各责任区集中展示相关资料。区政府教育督导室邀请专家对各责任区档案进行评比，评比结果纳入责任区考核。

（三）规范档案存放

责任区档案归档时间以学年为单位，保管期限为“短期”五年。责任区档案由责任区独立存档保管于责任区办公室，未经区政府教育督导室批准，档案资料不得外借。同时，应切实做好档案“十防”（即防盗、防水、防火、防潮、防尘、防鼠、防虫、防高温、防强光、防泄密）工作。

（四）严格档案销毁

档案销毁必须按照国家规定的标准严格进行鉴定，向区政府教育督导室履行档案销毁手续，获审批后，需责任区督学两人或两人以上在场时方可销毁。

第四节 责任督学培训机制

国家督学卢焕雄认为：在教育督导实践中，督学队伍能力素质成为影响教育督导质量水平的瓶颈[1]。中国教育科学研究院教育督导评估研究所程蓓也认为：目前，我国

1 卢焕雄 . 发展督学素质能力 提升教育督导质量［N］. 中国青年报，2020-03-09（8）.

督学队伍培训还存在培训师资短缺，基层督学参与高层次培训机会不多；课程设置不合理，对督学能力提升的针对性不强；培训方式过于单一，督学互动及参与感不够；实施流程过于随意，培训规程不明确；缺乏有效的评估方法，培训考核细则不完善等问题[1]。

区域积极探索，重视顶层设计，力求克服目前责任督学培训中的诸多共性问题，根据《督学管理暂行办法》，结合实际，努力在培训规划、培训管理、培训形式、培训内容上下功夫。

一、统筹责任督学培训规划

区域围绕促进督学专业发展，助推区域教育优质均衡发展的总体目标，对督学培训做出了详细规划。规划既紧密围绕区域教育督导工作要点内容，又充分尊重督学本人自身特点与发展意愿。

（一）宏观制定区域督学培训规划

区域总体上以五年为一周期，制订区域教育督导规划。培训工作方面以周期教育督导规划为依据制定全员培训规划。区域依据周期教育督导规划和国家、市、区重点督导项目制定年度教育督导工作要点，以工作要点为依据制定责任督学年度培训计划。明确培训内容，合理安排时间，科学选择培训方式。培训规划的制定与实施有利于从宏观层面把握培训方向与进度，使区域责任督学培训与责任督学工作紧密相连，注重内容联系实际，培训指导工作。

（二）精准确立督学个人学习计划

在做好区域层面的责任督学培训规划的前提下，区域责任督学可较为灵活地制订个人学习计划。即是说，区域责任督学既有全体督学必须完成的规定性共性培训计划，又可以根据自身专业特长与工作发展需求制订选择性个性培训计划。

总体来看，区域培训规划与个人学习计划相结合，有利于提高培训效能，整体提高区域教育督导培训质量，同时促进督学专业发展、特长发展。

1　程蓓．欧洲国家督学队伍培训工作经验及对我国的启示［J］．外国中小学教育，2019（5）：35-41，34.

二、严格责任督学培训管理

责任督学培训的效果，直接关系教育督导的实施效果，责任督学培训管理是否到位，则直接关系到培训效果的好坏。经过多年积累，区域已建立了一套规范有序、行之有效的管理模式。

（一）坚守成长目标

区域始终坚守以强化督学队伍建设，促进督学专业发展，助推区域各级各类教育优质、均衡发展为目标。督学队伍建设是基础，督学专业发展是区域教育督导事业发展的推进器与持续保障。区域责任督学队伍建设、专业发展，以助推区域教育优质、均衡发展为需求，谋划责任督学培训。

（二）精细实施举措

1. 打磨环节

区域责任督学培训重视过程管理，做足培训前、培训中、培训后三环节工作。一方面，重视市级及以上的培训。培训前，根据区域培训规划，结合年度工作要点及具体工作需要，有针对性选派相关人员参与培训；培训中，参培人员必须做好笔记、录音、录像、相关资料拷贝等工作；培训后，参培人员必须向区内传达相关精神，交流学习心得，提出相关工作开展建议等。另一方面，区级内部培训主要采用项目申领制度。培训前，区级教育督导机构根据工作实际需要确立培训项目。各责任区、联动片区积极申请，负责相关项目培训实施。原则上各责任区、联动片区每期至少组织一次培训。各责任区、联动片区申领项目确定后，便集中责任区、联动片区集体智慧积极准备。区级教育督导机构则负责对责任区、联动片区所准备培训内容的审核。审核过程细致严格，严把培训质量第一关。审核材料包括培训提纲、PPT 及其他所有培训资料，审核内容包括培训主题的思想内核、表达方式、呈现手段、文本规范等。审核通过后，方可择机开展相关培训。培训中，区域既有对参培人员的培训要求，如基本的手机静音、做笔记等；还会根据培训主题需要，参培人员参与讨论发表意见、建议等，也有对培训人员的相关要求，如严控发言时间，语言精简凝练等。同时，区级内部培训均完整保存全程摄像。培训后，参培人员整理笔记撰写学习心得并不定期开展相关展示。做足准备，做细过程已成为区级培训的重要经验。

2. 强化要求

区域除对培训环节细化要求外，对责任督学培训学时也有明确规定，新任督学必须完成 15 学时培训方可上岗。每月定期组织责任督学在岗提高培训。开展专项督导和综合督导前，责任督学必须参加区域组织的专题培训。责任督学每年面授培训学时累计不低于 40 学时。从培训实践来看，区域近几年责任督学人均实际培训学时远超 40 学时，充分的时间保证，为责任督学专业成长提供了强有力的保证。

3. 搭建平台

积极为责任督学搭建交流展示平台是区域提升责任督学培训效能的又一重要举措。一是要求责任督学，积极将自己的培训所思所悟、督导研究论文、实践经验、案例等形成文稿，参与市级相关比赛。近几年，区域责任督学参与市级征文比赛斩获颇丰，形成凡推出必得奖的局面。同时，区内每年组织教育督导征文比赛，聘请专家担任评委，责任督学踊跃参加，且参与面广。二是区政府教育督导室、区教育督导评估中心积极推荐责任督学优秀文章，并向各级专业期刊上投稿。稿件的获奖与发表是对责任督学专业成长的认可与体现，更激发了责任督学持续努力的热情。三是开展责任督学专题讲座、微培训，充分给予做出了亮点、积累了经验的责任督学交流展示的机会。如履职时间不长的责任督学罗某对《现代学校制度的理论与实践研究》专著的阅读颇有心得。区域安排其利用月末工作培训会的时间对全体责任督学、联动片区主任等做相关专题培训。一方面是对责任督学个人的肯定与鼓励。另一方面培训收到的良好效果有利于挂牌督导工作开展，也激发了责任督学深入学习研究的热情。

（三）学时登记认可

开展教师培训学时登记工作是确保教师继续教育制度顺利实施的重要保障。教师培训学时与教师职务（职称）评聘、绩效考核、教师资格定期注册挂钩。来自学校的在职责任督学也需进行学时登记。区政府教育督导室、区教育督导评估中心根据实际开展各类培训，对责任督学的继续教育学时进行登记、审核并由本人交给人事关系所在单位，最终由区继续教育中心复核认可。

三、完善责任督学培训形式

区域督学培训形式多样，注重实效，主要有现场专家讲授、专题研讨与交流、主题观摩互动、外出学习考察、线上学习培训等。

（一）现场专家讲授

教育督导工作具有极高的专业性且涉及面广，专家讲授必不可少。区域定期或不定期邀请各地教育督导、教育管理、教育教学等方面的专家向区域全体责任督学现场授课。近年来，一方面区域邀请北京、上海等地知名专家现场授课，如：邀请北京市首批名校长工作室研究员、管理学博士、北师大大兴附中原校长、大兴区政府教育督导办公室原主任宋怡讲授《以学生为中心的现代学校课程文化建设》，邀请国家教育治理现代化指数监测项目组首席专家、成都市教育科学研究院副院长、正高级教师、博士后导师秦建平讲授《现代学校治理与章程制度建设》等。另一方面，邀请重庆市内专家讲学，如：邀请重庆市教育科学研究院原副院长王纬虹讲授《怎样成为一名优秀的督学》，邀请重庆市政府督学、南岸区责任督学总顾问陈晓风讲授《“惊鸿一瞥”看督导》等。专家的讲授缩短了责任督学的成长周期，有利于打造专业化督学队伍。同时，从实践经验来看，专家的讲授往往能引起责任督学的共鸣，促使责任督学结合自身工作实际进行更深入的思考，尝试理性化凝练。

（二）专题研讨与交流

区域经常性开展专题研讨与交流，专题研讨与交流主要围绕《中小学责任督学挂牌督导办法》规定的校务管理和制度执行情况；招生、收费、择校情况；课程开设和课堂教学情况；学生学习、体育锻炼和课业负担情况；教师师德和专业发展情况；校园及周边安全情况，学生交通安全情况；食堂、食品、饮水及宿舍卫生情况；校风、教风、学风建设等八个主题进行交流。各责任区根据区域挂牌督导工作安排，自选相关主题，在区级培训会上就该主题挂牌督导工作进行培训。责任区选定一名责任督学对督导流程、督导指标解读、督导工具研制使用、督导工作开展注意事项等进行发言。各责任区相互交流，积极讨论，最终达成共识，以指导相关主题挂牌督导实施。在研讨与交流中，疑难困惑得以解决，挂牌督导工作流程更加清晰，督导指标更加明确，为全体责任督学深入学校开展督导做足准备，使区域教育督导流程规范，标准统一。

（三）主题观摩互动

区域有效开展专题研讨与交流的同时，经常性开展主题观摩互动。主题观摩互动主要立足于《中小学责任督学挂牌督导办法》所规定的八个主题。一方面区政府教育督导室、区教育督导评估中心积极组织区级较大规模主题观摩互动。2017 年 11 月于城南家园小学校开展了校园及周边安全情况主题观摩互动。市、区教委领导亲临指导，市内外专家、区域全体责任督学、区域中小学校督导工作室主任、学校视导员等400余人参加此次活动。此次主题观摩互动，获得与会各方一致好评。《中国教育报》曾于头版刊登此次主题观摩互动情况，并高度评价区域务实创新开展挂牌督导工作。另一方面各责任区积极通过项目申领制度，牵头实施责任督学内部主题观摩互动。2019年11月在珊瑚康恒小学校，由南坪第一教育督导责任区与南坪第三教育督导责任区共同牵头组织了以“课程开设和课堂教学情况”为主题的观摩互动。区政府教育督导室、区教育督导评估中心领导全程参与并作指导。区域全体责任督学全员参与，活动分为观课评课、座谈访谈、资料查阅、问卷调查等小组，分头实施再综合汇总。责任督学参与其中，积极互动，为学校提出适宜性强的意见和建议，得到学校领导的高度认可。全体责任督学通过这种形式，身临其境地感知了教育督导的具体实施过程，为各自工作的开展提供了良好的范例。

（四）外出学习考察

他山之石可以攻玉。区域督学培训既重视自身经验总结，同时也重视学习他人经验。2018年曾派出责任督学团队赴上海学习，督学团队聆听了多位上海教育督导专家的经验介绍，同时考察了黄浦区、闵行区的教育督导工作开展实际，并深入多所学校了解挂牌督导工作在学校的开展情况。2019年曾派出督学团队赴陕西师范大学深入学习教育督导理论。责任督学同时参观了多所学校，深入了解当地挂牌督导工作落地情况。区域重视外出学习考察，更注重学习考察经验联系区域教育督导实际，不断总结提升，学以致用。每次外出学习考察后，学习团队总要集体总结，责任督学代表就学习情况再向区域全体责任督学做专题介绍。自身的总结与介绍是外出学习考察的再学习，也扩大了受益面，深入思考，内化为用。

（五）线上学习培训

区域大力开展现场专家讲授、专题研讨与交流、主题观摩互动、外出学习考察的同时，还非常重视线上学习培训。一方面，区域积极组织责任督学参加高级别督学网络培训。2019年区域选派多名责任督学、联动片区主任积极参加国家教育行政学院督学网络培训中心组织的督学线上培训，被选派人员认真学习，高质量完成各项任务，均顺利结业。另一方面，区域用好区级教育督导平台、钉钉视频会议功能开展网络培训。如2020年新型冠状肺炎疫情期间，通过钉钉视频会议功能，开展了《南岸区新冠肺炎疫情防控期间中小学（幼儿园）开学工作指南》《新冠肺炎疫情突发事件应急流程》《新冠病毒无症状感染者管理规范》等多项疫情防控工作培训。区教育督导评估中心主任通过网络，详细导读中共中央办公厅、国务院办公厅印发《关于深化新时代教育督导体制机制改革的意见》。区教师进修学院原工会主席、民办教育督导责任区陈志主任做了《学校文化建设》专题培训。区域对培训过程全程摄像，上传区教育督导系统平台，供责任督学反复观看学习。线上学习培训方式灵活、方便快捷、经济高效，责任督学还可通过网络留言互动，提高了培训效率，提升了培训质量。同时，区域通过微信、钉钉向责任督学推送优秀论文、典型经验、经典案例供责任督学线上学习交流。

四、拓展责任督学培训内容

区域督学培训内容丰富，立足党的教育方针政策，顺应新时期教育发展潮流，并有机结合区域教育督导工作需求与督学队伍工作实践，具有较高的前瞻性与实效性。以下分七个板块介绍区域责任督学培训内容。

（一）习近平治国与教育思想

习近平总书记在全国教育大会上讲："培养什么人，是教育的首要问题。我国是中国共产党领导的社会主义国家，这就决定了我们的教育必须把培养社会主义建设者和接班人作为根本任务，培养一代又一代拥护中国共产党领导和我国社会主义制度、立志为中国特色社会主义奋斗终身的有用人才。"习近平总书记的教育思想是一座丰富的宝库，也是一盏明灯，深入学习习近平总书记的教育思想，能让全体责任督学更加明确中国教育和教育督导的方向，坚定责任督学的政治立场。区域多次组织学习习近平总书记全国教育大会重要讲话精神。责任督学全员下发《习近平总书记系列讲话读本》《习近平谈治国理政》《习近平关于"不忘初心、牢记使命"论述摘编》等著作，供大家学习领会。指导责任督学运用学习强国 App，参与习近平论教育专题学习交流。通过对习近平总书记思想的学习，提高了区域责任督学的认识，使责任督学更加明确了自己的角色定位，为区域挂牌督导工作的开展奠定了坚实的思想基础。

（二）教育法律法规与政策方针

《中小学校责任督学挂牌督导办法》明确规定：对学校依法依规办学进行监督是责任督学的基本职责之一。责任督学充分履行职责就必须熟悉多项教育法律法规与政策方针。区域在培训学习中，一方面，强化《中华人民共和国教育法》《中华人民共和国义务教育法》《中华人民共和国教师法》《中华人民共和国未成年人保护法》《中华人民共和国预防未成年人犯罪法》《幼儿园管理条例》《学校体育工作条例》等教育领域基本法律法规的学习；另一方面，专题学习《教育督导条例》《中小学校责任督学挂牌督导办法》《重庆市教育督导条例》等教育督导法律法规。组织学习、讨论中共中央办公厅、国务院办公厅印发的《关于深化新时代教育督导体制机制改革的意见》等政策性文件。通过学习，增强了全体责任督学的法律意识与规则意识。同时，责任督学进一步明确了自己的职责与工作范围，使区域教育督导工作与督学个人工作做到了依法依规。

（三）教育督导理论与实施经验

教育督导工作有其特有的专业性，责任督学必须掌握必要的教育督导理论并能用以指导督导实践。一方面，区域为责任督学配发《中国教育督导理论与实践》《教育督导新论》等书籍，供责任督学学习。各责任督学通过自学，每周一在责任区内交流研讨，每月末在工作例会期间开展教育督导理论与实施经验专题学习交流。另一方面，区域大力组织学习先进教育督导理论与实施经验的同时，鼓励全体责任督学不断总结区域及自身教育督导经验。在学习、总结与提升的基础上，鼓励责任督学相互交流。目前，已形成比较成熟的“一中心两支点”引领下区域校内外督导良性互动模式，如规范的教育督导流程，区域统一的“挂牌督导八大主题”督导指标与工具等。责任督学在区级培训会上先后介绍责任督学听评课技巧、教育督导责任区文化建设、挂牌督导效能外宣、教育督导进校工作准备、座谈访谈信息收集、来电来访处置规范等多项经验。区域责任督学已形成浓厚的理论学习和经验交流氛围，做到了理论学习与实践相连，区域教育督导实施经验共享的良好局面。

（四）学校管理与教育教学理论

学校管理与教育教学是学校工作的永恒主题，《中小学校责任督学挂牌督导办法》明确规定责任督学具有对学校管理和教育教学进行指导的职责。要对学校管理和教育教学进行有效指导，必然要求责任督学在学校管理和教育教学方面有所擅长。一是邀请专家学者、知名学校校长专题讲授学校管理与教育教学理论。二是为各责任区购买《现代学校制度理论与实践研究》《非常理想特别现实——北京十一学校章程与制度集萃》《当代教育心理学》等书籍供责任督学学习交流。三是通过微信、QQ、钉钉向责任督学推送学校管理和教育教学方面的优秀文章供大家学习交流。四是为区域各责任区订阅《中国教育报》，供责任督学学习，使责任督学能够及时了解教育动态，了解学校管理和教育教学理论最新发展前沿。

（五）督导实施策略与文本撰写

向教育督导部门报告情况，并向政府有关部门提出意见是《中小学校责任督学挂牌督导法》对责任督学基本职责的要求。这就意味着责任督学必须要掌握一定的教育督导实施策略，有效收集信息，科学分析，合理做出价值判断，最终形成各类报告文本，向上级部门报告。一方面，通过专家讲授、主题观摩互动、主题研讨与交流等多种形式强化进校督导准备、督导工具设计运用、问卷收集整理、座谈访谈、校园巡视、资料查阅、课堂观察等实施策略的培训；另一方面，各类文本质量是督导实施过程的体现与集中反映。区域重视各类文本的真实性、有效性、科学性与规范性。通过面授形式集中讲解督导方案、计划总结、督导报告、督导案例、议题笺等多种形式文本的撰写。培训中，对文本格式（含字体、字号、符号使用、图表制作等）、内容、撰写技巧与注意事项等均做统一要求或讲解。同时，编制责任督学操作手册供责任督学撰写过程中查阅和比对。对区域责任督学形成并上传区级督导平台的优秀文本，推送至区级教育督导门户网站供责任督学学习交流。

（六）教育评估监测理论与实施

教育监测可谓世界性难题，教育本身的长期性与复杂性决定了教育监测工作困难重重。《重庆市教育督导条例》明确规定：责任督学具有参加教育督导机构组织评估和监测的职责。区域重视教育评估监测理论与实施培训，对全体责任督学组织实施国家、市级义务教育质量监测及其结果运用，现代学校特色项目发展督导评估，责任区与联动片区满意度调研（重在调研方法与样本、调研现状与分析、调研结论与建议）等的系统培训。区级培训从理论培训到实操演练，再到正式实施，理论培训重视指导实践，实操演练全模拟真实评估监测，培训合格方能参与评估监测实施。通过培训，区域责任督学对相关工作的重要性有所了解，能比较熟练地掌握评估监测的常规方法与技巧，履行责任督学评估监测职责。

（七）现代信息技术运用与管理

随着信息化时代的到来，教育督导工作也必将迎来它的信息化时代。区域为每位责任督学配发平板电脑。定期或不定期通过现场讲授或线上培训等方式，培训责任督学市、区两级教育督导系统平台与 App 的使用。同时，强化责任督学运用现代信息技术及时、高效开展学校督导信息收集、督导问卷设计使用、大数据汇总分析、学校督导数据图表绘制、督导结果呈现反馈或报告等内容的培训。目前，区域责任督学均能熟练使用市、区两级教育督导系统平台，通过平台上传下载资料、发送收集网络问卷、整理问卷数据、发放督导建议书或整改通知书、进行督学星级评价等多种常规工作。区级督导机构强化平台管理，及时下发各类工作通知要求，定期或不定期审核督学上传的资料，对责任督学完成工作情况，市、区两级教育督导系统平台使用情况进行监测、汇总、反馈。总之，区域已基本实现责任督学常规工作网络化，逐步实现责任督学日常工作绿色办公无纸化。

第五节
责任督学考核评价机制

2018 年 5 月，中共中央办公厅印发的《关于进一步激励广大干部新时代新担当新作为的意见》，提出了充分发挥干部考核评价激励鞭策作用的要求。科学合理的考核评价机制，有利于激发被考评对象的主观能动性、创造活力，高效率、高质量地完成各项工作。

一、完善责任督学考核评价内容

科学全面的考核评价内容，有利于准确评价责任督学的工作成效，在方方面面的工作中总结提升与查漏补缺。

（一）尽职履责显担当

尽职履责考核，是落实从严管理干部要求的有效途径，有利于锻造一支高效务实、恪尽职守的督学队伍。《中小学校责任督学工作守则》第一条便强调了：热爱教育督导，奉献教育，忠于职守，勤勉尽责。督导实施、任务完成、督促整改、督导报告、工作总结等是责任督学工作的基本面，也是区域责任督学考核评价内容的重点关注内容。

1. 督导实施

重点考查督导过程是否准备充分，是否充分运用有效匹配工具收集整理信息，是否客观公正地看待学校的问题并向学校及时反馈，督导过程是否依法依规均是督导实施的考核内容。

2. 任务完成

责任督学是否完成教育督导责任区文化建设，是否高质量向市、区两级督导系统平台上传相关资料，是否按时完成督导案例、论文撰写，是否按时完成上级教育督导部门交办的临时任务等，一并纳入责任督学考评。任务完成情况是对责任督学常规工作的补充评价，也是责任督学日常工作的客观反映。

3. 督促整改

督促整改是区域考评责任督学是否尽职履责的一大特点。区域督导整体思考注重督导过程，更重督导结果。责任督学不仅要善于找问题、提问题，更为关键的是：是否提出可行性建议促成解决问题。在督导实践中，要求责任督学坚持回访督导，对所提问题要跟踪观察，回头看。在督学考评过程中坚持以问题为导向，责任督学所提建议是否被学校采纳，问题最终是否解决，是督学考评的重点项与加分项。

4. 督导报告

区域各责任区每月定期向区政府教育督导室提交经常性督导报告，每年提交公众满意度报告。报告信息收集是否客观准确，问题分析是否科学合理，建议是否中肯可行是衡量报告质量的重要标准，也是责任督学工作情况的具体呈现。

5. 工作总结

既有责任区月工作总结，也有责任督学个人月工作总结，同时学期末进行责任区与个人的全面总结。工作总结既是对责任区、责任督学个人工作的回顾，更是问题反思与经验总结，同时也是对未来工作的思考。在不断总结与反思中，责任督学个人能力得以提高。

（二）学习提升促发展

考核评价是激发责任督学内生动力的重要举措，也是促进责任督学专业成长的有效途径。将责任督学学习提升情况列入考核评价内容，就是以专业成长为方向，引导责任督学学习提升。一是过程性评价。责任督学在学习培训过程中，是否按时积极认真参与，是否详细记录、研讨与交流、高质量撰写心得体会、联系工作积极思考谋划等。二是结果性评价。通过学习，责任督学工作效能是否得到有效提升，责任督学是否有论文、案例、报告获得各级奖励或发表，均为责任督学考核评价的主要内容。

（三）廉洁自律守底线

《中小学责任督学挂牌督导办法》明确提出了责任督学廉洁自律的要求。《中小学校责任督学工作守则》也提出了严于律己、作风正派、品行端正、不谋私利的行为准则。区域对违反廉政规定的情况，一直持零容忍态度。对在督导过程中，“吃拿卡要”、以权谋私的个人，坚决清除教育督导队伍。

二、创新责任督学考核评价形式

区域考核评价形式灵活多样，尽可能全方位、多角度收集汇总意见，既尊重个人意见又兼顾各方。

（一）个人总结自评照初心

个人总结自评是区域最为常见的考核评价形式之一，是责任督学个人对自己一定时间工作情况的总结和评价。区域个人总结自评最忌浮夸，讲求以事实为依据，做了多少事，效果有几分全凭数据说话，清楚明白、一目了然。责任督学个人总结自评是责任督学个体对自身工作的回顾与审视，以实际工作复照入职初心，是工作总结，更是自我思想升华。

（二）同伴交流互评显真情

在个人进行了总结自评后，通常还采用同伴交流互评形式进行补充。责任督学内部可对个人总结自评中的情况进行提问或补充，大家相互交流，力求最大限度还原责任督学工作，给予客观公正评价。同伴交流互评转换个人总结视角，用同行的眼光再审视，互相鼓励、互帮互助、共同进步，彰显的是同伴间的互助之情，团队间的凝聚之力。

（三）督导部门考核定质量

区政府教育督导室是责任督学的管理与考核部门。管理部门立足更高视域，多角度、全方位对责任区、责任督学个人进行审视，有理有据、客观评价。同时，管理部门通过市、区两级教育督导平台及日常工作学习记录，复核责任区、责任督学个人工作情况，对责任区、责任督学个人作出比较全面深入的评价。这一过程，也有利于各责任区、责任督学个人查找不足，改进工作。

（四）公众满意度评成效

责任督学工作的落脚点是学校满意、学生满意、教师满意、家长满意。区域非常看重各方对责任督学工作的满意度测评。责任督学每到校开展一次挂牌督导，就通过区级教育督导系统平台发起星级评价，请被督导学校对责任督学到校督导实施情况打分。同时，学年末区政府教育督导室向各校发起责任区、责任督学工作满意度评价。办好人民满意的教育，指导、服务学校有质量，人民才满意。公众满意度测评的坚持，评的是满意，看的是成效。

三、严格责任督学考核评价程序

区域考核评价程序合理、公开透明、实施有序，常用的有学期考核评价和聘期考核评价两类。

（一）学期考核评价

责任督学学期考核工作由区政府教育督导室负责组织实施，每学期进行一次考核。学期末，责任区根据工作落实情况提交责任督学考核资料，区政府教育督导室向各校发起责任区、责任督学工作满意度评价，并于学期总结大会开展责任区、联动片区互评工作，邀请专家对责任区提交的考核材料进行现场考核，最后汇总考核结果。责任区考核结果分为优秀、合格、基本合格、不合格四个等级。责任督学个人则采用百分制，90 分以上为优秀，70~90（含）分为合格，60~70（不含）为基本合格，60 分以下为不合格。

（二）聘期考核评价

责任督学聘期考核工作由区政府教育督导室负责组织实施，以聘期为时限组织考核。聘期结束，区政府教育督导室通过任期内责任督学任职情况、每年的考核情况，形成考核书面材料，作为干部推荐、培养锻炼、是否续聘的依据。

四、巧用责任督学考核评价结果

区域重视责任督学评价结果运用，结果运用是整个评价机制的最后一环，也是评价机制能否真正发挥效能的关键一环。区域责任督学考核评价结果运用，见真招、显真情。

（一）干部推荐见真章

一是校级干部履新建议。责任督学中，原是校级后备干部的，在担任责任督学过程中成绩突出的，区政府教育督导室建议区委教育工委研究任命其为副校级干部。二是校级干部后备入库。责任督学中，原是学校中层干部的，在担任责任督学过程中成绩突出的，区政府教育督导室推荐其入选校级后备干部资源库，继续培养锻炼，视其成长情况再推荐任用。三是学校中层干部推荐。责任督学中，原在校未从事行政工作的，在担任责任督学期间成绩突出，工作能力强且自身有意愿从事行政工作的，区政府教育督导室向其所在学校推荐担任学校中层干部。

（二）支教履历促发展

在目前市、区级尚未建立独立的责任督学职称评定机制的情况下，责任督学工作期间服从组织安排，深入学校管理与教育教学，工作认真，学期考核评价在合格及以上者，其责任督学经历同等认同支教经历。这一制度性安排有助于责任督学职称评定，一定程度上缓解了责任督学职称评定难的问题。

（三）表扬激励树典型

在繁忙的督导工作中总会涌现一批优秀集体与个人。每学期末区域对各责任区进行效能考核，评出优秀、合格、基本合格、不合格四个等级。整个评价标准明确、过程透明，各责任区清楚知晓考评结果、问题差距。区域已形成各责任区对标对表、你争我赶的良性发展态势。除对责任区的奖励外，每学年在责任督学中按照一定比例以全体责任督学无记名投票的方式提名年度优秀教育督导工作者。经区政府教育督导室审核通过后，在教师节之际，向区委教育工委推荐优秀名单，颁发荣誉证书并予以表彰。

（四）培养锻炼续聘期

责任督学聘期结束后，成绩突出、专业能力强、各方评价好且本人有意愿继续为教育督导出力的，区政府教育督导室既给予其更多学习、培训能力提升的机会，也会研究考虑继续聘任其为新一期责任督学。

（五）健全退出机制

区域完善激励机制的同时，也有序谋划责任督学退出机制。一是责任督学聘任期满，自动解聘。续聘的责任督学，连续聘任一般不得超过3届。二是责任督学存在渎职、贻误、利用职权牟取私利、包庇或打击报复他人，侵害他人合法权益、擅自公布督导结果或泄露督导中不该公开相关信息，以及滥用职权行为的，将报有关主管部门给予批评教育、行政处分或予以解聘。三是责任督学年度考核等级不合格者，取消其责任督学资格。

另外，兼职督学在聘期内，因身体或其他特殊原因不能参加督导评估工作的，应提前30天向区政府教育督导室提出辞去兼职督学职务的书面申请，由区政府教育督导室备案，并通知其所在单位。兼职督学不履行职责，存在一年内无故不参加区政府教育督导室安排的教育督导评估活动；不能完成督导评估任务；在督导评估活动中不按相关规定、程序开展工作，造成不良影响；受到行政处分、刑事处罚等情况，区政府教育督导室将对其解聘。解聘兼职督学，由区政府教育督导室存档备案，以书面形式通知所在单位和本人。

第六章 督导信息系统平台的运行管理

如今，世界正迈入信息化发展高速期。信息技术与教育发展深度融合成为新时期深化教育领域综合改革的重要路径与方式。与此同时，“互联网＋教育督导”也应运而生。南岸区作为全国“两基”工作先进地区，重庆市首批以最高分获评“全国义务教育基本均衡发展区”，一直致力于推动区域教育现代化发展进程，深度思考与着力促进现代教育督导信息化发展。2017年，区政府教育督导室、区教育督导评估中心深入一线实地调研，与第三方机构研讨论证，完成南岸区教育督导管理系统平台的独立建设。本章旨在介绍南岸区以“一中心两支点”引领下区域校内外督导良性互动的机制建立，构建“挂牌督导”“校内督导”“督导研究”“现代学校发展督评”“督导互动”等板块，形成校内外督导合力，共同开创“智慧督导”的崭新模式。

随着全球化信息时代的到来，大数据和互联网等信息技术的不断发展冲击着人们生活的方方面面，它不仅改变了我们的生产方式、生活方式，甚至改变了我们的学习方式。改革开放四十多年来，我国信息化产业取得举世瞩目的辉煌成就，而教育信息化作为教育现代化的根本，一直以来，都受到党和国家的高度重视。早在 1978 年 4 月，邓小平同志在全国教育工作会议上指出，“要制订加速发展电视、广播等现代化教育手段的措施，这是多快好省发展教育事业的重要途径，必须引起充分的重视”。同年，经邓小平批准，中央电化教育馆成立。由此开始，我国教育信息化建设队伍体系初具雏形[1]。与此同时，教育改革春风的到来，中国教育督导事业“重获新生”，为适应时代发展要求，信息技术与教育督导进行了深度融合，2010 年，中共中央、国务院发布了《国家中长期教育改革和发展规划纲要（2010—2020 年）》，指出“信息技术对教育发展具有革命性影响，必须给予高度重视”，明确要求“加快教育信息化进程”，并用单独一章对教育信息化工作进行了总体部署，教育信息化的战略地位提到了前所未有的高度。2020 年，中共中央办公厅、国务院办公厅印发了《关于深化新时代教育督导体制机制改革的意见》，强调“加快构建教育督导信息化平台……逐步形成由现代信息技术和大数据支撑的智能化督导体系，提高教育督导的信息化、科学化水平”。教育督导作为促进教育信息化，实现教育现代化的重要保障，在时代浪潮的推动下已越发重要，而在 2021 年 3 月，教育部发布《关于加强新时代教育管理信息化工作的通知》中，更是指出“利用新技术、新应用，整合构建全国统一、分级使用、开放共享的教育督导信息化管理平台……”。可见如何提高教育督导的效率效能，如何依托“互联网 +”最终建成“智慧督导”成为新时代教育督导发展的新趋势。

第一节 信息系统平台研发与设计

一、平台研发背景及意义

（一）平台研发背景

萌芽阶段：很多督导专家认为，国务院颁发的《教育督导条例》，是对教育督导

1 任友群 . 40 年教育信息化发展“变与势”［J］. 师资建设 , 2018, 31（11）：50-53.

机构职能的强化，是对教育督导队伍建设的重视，是以立法方式建立我国的教育督导制度。彼时，正值教育信息化事业迈入建设驱动发展期。2002 年 9 月，教育部发布了《教育信息化“十五”发展规划（纲要）》，强调了教育信息化的地位和作用，提出全面实施“校校通”工程。2004 年 3 月，国务院批转教育部《2003—2007 年教育振兴行动计划》，把教育信息化建设列为六大工程之一，该计划的实施有效促进了我国各级各类教育信息化工作的全面展开[1]。2007 年，国家教育督导团办公室在全国教育督导系统部署教育督导宣传和信息化工作，建立了教育督导信息宣传和报送制度，各地高度重视，创建了多种形式的宣传载体，约 20 个省级教育督导部门建立了教育督导门户网站或二级网页，同时带动所属地(市、州)、县(市、区)教育督导部门建立教育督导网页，并及时进行更新，加强了教育督导宣传工作和信息化的建设，而这也为教育督导信息化建设奠定了基础。

迅速发展：2010 年 7 月，《国家中长期教育改革和发展规划纲要 (2010—2020 年)》提出“信息技术对教育发展具有革命性影响”。2012 年 3 月，教育部印发《教育信息化十年发展规划 (2011—2020 年)》，明确指出要坚持“应用驱动”的工作方针，“以教育信息化带动教育现代化”，这两份文件标志着我国教育信息化进入了以教育信息化应用驱动为关键的新时期，再次突出了新时代对教育改革的新要求，更加凸显了教育信息化的地位。我国开始进行教育信息化应用驱动的建设，教育信息化走向从建设到应用转变的新阶段[2]。由于教育信息化发展带来的技术支持，教育督导信息化建设迈上新台阶，教育督导形成了“用数据说话、依数据决策、谋数据创新”的督导理念，教育督导插上了信息化翅膀。

逐步成熟：2015 年 9 月，教育部印发《中小学校责任督学挂牌督导创新县(市、区)工作方案》，其中对责任督学规范督导、科学督导提出了具体要求。在科学督导方面，主要是要求建立以网络为基础的县域内责任区督学挂牌督导信息系统，对责任督学实现网络信息化管理。探索挂牌督导网络评价，积极开展网上督导工作。通过网络媒体及时公布相关信息和报告，接受社会监督。加强政府、学校、督学及公众之间的交流互动。2015 年 12 月在上海召开的深化教育督导改革工作会议上，时任教育部部长助理陈舜提出“以创新教育督导理念为先导，以建设教育督导信息化平台为基础，以加强教育督导实践中信息化技术的运用为核心，强化督学队伍信息化人才建设和保障，推进信息化技术与教育督导的深度融合，加快教育督导信息化进程，提高教育督导质量，推动教育督导事业改革发展”。2016 年 1 月，刘延东在国务院教育督导委员会第三次

1 张伟静 . 弹指一挥间 , 中国教育信息化巨变 70 年［J］. 中国教育网络，2019.

2 任友群 . 40 年教育信息化发展“变与势”［J］. 师资建设 , 2018, 31（11）：50–53.

会议上强调，“运用现代信息技术手段，完善督导结果运用机制，加大约谈问责和结果公开力度，提高督导实效”。此时，教育督导与信息技术的深度融合，要求加快构建教育督导信息平台，形成由现代信息技术和大数据支撑的智能化督导体系，提高教育督导的信息化、科学化水平。可见，教育督导信息化建设已经从初期发展逐步走向成熟。

而南岸区作为重庆市首批获评全国“两基”工作先进地区和“全国义务教育基本均衡发展区”，一直致力于推进区域教育现代化发展，并结合“书香南岸 · 幸福教育”的发展愿景，积极落实教育信息化的发展目标。在教育督导信息化的发展浪潮中，南岸狠抓机遇，奋力拼搏，扎实推进“互联网 + 教育督导”的建设实施。2016 年伊始，南岸区政府教育督导室、南岸区教育督导评估中心紧跟党的步伐，悉心研究相关政策文件，积极组织一线督导同仁调研，与第三方机构共同研发出“南岸区教育督导管理系统”平台，并于 2017 年初步投入使用，2018 年正式启用，其间为满足督导工作发展需求与实际操作的便捷度、时效性，不断维护与升级功能，南岸区教育督导管理系统成为南岸教育督导工作中不可或缺的重要组成部分，也因此开创了南岸区“智慧督导”的崭新模式。

（二）平台研发的意义

1. 督导工作高效化

以往的教育督导工作模式都是以资料收集和实地调研为主，收集信息的方式除了资料查阅外，就是通过现场座谈会、访谈、调查问卷、听课等方式进行，由于这种完全依赖人工的督导模式，不仅费时费力而且很难获得全面、准确的信息，造成督导效率低下。而南岸区教育督导管理系统的开发应用，使得数据采集更及时、更便捷、更准确，系统后台随时更新督导指标工具，责任督学可及时下载使用；平台桌面统一上传工作所需的各种文本模板、表格及手册，不仅有利于日常督导工作的高效开展，更有利于新老督导同仁们的工作交替，减少事务性工作的耗时。

2. 督导发展专业化

南岸区教育督导管理系统自投入使用以来，通过数据填报和问卷调查等信息化督导工具，以及责任督学对学校的实地督导，按一定的规范和要求建设区级教育督导业务动态数据，涵盖全区所有普通中小学。这使得督导评估更具有时效性、可追溯性，系统数据全面且更有连续性，可全方位了解学校的发展情况，及时找准学校需求对症下药，以问题为导向进行督导评估，助力提升现代学校治理水平，推动南岸区教育督导工作更加专业、有效地发展。另外，系统可及时发现督导工作中的问题，监督工作进展，从而进行整改和调整。

3. 教育决策科学化

督导信息化的发展，特别是督导平台的建设为优质科学的决策提供了全面准确的数据分析和支持。南岸区教育督导管理系统为“质量监测”“现代学校治理”“核心数据采集”“学校办学质量公众满意度测评”以及后续完善的“义务教育优质均衡发展测评”专设板块，实现数据结果自动生成图、表，同时包括教育督导工作的过程性资料可如实反馈学校基本情况，最大限度地对海量数据进行快速收集、深度挖掘、及时研判分析，打通数据孤岛，依据数据决策，发挥数据效能，全面、精准地掌握学校和师生情况，成为保障教育决策科学性的有力手段。

二、平台模块及功能设计

（一）区域督导管理系统平台设计理念

南岸区教育督导管理系统是以督政、督学与评估监测“三位一体”现代教育督导体系为设计逻辑，结合南岸区教育督导工作总体规划目标及实际工作流程，在遵循网络设计基本原则下研发而成的。按照“言信行直·督规导范”的顶层设计理念，对业务需求、功能需求、数据需求等方面进行可靠性分析。基于此，提出南岸区教育督导管理系统的总体框架，其采用多进度、多级协同管理，通过对各个功能模块的组合，使系统适用于督导室、督评中心、责任区、联动片区、学校督导工作室在内的5类别用户，并研发用户配套的操作手册，设立区、片区、学校三级登录账号，设定不同使用对象管理权限，确保信息安全、有效运行。制订《南岸区教育督导信息管理系统使用管理办法》，以制度化保障督导工作信息化管理，进一步拓宽与深化督导数据互联互通，透明过程监督，加快督导专业化发展。

本系统根据南岸区独有的“一中心两支点”引领下区域校内外督导“双轮驱动”模式，划分“挂牌督导”“校内督导”平台板块，形成统整合力。注重督导同仁们良性互通，建立“学习培训”“信息推送”“互动评价”等功能。为此，平台设置了通知公告回复功能，使其信息畅通，反馈有力；线上微视频培训与线下周、月、季培训结合，促进团队发展和督导人员自我提升。其次，线上挂牌督导与学校互动星级评价，线下专家评审实地考核，强化了结果运用；留言信箱的设置，意见和建议的搜集，更是不断改进、提升督导工作作风，搭建教育督导多方信息沟通与互动的桥梁。

（二）区域教育督导管理系统平台框架建构

南岸区教育督导管理系统是一个统一集中的区级教育督导应用平台，支撑统一的基础数据导入、业务管理、数据交换、业务监管、查询统计等功能，满足本级教育管理与服务的需求，其主要功能有：统一用户认证管理、数据交换与共享、教育基础信息数据库管理与服务系统、数据交换、数据采集、内容管理、业务流程管理、报表服务、统计分析、即时消息等功能组件，为应用支撑服务平台和业务应用系统提供必要的基础服务，并在此基础上构建统一的应用软件基础运行支撑环境。为此，南岸区将教育督导管理系统平台分为外部门户网站及内部管理系统，其整体架构内容一致，如图 6–1 所示。

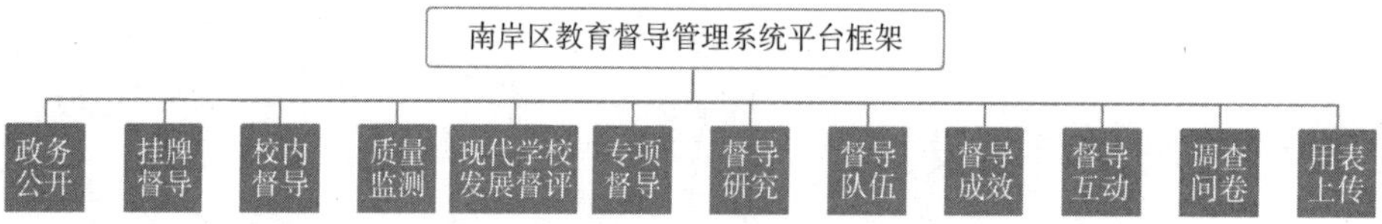

图 6–1　重庆市南岸区教育督导管理系统平台框架图

根据督导工作需求，分设 8 个角色，根据每种角色权限，平台总体框架可划分为 12 个板块：

①政务公开：用于督导室、督评中心工作人员上传政策法规、重要言论、通知公告等内容至平台，经领导审核后可推送至门户网站。

②挂牌督导：下设责任区划分、责任区工作、责任区制度等三个分支板块，其中责任区工作为核心板块，主要展示南岸区责任督学挂牌督导相关工作。

③校内督导：下设联动片区划分、联动片区工作两个分支板块，其中联动片区工作为核心板块，主要展示南岸区联动片区校内督导工作的开展情况。

④质量监测：主要针对国家、市级质量监测资料的上传和下发，督导室、督评中心、责任区、各样本学校可通过单击相关文件名称查看各类文件、通知及情况反馈等。

⑤现代学校发展督评：包含现代学校治理专项督评、现代学校特色项目发展需求督评、现代学校教育质量专项督评、学校办学质量公众满意度、现代学校治理与发展核心数据填报等。

⑥专项督导：面向学校呈现国家、市级、区级专项通知、方案、简报等，以及有关义务教育优质均衡发展的数据汇总、分析等。

⑦督导研究：用于展示课题、教育督导相关研究成果。

⑧督导队伍：用于展示教育督导队伍风采。

⑨督导成效：用于展示教育督导同仁所刊发文章与媒体报道等成果。

⑩督导互动：下设反馈交流、星级评级、留言信箱三个分支板块，其中星级评价为学校与责任区、联动片区工作人员的互评板块，能及时有效反馈督导工作。

⑪调查问卷：主要是针对八大督导主题设立的，可进行问卷编辑、发起；后台可对每个学校、责任区、全区的数据进行分别汇总，责任区主任可查看本片区的统计情况，一般由管理员制作问卷模板，责任区根据实际需求经修改后下发。

⑫用表上传：用于上传责任区、联动片区日常工作量表，便于工作开展时使用。

平台设有“推送功能”，督导相关工作人员将选取板块中的部分优质内容提交上级领导审核，通过后即可呈现到外部门户网站，如图 6–2 所示。

图 6–2　重庆市南岸区教育督导管理系统门户网站图

（三）区域督导管理系统平台操作指南

南岸区教育督导管理系统分类细致，功能全面，为方便不同工作人员的使用和审核，平台将用户分成 8 个角色：系统管理员、学校督导工作室、联动片区、责任区、督导室、督评中心、分管领导、督学。平台用户的使用界面及功能模块根据不同角色的权限进行调整，如图 6–3—图 6–9 所示。

从图 6–3—图 6–9 中可看出，不同角色的用户功能界面会有所不同，即使是同一个板块，其下设的分支板块内容也会有删减。

近年来，南岸教育督导探索出“一中心两支点”引领下的区域教育督导工作新格局，创建区域校内外督导良性互动机制，创新责任区挂牌督导与联动片区校内督导“双轮驱动”，因此系统平台整体工作由两条主线同时进行，如图 6–10、图 6–11 所示。

图 6-3　重庆市南岸区教育督导管理系统—系统管理员主界面图

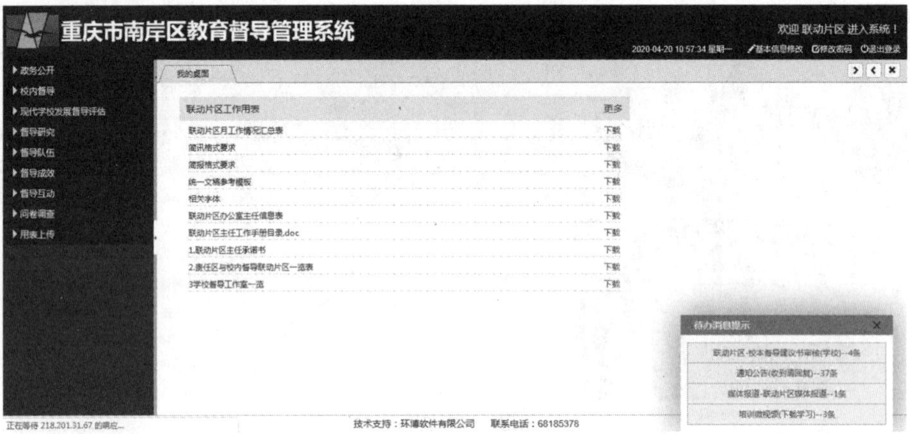

图 6-4　重庆市南岸区教育督导管理系统—联动片区主界面图

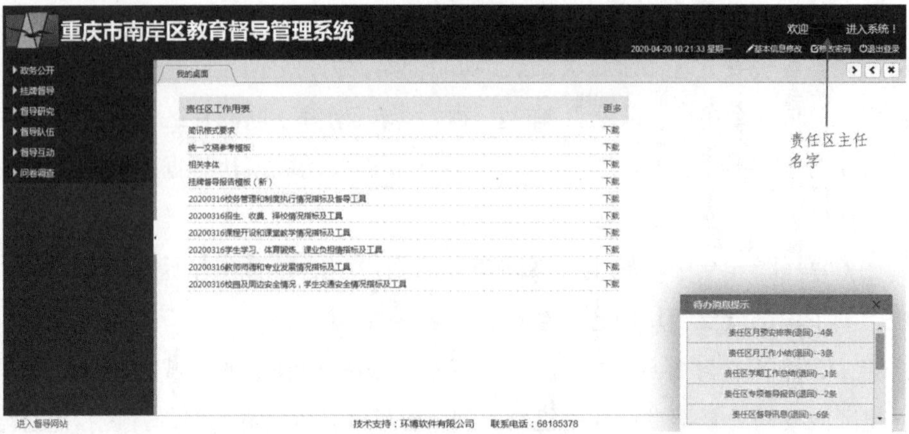

图 6-5　重庆市南岸区教育督导管理系统—责任区主界面图

图 6–6 重庆市南岸区教育督导管理系统—督导室主界面图

图 6–7 重庆市南岸区教育督导管理系统—督评中心主界面图

图 6–8 重庆市南岸区教育督导管理系统—分管领导主界面图

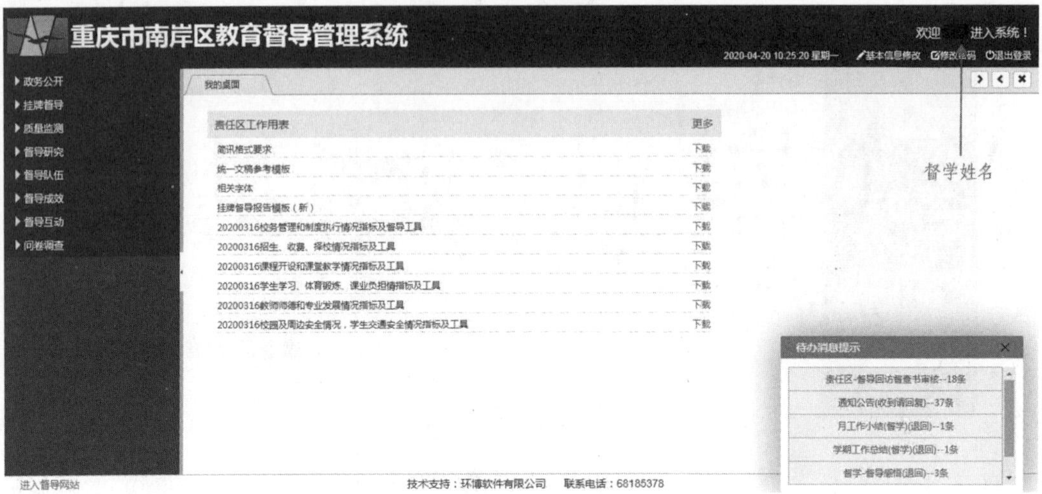

图 6-9 重庆市南岸区教育督导管理系统—督学主界面图

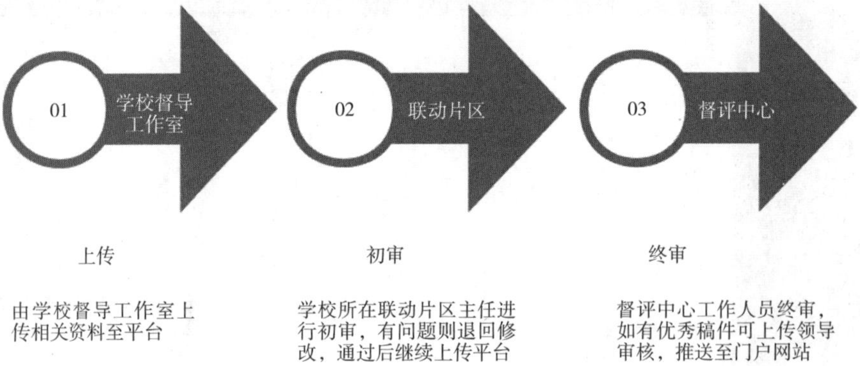

图 6-10 重庆市南岸区教育督导管理系统关于“校内督导”工作主线图

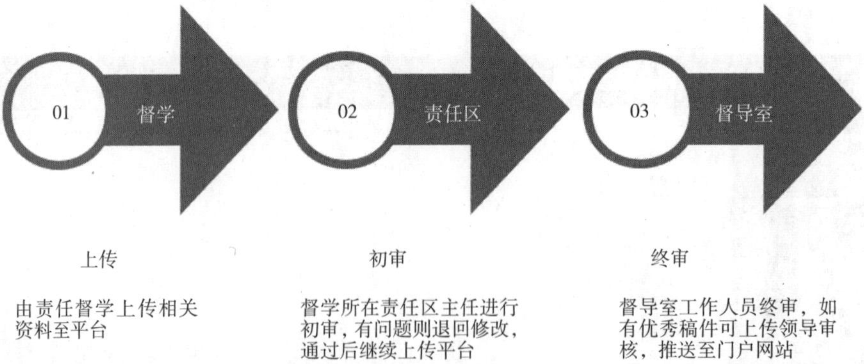

图 6-11 重庆市南岸区教育督导管理系统关于“挂牌督导”工作主线图

平台角色类别虽多，但操作流程大体相似，即上传—审核，本书将按照通用流程撰写操作指南。

1. 登录、退出

（1）登录

用户打开浏览器后在地址栏输入网址，按“回车”键之后会进入系统，系统自动将页面导向登录界面，如图 6–12 所示。

图 6–12　重庆市南岸区教育督导管理系统平台—登录界面图

用户通过登录自己的账号、密码及验证码，就能进入该督导系统，登录成功后进入主界面图，如图 6–3—图 6–9 所示。

主界面顶端的标题区：列出该系统的所属单位、当前时间、个人资料，本系统的标题以及退出登录按钮等。左边展示当前登录人的操作功能，右边展示相应的工作用表等。

【注意】使用该平台必须在 IE7 以上版本运行，建议不要使用其他浏览器。

（2）退出

如果用户当前在个人主页下，单击屏幕右上角的“退出登录”按钮，会弹出如图 6–13 所示的提示框，单击“确认”即可退出此系统。

2. 基本操作（上传）

上传资料：所有角色用户在上传资料时的操作流程都是相同的，以督学的月工作小结为例：月工作小结由责任督学和督导工作人员上传，责任区初审，督导室终审，督导室据实评定优良等级。在督导工作人员端，支持添加、修改、删除、上传等功能。

（1）添加

单击“添加”按钮，会弹出“添加学期工作总结”提示框。选择月份，输入对应的标题、简述，或者是附件等信息，单击“保存”按钮，即可添加成功，单击“取消”

按钮，即可退出添加，如图 6-14 所示。

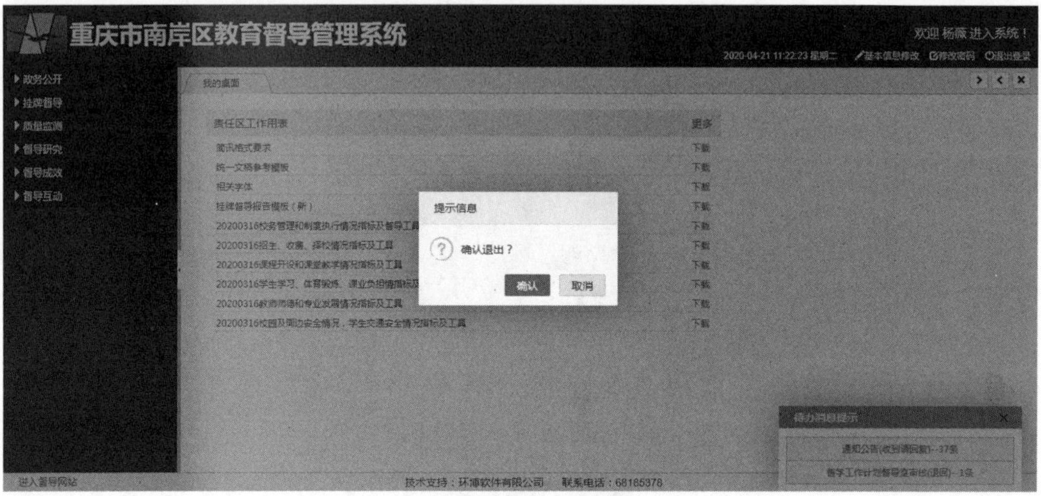

图 6-13　重庆市南岸区教育督导管理系统平台—退出登录界面图

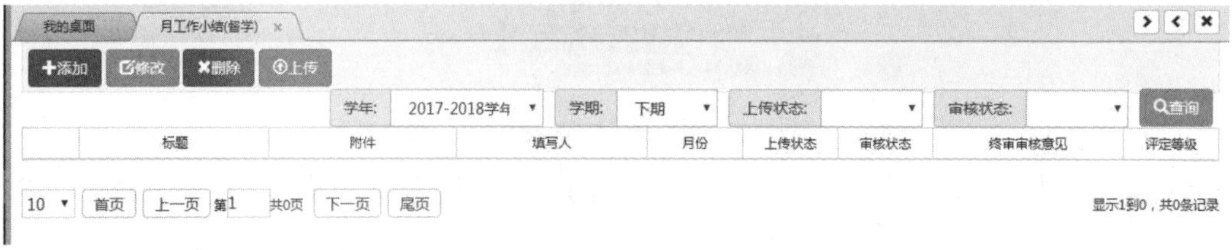

图 6-14　基本操作（上传）——添加

（2）修改

选择需要修改的信息，单击“修改”按钮，会弹出“修改学期工作总结”对话框，在对应的提示信息处，输入修改内容，单击“确定”按钮，即可修改成功，单击“关闭”按钮，即可退出修改，如图 6-15 所示。

【注意】该资料一经审核通过不可修改。

（3）删除

选择需要删除的数据，会弹出“确认删除？”提示框，单击“确认”按钮，即可删除成功，单击“取消”按钮，即可退出删除，如图 6-16 所示。

【注意】审核通过的数据，不可删除。

（4）上传

选择需要上传的数据，单击“上传”按钮，会弹出“确认上传？”提示框，单击“确认”按钮，即可上传成功，单击“取消”按钮，即可退出上传，如图 6-17 所示。

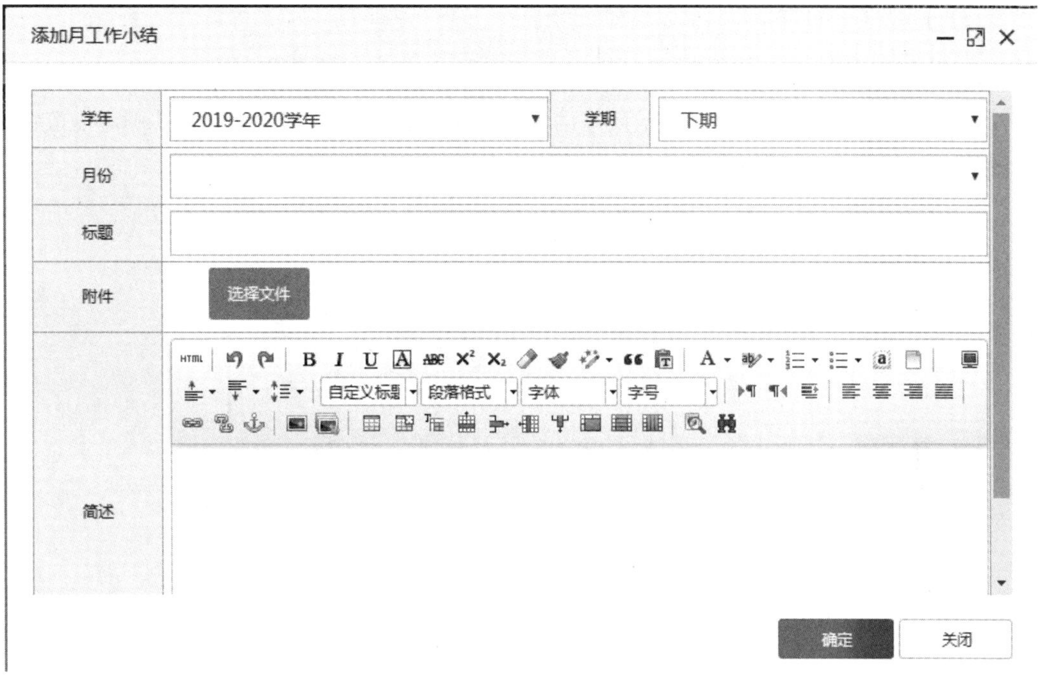

图 6-15 基本操作（上传）——修改

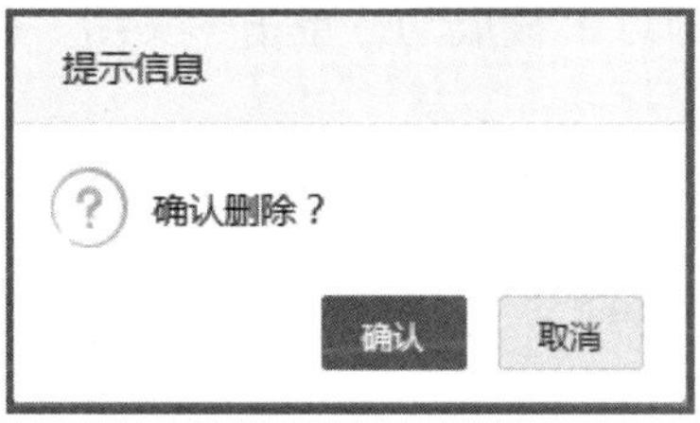

图 6-16 基本操作（上传）——删除

图 6-17 基本操作（上传）——上传

3. 基本操作（审核）

责任区对责任督学上传的月工作小结审核流程：由责任督学上传、责任区审核、督导室终审。终审后，督导室会根据实际情况评定优良等级。在责任区端，支持审核、撤销的功能，如图 6-18 所示。

图 6-18 基本操作（审核）界面

（1）审核（初审）

先双击查看需要审核的数据，再选择该数据，单击“审核”按钮，会弹出“月工作小结责任区审核”提示框，根据具体信息，给予该数据审核结果，单击“确定”按钮，即可审核成功，单击“关闭”按钮，即可退出审核，如图 6–19 所示。

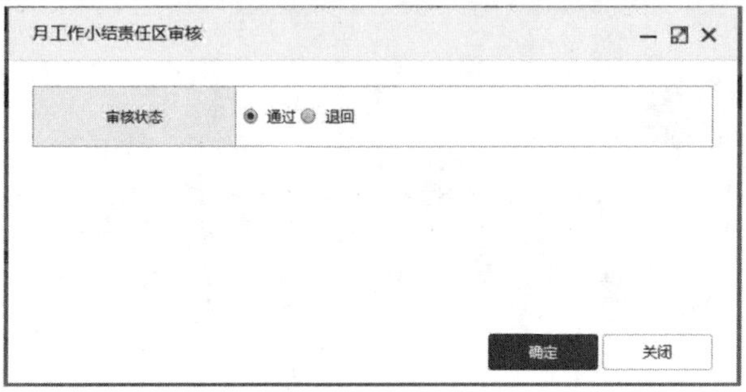

图 6–19 基本操作——初审

（2）审核（终审）

与初审操作一致，先双击查看需要审核的数据，再选择该数据，单击“审核”按钮，会弹出“月工作小结督导室审核”提示框，根据具体信息，给予该数据审核结果，并支持短信通知功能，单击“确定”按钮，即可审核成功，单击“关闭”按钮，即可退出审核，如图 6–20 所示。

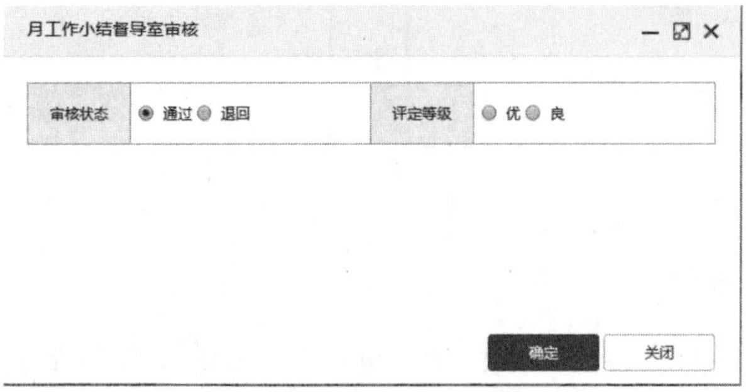

图 6–20 基本操作——终审

【注意】初审与终审操作流程基本一致，终审可进行等级评定，也可根据实际情况当作对责任区和联动片区的考核指标。

（3）撤销

选择需要撤销审核的数据，单击“撤销”按钮，会弹出“该记录已经审核，确认要撤销？”的提示框，单击“确认”按钮，即可撤销成功，单击“取消”按钮，即可退出撤销操作，如图 6–21 所示。

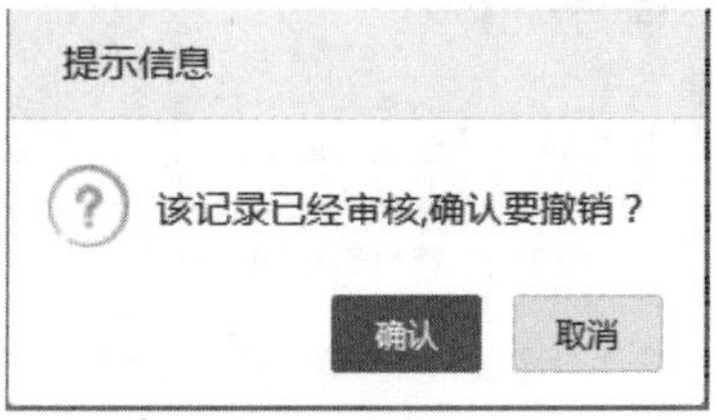

图 6–21 基本操作——撤销

4. 星级评价

为了更好推动“双轮驱动”的工作模式，有效监督联动片区、责任区的工作质量，平台专设“星级评价”板块，便于联动片区与学校、责任区与学校进行双向互评；星级评价分为形成性评价与终结性评价，由于流程基本相同，本书将以形成性评价操作流程为例进行讲解。

（1）形成性评价（学校→联动片区）

当学校对联动片区进行形成性评价时，首先要联动片区发起一次评价，学校对应进行评价，如图 6–22 所示。

图 6–22 形成性评价发起界面

①添加：在联动片区单击“添加”按钮，会弹出“添加评价数据”提示框。输入对应的评价主题，选择角色类型为“联动片区”，选择评价学校，会弹出全区所有学校，选择相应的学校后单击“保存”按钮，即可添加成功，单击“关闭”按钮，即可退出添加，如图 6–23 所示。

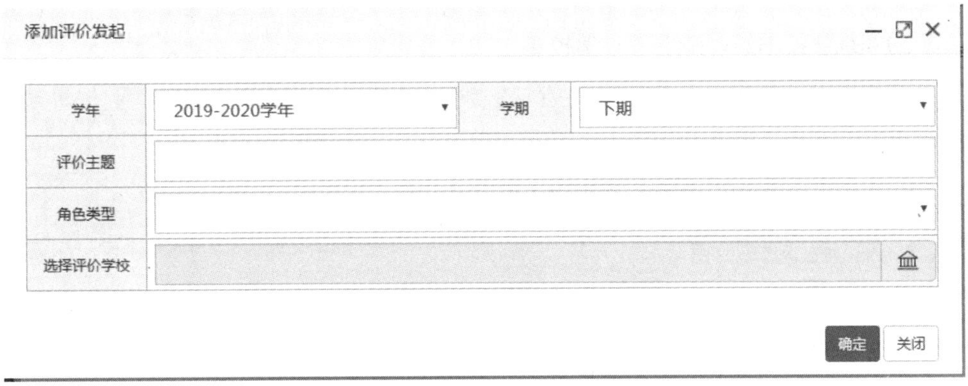

图 6–23 添加评价发起

②修改：选择需要修改的信息，单击“修改”按钮，会弹出“修改评价发起”对话框，在对应的提示信息处，输入修改内容，单击“确定”按钮，即可修改成功，单击“关闭”按钮，即可退出修改，如图 6–24 所示。

③删除：选择需要删除的数据，会弹出“确认删除？”提示框，单击“确认”按钮，即可删除成功，单击“取消”按钮，即可退出删除，如图 6–25 所示。

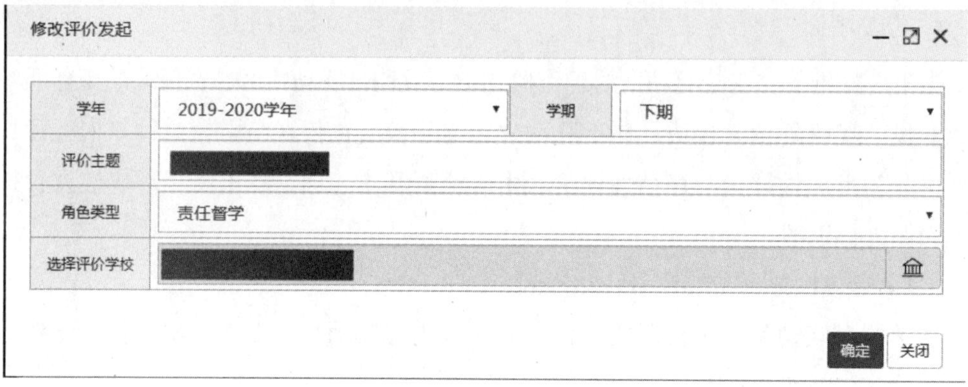

图 6–24　修改评价发起

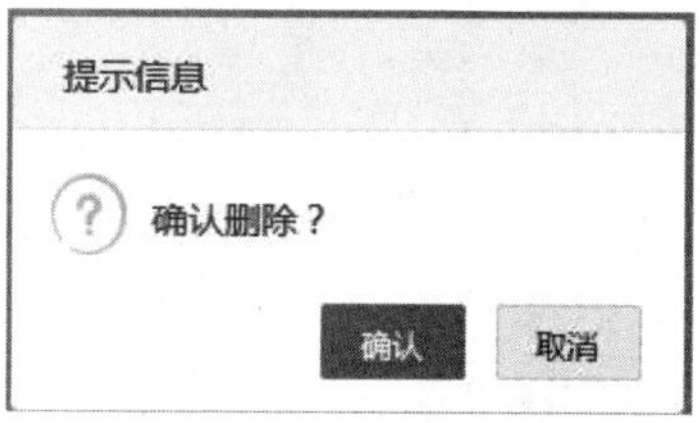

图 6–25　“删除”提示框

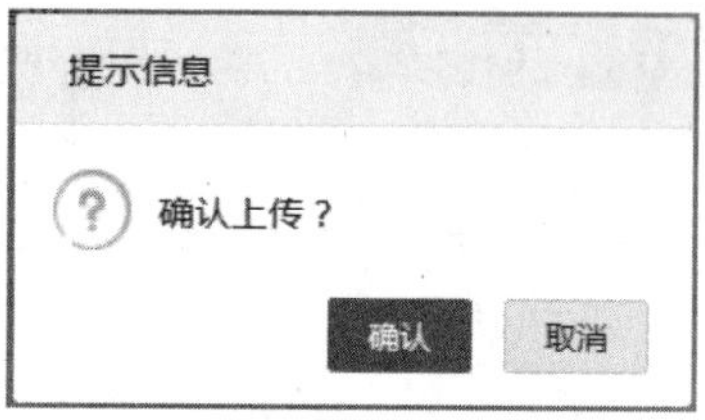

图 6–26　“上传”提示框

④上传：选择需要上传的数据，单击“上传”按钮，会弹出“确认上传？”提示框，单击“确认”按钮，即可上传成功，单击“取消”按钮，即可退出上传，如图 6–26 所示。

【注意】上传之后不可修改。

（2）形成性评价（责任区→学校）

在责任区可上传形成性评价。在责任区端，支持添加、修改、删除、上传等功能，如图 6–27 所示。

月份	责任区	督导主题	填写人	填写时间	选择学校	星级评价	上传状态
十二月	教育督导责任区	教师师德和专业发展情况		2019-12-19 14:10:52	重庆市南岸区	★★★★★	已上传
十二月	教育督导责任区	教师师德和专业发展情况		2019-12-19 14:09:51	重庆市南岸区	★★★★★	已上传
十二月	教育督导责任区	教师师德和专业发展情况		2019-12-19 14:09:42	重庆市南岸区	★★★★★	已上传
十二月	教育督导责任区	教师师德和专业发展情况		2019-12-19 14:09:31	重庆市	★★★★★	已上传
十二月	教育督导责任区	教师师德和专业发展情况		2019-12-19 14:09:23	重庆市南岸区	★★★★	已上传
十二月	教育督导责任区	教师师德和专业发展情况		2019-12-19 14:09:15	重庆市南岸区	★★★★★	已上传
十二月	教育督导责任区	教师师德和专业发展情况		2019-12-19 14:09:06	重庆市南岸区	★★★★	已上传
十二月	教育督导责任区	教师师德和专业发展情况		2019-12-19 14:08:58	重庆市南岸区	★★★★★	已上传
十二月	教育督导责任区	教师师德和专业发展情况		2019-12-19 14:08:49	重庆市南岸区	★★★★★	已上传
十二月	教育督导责任区	教师师德和专业发展情况		2019-12-19 14:08:39	重庆市南岸区	★★★★★	已上传

图 6–27　形成性评价（责任区→学校）界面

①添加：在责任区学校单击“添加”按钮，会弹出“添加学校形成性评价”提示框。选择月份、督导主题、学校、星级评价后单击“确定”按钮，即可添加成功，单击“关闭”按钮，即可退出添加，如图 6–28 所示。

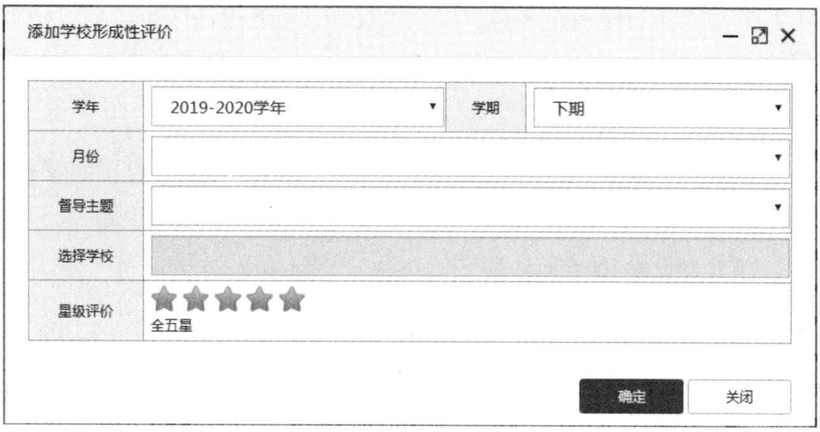

图 6–28　添加学校形成性评价

②修改：选择需要修改的信息，单击“修改”按钮，会弹出“修改学校形成性评价”提示框，在对应的提示信息处，输入修改内容，单击“确定”按钮，即可修改成功，单击“关闭”按钮，即可退出修改，如图 6–29 所示。

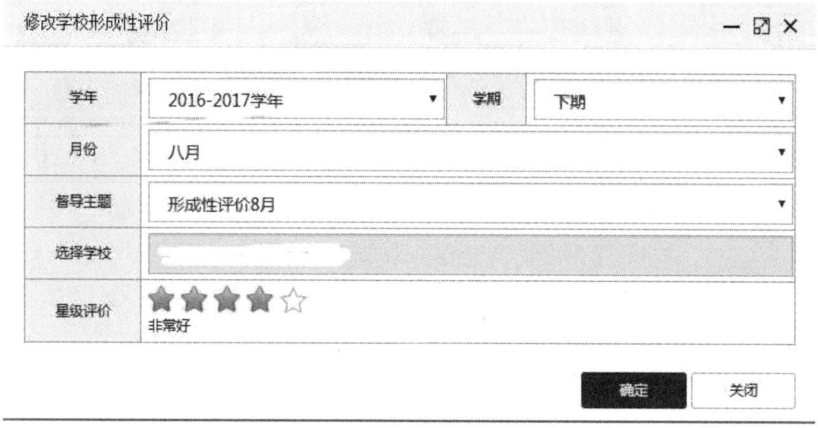

图 6–29　修改学校形成性评价

③删除：选择需要删除的数据，会弹出“确认删除？”提示框，单击“确认”按钮，即可删除成功，单击“取消”按钮，即可退出删除，如图 6–25 所示。

【注意】审核通过的数据，不可删除。

④上传：选择需要上传的数据，单击“上传”按钮，会弹出“确认上传？”提示框，单击“确认”按钮，即可上传成功，单击“取消”按钮，即可退出上传，如图 6–26 所示。

5. 问卷调查

平台针对“八大主题”专设问卷调查板块，该板块一般用于责任区对学校教职员工、学生以及家长等某个督导主题的调研，原则上只有责任区主任可发起问卷，一般由后台工作人员上传问卷模板至平台供责任区使用，当然责任区也可创设模板至平台，同样其他责任区可下载使用。

（1）问卷模板

责任区可添加问卷模板。在责任区端，支持添加、修改、删除、设置问卷和预览功能，如图 6–30 所示。

①添加：在责任区单击添加按钮，会弹出“添加问卷模板设置”提示框。输入对应的模板名称、模板类型、问卷抬头、使用对象等信息，单击“确定”按钮，即可添加成功，单击“关闭”按钮，即可退出添加，如图 6–31 所示。

图 6–30　问卷模板界面

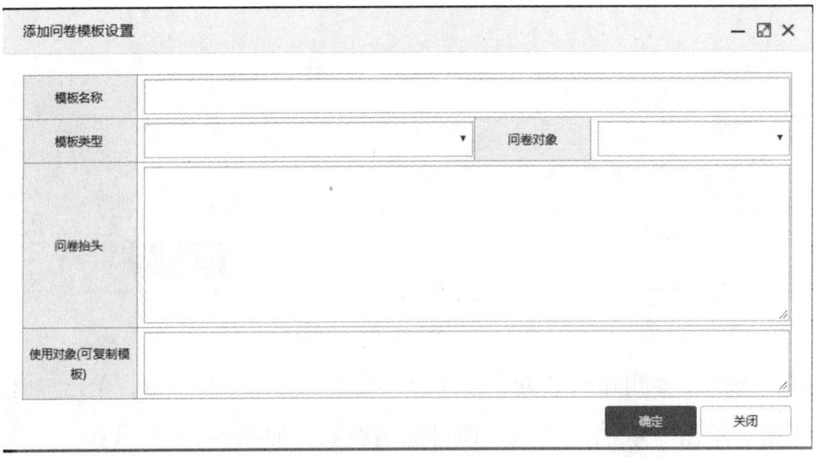

图 6–31　添加问卷模板设置

②修改：选择需要修改的信息，单击“修改”按钮，会弹出“修改问卷模板设置”提示框，在对应的提示信息处，输入修改内容，单击“确定”按钮，即可修改成功，

单击“关闭”按钮，即可退出修改，如图 6–32 所示。

③删除：选择需要删除的数据，会弹出“确认删除？”提示框，单击“确认”按钮，即可删除成功，单击“取消”按钮，即可退出删除，如图 6–25 所示。

④设置问卷：单击设置问卷按钮，即可编辑试卷内容，包含单选、多选以及问答三种题目类型，如图 6–33 所示。

图 6–32　修改问卷模板设置

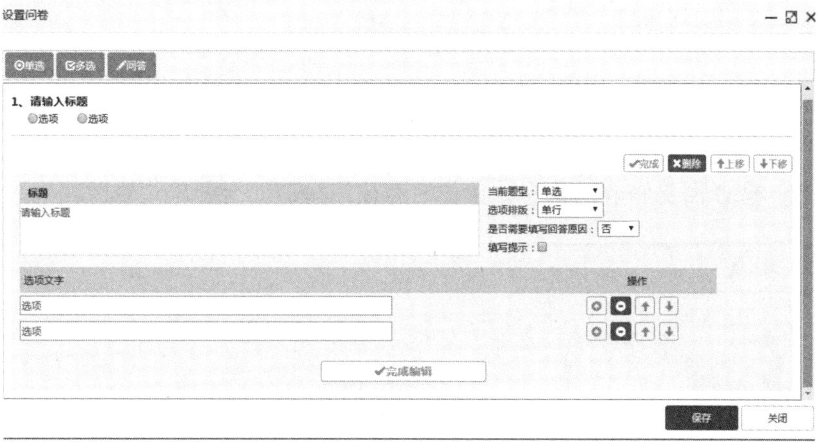

图 6–33　设置问卷

⑤预览：单击预览按钮，弹出“问卷预览”提示框，可以预览到前面设置的问卷内容，如图 6–34 所示。

（2）问卷发起

在责任区添加问卷，可以根据问卷的实际情况，选择对应的角色进行审核。在责任区端，支持添加、修改、删除、上传、查看等功能，如图 6–35 所示。

①添加：在责任区单击“添加”按钮，会弹出“添加问卷发起”提示框。输入对

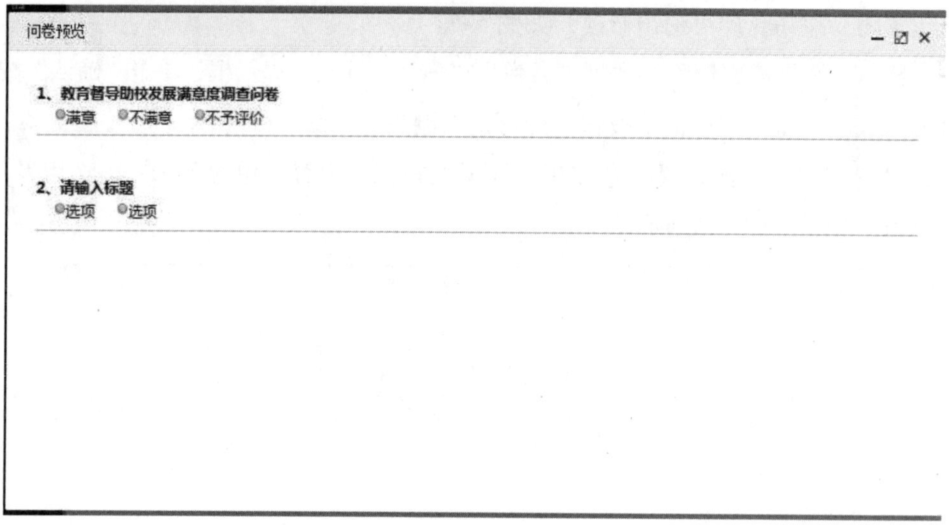

图 6–34 问卷预览

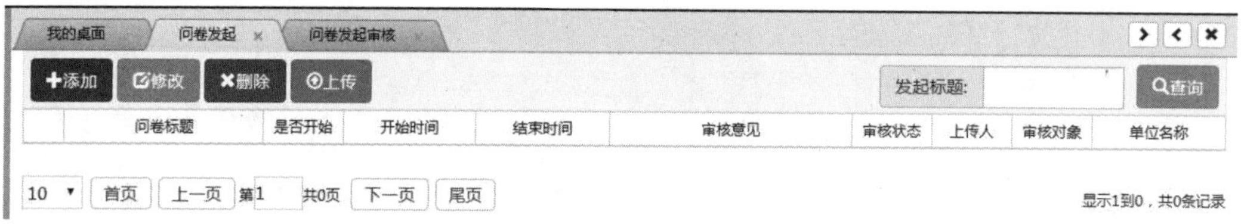

图 6–35 问卷发起界面

应的学年、学期、问卷标题以及审核对象等信息，单击“确定”按钮，即可添加成功，单击“关闭”按 钮，即可退出添加，如图 6–36 所示。

②修改：选择需要修改的信息，单击“修改”按钮，会弹出“修改问卷发起设置”

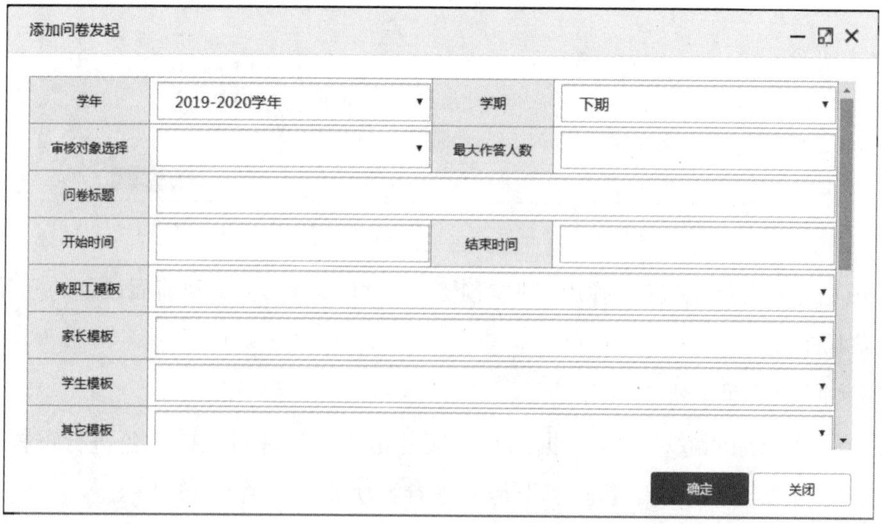

图 6–36 添加问卷发起

提示框，在对应的提示信息处，输入修改内容，单击“确定”按钮，即可修改成功，单击“关闭”按钮，即可退出修改，如图 6–37 所示。

图 6–37　修改问卷发起设置

【注意】该资料一经审核通过，便不可修改。

③删除：选择需要删除的数据，会弹出“确认删除？”提示框，单击“确认”按钮，即可删除成功，单击“取消”按钮，即可退出删除，如图 6–25 所示。

【注意】审核通过的数据，不可删除。

④审核：双击需要审核的问卷，即可显示该问卷的详情，确认无误后单击“审核”按钮，会弹出“审核问卷发起”提示框，选择“通过”或“退回”后单击“确定”，如图 6–38 所示。

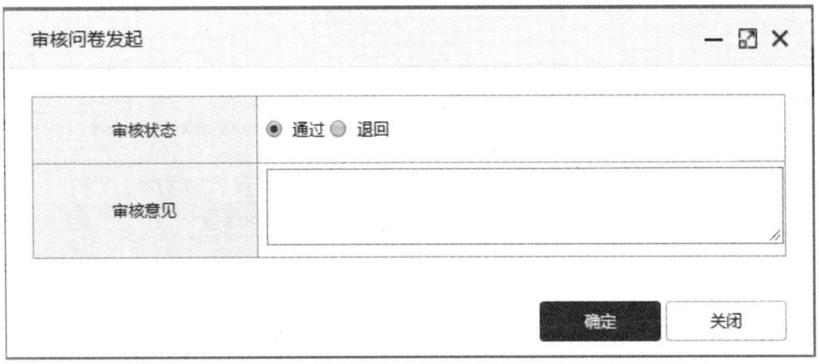

图 6–38　审核问卷发起

⑤客观题统计：责任区可对发起的所有问卷按照标题进行数据统计，由于权限限制，责任区只能查看本责任区学校的统计数据，后台管理员可查看全区所有数据，并且数据可生成统计报表，支持导出，如图 6-39 所示。

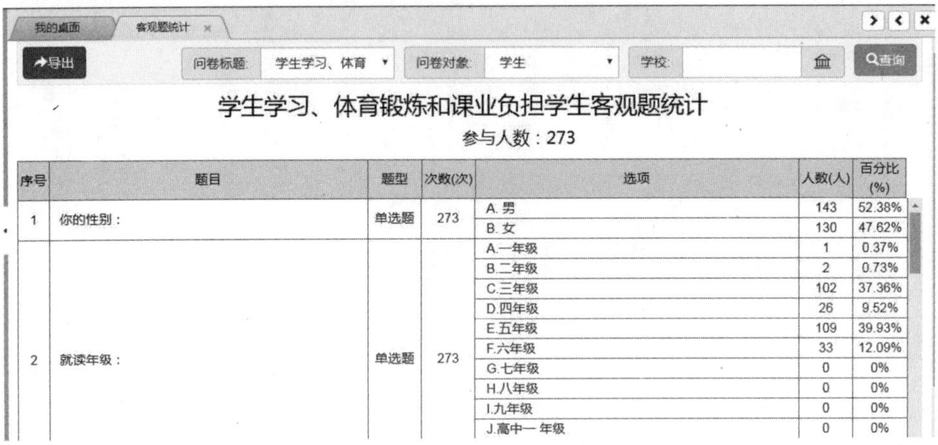

学生学习、体育锻炼和课业负担学生客观题统计

参与人数：273

序号	题目	题型	次数(次)	选项	人数(人)	百分比(%)
1	你的性别：	单选题	273	A. 男	143	52.38%
				B. 女	130	47.62%
2	就读年级：	单选题	273	A.一年级	1	0.37%
				B.二年级	2	0.73%
				C.三年级	102	37.36%
				D.四年级	26	9.52%
				E.五年级	109	39.93%
				F.六年级	33	12.09%
				G.七年级	0	0%
				H.八年级	0	0%
				I.九年级	0	0%
				J.高中一年级	0	0%

图 6-39　客观题统计

⑥客观题图形报表：责任区对问卷的客观题做统计，可直接在平台生成统计图形报表，但暂不支持导出，如图 6-40 所示。

⑦主观题统计：责任区可对问卷中的主观题进行统计，生成统计报表，同样平台支持导出功能，如图 6-41 所示。

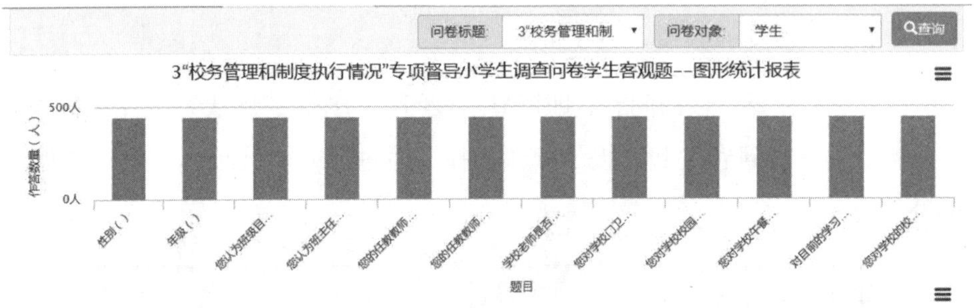

图 6-40　客观题图形报表

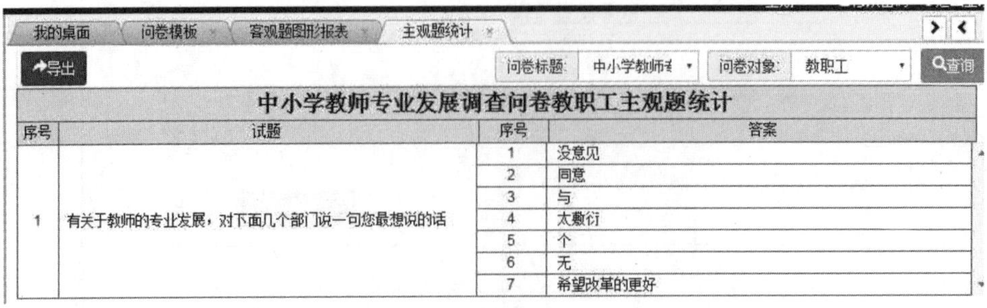

中小学教师专业发展调查问卷教职工主观题统计

序号	试题	序号	答案
1	有关于教师的专业发展，对下面几个部门说一句您最想说的话	1	没意见
		2	同意
		3	与
		4	太敷衍
		5	个
		6	无
		7	希望改革的更好

图 6-41　主观题统计报表

第二节
信息系统平台运行与维护

一、规范管理平台制度建设

1. 平台使用目的

为规范南岸区教育督导管理系统的使用和管理，充分利用网络信息系统，推进教育督导工作信息化，提升督导效能，促进区域教育优质均衡发展，特制定《南岸区教育督导信息管理系统使用管理办法》。

2. 平台使用对象

平台使用对象：区政府教育督导室、区教育督导评估中心、教育督导责任区、校内督导联动片区、学校督导工作室等相关教育督导工作人员。

3. 平台使用规范

南岸区教育督导管理系统是南岸区教育督导信息收集、归类、审核、推送的平台，用于区级教育督导的工作部署、信息报送、意见反馈、工作交流、考核评价、网络培训，以及学校督导信息反馈等，发挥区政府教育督导室网上监督、指导与服务的重要作用。

4. 平台使用规程

①区政府教育督导室负责系统平台数据管理、安全保障、运行维护、技术实施工作及相关操作规范的制定，同时对系统平台各板块的使用与管理情况进行考评。各级各类工作人员在使用过程中如遇相关问题，应及时咨询、上报区政府教育督导室。

②所有督导工作人员需通过培训后，根据岗位职责需要，分配权限后使用系统平台。

③系统平台使用对象按照其职能划分，对应相关工作事项以及操作要求，准确开展以下工作：

a. 区政府教育督导室、区教育督导评估中心使用与管理系统平台，分别负责组织领导、过程监管、部门协调，推进校内外督导工作的开展。

b. 挂牌督导责任区使用与管理系统平台，实行责任区主任负责制，及时上传过程资料，对学校进行星级评价，确保上传信息真实、安全。

c. 校内督导联动片区使用与管理系统平台，实行联动片区主任负责制，及时上传过程资料，对学校进行星级评价，确保上传信息真实、安全。

d. 学校督导工作室使用与管理系统平台，实行学校督导工作室主任负责制，及时上传过程资料，对责任区、联动片区、责任督学进行星级评价，确保上传信息真实、安全。

④区政府教育督导室为确保系统平台信息的安全性，分级分类建立账号，账号之间的权限无关联，不互通。

⑤为保障系统平台的稳定运行，负责系统平台管理的工作人员应适时与开发公司对接，要求其提供运维服务，包括产品的培训、软件的优化、用户使用过程的技术支撑及问题处理、应用程序和数据库的定期备份等。

二、信息系统平台有效运行

（一）助推督导政务网络公开

1. 运行机制

2016 年，中共中央办公厅、国务院办公厅印发《关于全面推进政务公开工作的意见》，部署全面推进各级行政机关政务公开工作。政务公开是行政机关全面推进决策、执行、管理、服务、结果全过程公开，加强政策解读、回应关切、平台建设、数据开放，保障公众知情权、参与权、表达权和监督权，增强政府公信力、执行力，提升政府治理能力的制度安排。因此，系统平台专设“政务公开”板块，积极落实国家政策要求，及时公开上传教育督导相关法规文件，实时转载领导重要讲话，助推南岸教育督导工作有效开展。方便督导同仁看举措、学经验。督导室、督评中心安排工作人员每周定期上传相关政策法规、通知文件、领导重要讲话及信息报道至平台，经领导审核后直接推送至门户网站，做到及时传送、透明公开。重庆市南岸区教育督导管理系统——政务公开运行机制图如图 6–42 所示，重庆市南岸区教育督导管理系统——政务公开—政策法规界面图如图 6–43 所示，重庆市南岸区教育督导管理系统——政务公开界面图如图 6–44 所示。

2. 工作要求

工作人员需每日浏览中国政府网、教育部门户网、教育督导局、教育督导微信公众号等网络资源，筛选重要文章进行转载。平台可自动识别文章中的图片，并在门户网站界面滚动播放；同时，工作人员需对市、区内重要文件通知进行上传下达。所有公开到门户网站的文件、文章都需上级领导审核通过，以确保内容的规范性和准确性。

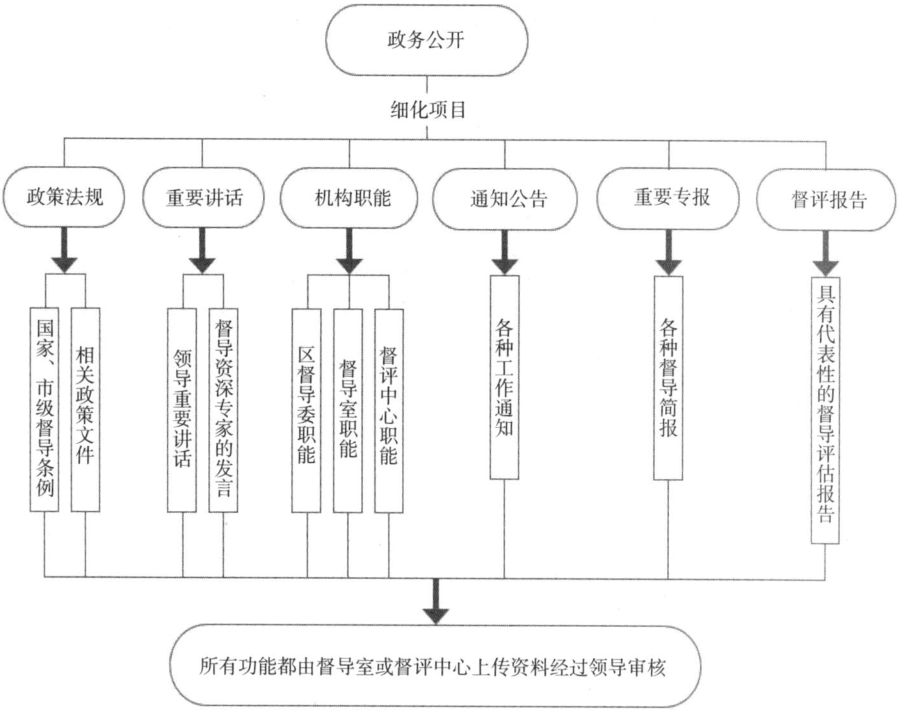

图 6-42　重庆市南岸区教育督导管理系统—政务公开运行机制图

图 6-43　重庆市南岸区教育督导管理系统—政策法规界面图

3. 案例剖析

2020 年 2 月 19 日，中共中央办公厅、国务院办公厅印发《关于深化新时代教育督导体制机制改革的意见》，意见的出台在全国引起较大反响，这是中华人民共和国成立以来党中央出台的第一个教育督导纲领性文件，体现了党和国家对教育督导工作的

图 6-44 重庆市南岸区教育督导管理系统—政务公开界面图

高度重视。为让南岸区督导同仁全员熟悉了解，充分用好政策制度，特定于2020年5月，将国务院教育督导委员会办公室主任、教育部教育督导局局长田祖荫就全国有关情况作题为"完善督导机制'长牙齿' 助力均衡发展上台阶"的工作报告内容进行全文转载，推送到南岸教育督导管理系统门户网站，并组织督学就文件及此次的工作报告内容撰写读后感，以此优化南岸区教育督导队伍建设，提升督导队伍的专业能力和自主学习意识，帮助其及时了解国家政策法规，贯彻落实上级要求，更加有利于督导工作的开展。

（二）支持挂牌督导专业发展

1. 运行机制

2015 年，国务院教育督导委员会办公室印发《中小学校责任督学挂牌督导创新县（市、区）工作方案》，文件指出创新区的主要条件之一：督导方式科学。"建立以网络为基础的县域内责任区督学挂牌督导信息系统，对责任督学实现网络信息化管理……积极开展网上督导工作，实现网上工作部署、工作交流、信息报送、意见反馈、考核评价、网络培训及向学校下达整改要求。通过网络媒体及时公布相关信息和报告，接受社会监督……"文件自印发后，全国各地积极响应责任督学挂牌督导工作的新要求，大力推动信息技术在挂牌督导工作中的应用，增加督导工作的技术含量，推进督导方式科学化、信息化发展。可以说，本系统平台的研发初衷便是助推南岸区创建全国中小学校责任督学挂牌督导创新区，因此"挂牌督导"作为督学工作交流的主阵地、主战场，在系统平台中内容最丰富，分支最广。按照功能大致分为工作开展、学习培训、经验交流、督导动态等，以实现"网上督导"。每学期伊始，督导室会做统一的工作目标与任务的布置，责任区按照时间节点保质保量上传对应资料，系统平台则对每个责任区所传数据进行汇总分析，以作为对责任区评价考核的有力参考。其中，品质较优的文章也将被推送至门户网站，便于其他督导同仁学习交流。重庆市南岸区教育督导管理系统—挂牌督导运行机制图如图 6–45 所示。

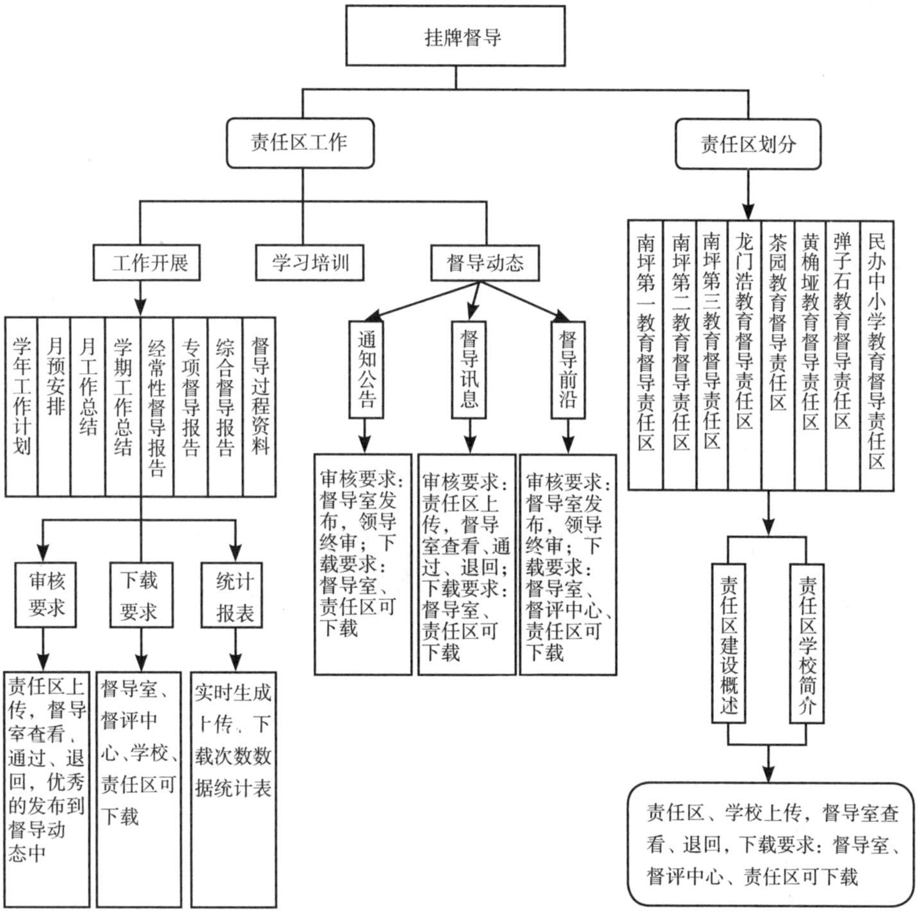

图 6–45　重庆市南岸区教育督导管理系统—挂牌督导运行机制图

2. 工作要求

由于挂牌督导板块容量较大，审核难度大，因此，责任督学资料一般先由所在责任区主任进行初步审核，再上传督导室终审，并且为了方便责任区存档、推送，督导室对所有上传文章格式都做出统一要求，特制有“责任区督学工作手册”，内有督学所需表格及文稿模板，督学进入系统后在桌面即可下载使用，如图 6–46 所示。

3. 案例剖析

2018 年 10 月，弹子石教育督导责任区两位挂牌督学来到某中学，实施“校务管

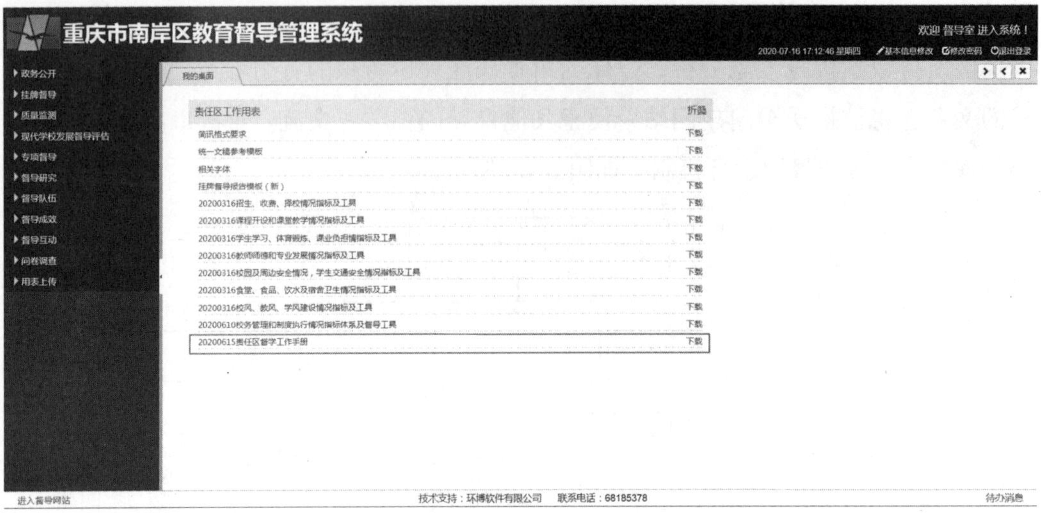

图 6–46 重庆市南岸区教育督导管理系统—桌面图

理和制度执行情况”督导。为方便督学按照统一标准开展主题督导，督导工作人员会提前上传相应的主题工具包至系统平台，督学们只需在进校前到桌面下载即可。本次主题“校务管理和制度执行情况指标体系及督导工具”包，如图 6–47 所示。

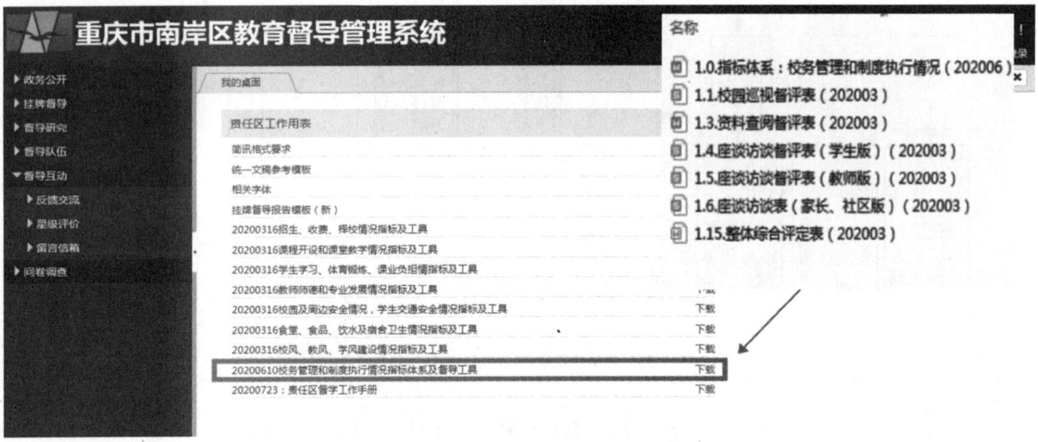

图 6–47 重庆市南岸区教育督导管理系统—桌面—督导主题工具包图

在做好前期的准备后，督学根据主题指标巡视校园，查阅资料，分对象访谈提问。但随后与学生座谈活动中，了解到初三并没有安排音乐、美术等艺术课程。在教育部关于印发《〈义务教育课程设置实验方案〉的通知》(教基〔2001〕28 号)中就明确提出:“一至九年级设艺术课，旨在丰富学生的艺术 经验，发展感受美、创造美、鉴赏美德能力，提高审美情趣。”重庆市教育委员会印发《关于调整普通中小学课程计划的通知》(渝教基〔2012〕21 号)中明确规定：七至九年级每周艺术或音乐、美术课时为 3 节。为此，两位督学立即与学校领导沟通，了解情况，得知七年级生源数量增多导致艺术教师配置出现问题，无法满足九年级学生的艺术课程需求。随即，两位督学给学校指出问题的严重性，同时，责任区通过系统平台向学校下发“督导建议书”，如图 6–48 所示，并及时上报区政府教育督导室，经督导室研究决定，向学校下发“督导整改通知书”，如图 6–49 所示。

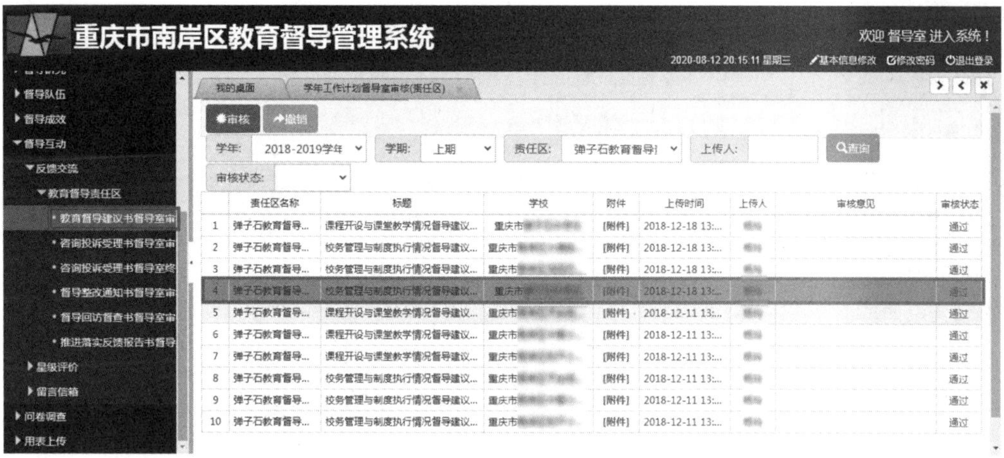

图 6–48　重庆市南岸区教育督导管理系统—教育督导建议书界面图

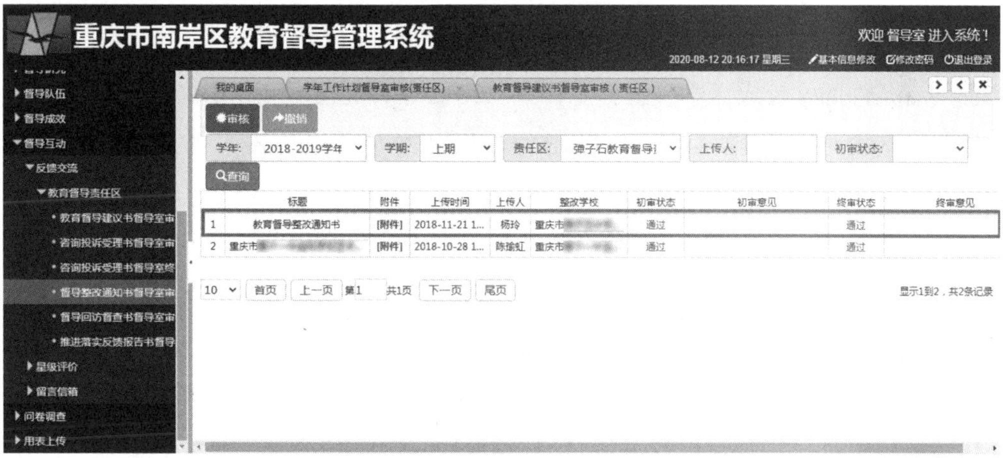

图 6–49　重庆市南岸区教育督导管理系统—督导整改通知书界面图

学校接到“两书”后，更加意识到问题的严重性，立即推进整改问题落实。学校通过组织学习国家课程设置相关文件精神、制定整改方案、调整课表等举措，最终保障艺术课程的开设，并及时在平台上传“推进落实反馈报告书”。而两位督学则在第二个月对学校进行了课程设置的回访督查，并根据实际情况更新系统平台上学校的“督导回访督查书”，如图 6–50 所示。这样通过系统平台的上传下达，减少督导频次，优化流程，通过平台提高工作效率，这样的线上加线下方式，既强化“督”的权威，又发挥“导”的作用，真正开启了南岸区“互联网 +”挂牌督导的新模式。

图 6-50　重庆市南岸区教育督导管理系统—督导回访督查书界面图

（三）促进校内督导内涵丰富

1. 运行机制

2012 年初，重庆市南岸区教育督导开启了区域试点探索校本督导工作机制，年底逐步倡导有条件的学校成立学校督导工作室。2016 年，经历了 4 年的磨砺与积淀，学校督导工作室联动片区破茧而出，加强对学校督导工作室“神经末梢”的管理与指导，并创新联动片区机制下校本督导、联动督导、需求督导的校内督导模式，形成队伍联盟，资源“联享”、活动联动的校际教育督导抱团发展态势。2017 年秋，更是突破性地提出“一中心两支点”引领下联动片区校内督导与教育督导责任区挂牌督导“双轮驱动”，两者相互独立，又互为补充，有效督促区域校内外督导良性互动[1]。作为联动片区及学校督导工作室的主要工作阵地，系统平台充分考虑其工作内容，设立“校内督导”板块，分支包括工作计划、培训学习、校本督导、联动督导、需求督导、建言献策、工作总结等。与挂牌督导工作一致，联动片区会根据全年督导工作要点，结合片区学校实际情况制订片区工作计划及月工作预安排，定期开展校本督导等常规工作，并将对检查情况、方案、信息报道及督导报告进行上传，督评中心审定后评定等级并择优推送至门户网站；学校督导工作室主要涉及工作计划、总结以及各类督导信息报道的撰写和上传，由所属联动片区初审，督评中心终审。

1　包茹华，董宏燕 . 激活教育“神经末梢”——南岸创新联动片区机制下校内督导实践研究［M］. 重庆：西南师范大学出版社，2019.

2. 工作要求

为凸显督导工作的严谨与细致，督评中心同样在平台上传联动片区和学校督导工作室的工作用表，包括联动片区主任工作手册、简讯格式要求、相关字体、督导报告格式要求等参考模板，便于学校及联动片区主任使用。

3. 案例剖析

南坪金科实验小学在二期课改过程中，为将核心素养落地到课堂教学改革中，开展了精灵课堂构建工作，其主要抓手就是落实教学评的一致性，为更好地了解学校教学评工作，了解教学设计中教学目标的叙写、教学过程的有效性、教学评价的一致性的开展情况，南坪金科实验小学于 2019 年 5 月 10 日向龙门浩教育督导联动片区提出了需求督导，联动片区的全体视导员接受邀请后，经过研究制定了本次需求督导的方案、活动议程以及督导评价工具，并及时上传至系统平台由督评中心工作人员审核，如图 6–51 所示。

图 6–51　重庆市南岸区教育督导管理系统—需求督导—联动片区督导方案界面图

2019 年 5 月 28 日上午，全体视导员走进了南坪金科实验小学，开展了需求督导工作，听取了学校督导工作室主任的工作开展情况汇报，从而对南坪金科实验小学的教学评一致性工作有了更清晰的了解。随后视导员们走进班级，认真倾听老师们的课堂教学，对照教学设计和督导评价表，仔细记录。最后，在听取汇报和课堂观课的基础上，对其教学评一致性工作开展情况进行了认真梳理，并作出现场反馈。为详细展示当日活动情况，联动片区与学校督导工作室从不同角度分别撰写此次需求督导的信息报道，并上传到系统平台，如图 6–52、图 6–53 所示。

图 6–52　重庆市南岸区教育督导管理系统—需求督导—联动片区信息报道界面图

图 6–53　重庆市南岸区教育督导管理系统—需求督导—学校督导工作室信息报道界面图

最后，针对本次需求督导的顺利开展，以及对督导结果的有效运用，联动片区主任将本次活动形成书面报告，上传至系统平台，如图 6–54 所示。

（四）规范各级教育质量监测

1. 运行机制

义务教育是教育工作的重中之重，是提升国民素质的奠基性工程。党的十八大明确指出，全面实施素质教育，着力提升教育质量；党的十八届三中全会提出了推进教育治理体系和治理能力现代化的要求，并强调需深入推进管办评分离，强化国家教育督导，委托社会组织开展教育评估监测；党的十九大强调要创新监管模式，努力让每

图 6-54 重庆市南岸区教育督导管理系统—需求督导—联动片区督导报告界面图

个孩子都能享有公平而有质量的教育。开展义务教育质量监测是贯彻落实党的十八大、十九大精神的重大举措，对于摸清我国中小学生的发展现状、提高义务教育质量具有重要意义[1]。为此，根据《中华人民共和国义务教育法》和《国家义务教育质量监测方案》，按照国务院教育督导委员会办公室的部署和要求，教育部基础教育质量监测中心自 2015 年起，开展了国家义务教育质量监测工作。如今，我国义务教育质量监测工作已越发成熟，教育部成立了基础教育质量监测中心，组建了专业的研究团队，研发了监测工具，建立了"国家督导部门统筹指导监测中心组织执行、省级督导部门协调监控、县级督导部门操作实施"的组织实施模式。南岸区积极响应教育部构建区域督政、督学、评估监测三位一体教育督导体系的要求，研发南岸区教育督导管理系统，专设"质量监测"板块，全力保障接受国家级、市级义务教育质量监测抽检过程中的组织实施任务。

2. 工作要求

为准确监督指导质量监测工作的开展，督导室要求各样本校开展学校动态自评，根据实际情况制定本校实施方案，并撰写工作总结；督学测前巡视，对样本校的准备工作进行详细记录；督导室、教师进修学院测后总结，梳理工作经验及不足。以上方案、总结、记录均需在限定时间内上传至系统平台。

3. 案例剖析

2018 年，根据《国务院教育督导委员会办公室关于开展 2018 年全国义务教育阶段学生数学学习质量和体育健康状况监测的通知》（国教督办函〔2018〕14 号）要求，南岸区共有 20 所样本校，于 5 月 24 日接受国家义务教育质量监测。区教委、区政府

1 教育部基础教育质量监测中心 . 中国义务教育质量监测报告 .［EB/OL］.2018-07.

教育督导室高度重视此次国测工作，统筹谋划、精心部署，成立了由区教委主要领导为组长、分管领导、学院院长为副组长的领导小组，下设工作小组，务实推进国测工作规范开展。根据国家、市级要求，结合南岸实际，制定《南岸区2018年国家义务教育质量监测实施方案》《南岸区2018年国家义务教育质量监测体育监测安全预案》，印发“五册、一说明、一方案”，为样本校提供具体可行的“行动指南”与“工作标尺”，探索创新“三会议、两模拟、一强化”培训工作体系，及时将培训通知在系统平台进行上传下达，重庆市南岸区教育督导管理系统—质量监测—通知公告查询界面图如图6–55所示。

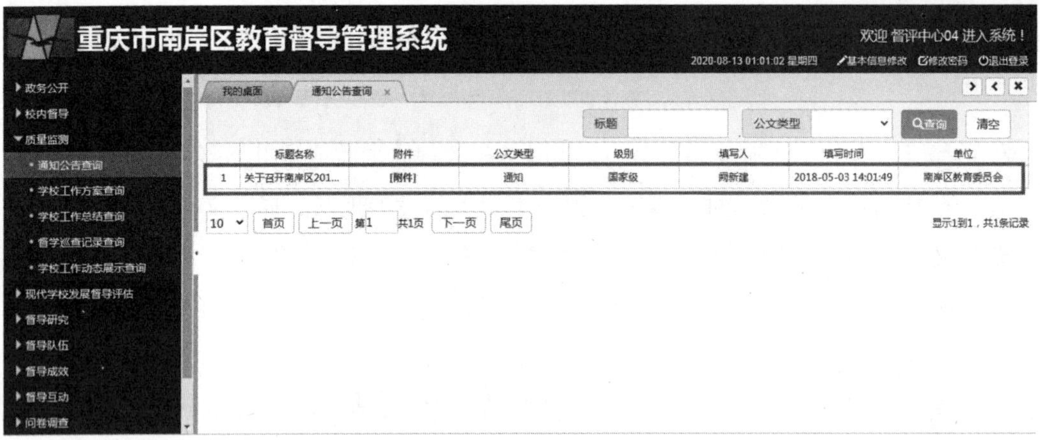

图6–55　重庆市南岸区教育督导管理系统—质量监测—通知公告查询界面图

样本校根据“行动指南”和“培训内容”积极制定本校国测实施方案，随后上传至系统平台后，由督导室专人负责审核。同样，在国测结束后，样本校还应撰写工作总结，以形成质量监测“动态自评”模式，重庆市南岸区教育督导管理系统—质量监测—学校工作方案督导室审核界面图如图6–56所示。

当然，为保证样本校为国测做好充分准备，本次国测实行三级巡视。一是区视导员“一对一”进校指导，重点关注样本校国测工作方案设计、测试场地布置、体育器材配置及监测工作宣讲等内容；二是责任督学全覆盖复检本责任区内样本校国测准备工作；三是区级领导小组抽检不同类型样本校的准备情况，为精准记录巡视过程，督学需填报质量监测样本校准备工作督导记录表并上传至系统平台，继而形成“督学他评”的模式，重庆市南岸区教育督导管理系统—质量监测—督学巡查记录督导室审核界面图如图6–57所示，南岸区2018年国家义务教育质量监测样本准备工作督导记录表展示图如图6–58所示。

本次国测工作经验受到了国家教育督导委员会专项督导组专家实地调研后的充分

图 6–56　重庆市南岸区教育督导管理系统—质量监测—学校工作方案督导室审核界面图

图 6–57　重庆市南岸区教育督导管理系统—质量监测—督学巡查记录督导室审核界面图

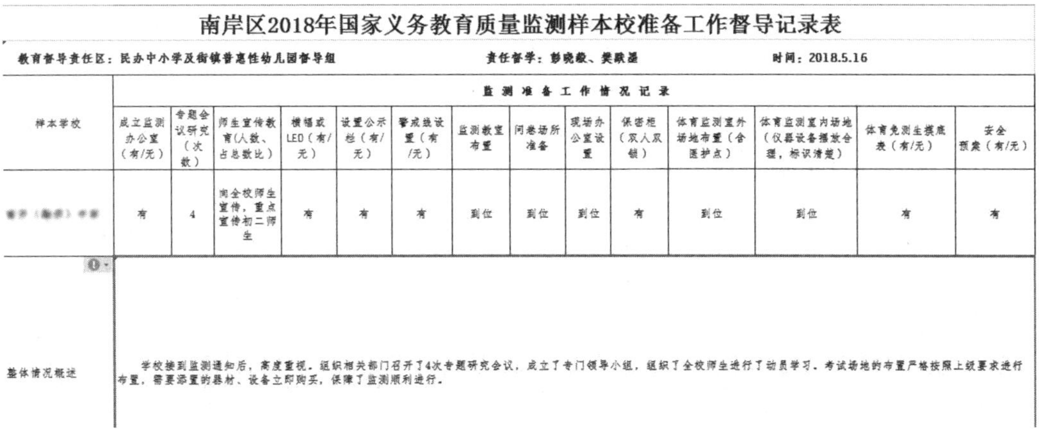

南岸区2018年国家义务教育质量监测样本校准备工作督导记录表

教育督导责任区：民办中小学及街镇普惠性幼儿园督导组　　责任督学：彭晓啟、樊联盈　　时间：2018.5.16

样本学校	监测准备工作情况记录													
	成立监测办公室（有/无）	专题会议研究（次数）	师生宣传教育(人数、占总数比)	横幅或LED（有/无）	设置公示栏（有/无）	警戒线设置（有/无）	监测教室布置	问卷场所准备	现场办公室设置	保密柜（双人双锁）	体育监测室外场地布置（含医护点）	体育监测室内场地（仪器设备播放合理，标识清楚）	体育免测生摸底表（有/无）	安全预案（有/无）
[illegible]	有	4	向全校师生宣传，重点宣传初二师生	有	有	有	到位	到位	到位	有	到位	到位	有	有
整体情况概述	学校接到监测通知后，高度重视。组织相关部门召开了4次专题研究会议，成立了专门领导小组，组织了全校师生进行了动员学习。考试场地的布置严格按照上级要求进行布置，需要添置的器材、设备立即购买，保障了监测顺利进行。													

图 6–58　南岸区 2018 年国家义务教育质量监测样本校准备工作督导记录表展示图

肯定，为进一步全面总结2018年国测工作的主要做法与经验，不断提高组织实施国测工作质量，区教委、区政府教育督导室在全区OA平台上传《关于南岸区组织实施2018年国家义务教育质量监测工作的通报》，不仅再次展示此次工作的亮点，对优秀样本校提出表扬，同时也指出工作中存在的共性问题，提醒各校加强管理，不断提升区域监测工作组织实施水平。

（五）动态监测现代学校发展

1. 运行机制

2016年，南岸区教委印发《南岸区现代学校发展督导评估指导意见》，意见旨在贯彻国务院《教育督导条例》《重庆市教育督导条例》精神，全面落实南岸区“十三五”教育事业发展规划，强化教育督导，促进学校完善治理结构，提升治理能力，彰显特色品质，加快推进区域教育现代化建设进程。现代学校发展督导评估施行五年一周期内三批次的滚动督评，督评内容按照国家政策规定，依据国家有关标准，以推进和引领区域内学校现代化发展方向，制定南岸区现代学校发展督导评估指标体系，一级指标由“学校治理（含园本治理）、教学质量、特色办学”组成。“学校治理（含园本治理）”主要考查学校以提高教育质量为中心的“服务质量”；“教育质量”主要考查学校以促进学生发展为核心的“产品质量”。两者共同属于既定指标类。“特色办学”主要考查学校特色办学的“发展实绩”，属于自选指标类。两类指标同时并存，旨在服务需求，导向内涵，突出重点，增量提质。结合文件及指标内容，系统平台开设“现代学校发展督导评估”板块，分支为“现代学校治理专项督评”“现代学校特色项目发展需求督评”“现代学校教育质量专项督评”“社会测评学校办学质量公众满意度”“现代学校治理与发展核心数据表”，以充分回应指标需求，进一步促进区域教育现代化发展，在全市具有一定示范性和引领性。

2. 工作要求

除“现代学校治理与发展核心数据表”的填报之外，其余督评模板均需要督评中心上传实施方案、培训通知，情况反馈，对督评结果进行公布，并宣传典型案例，与此同时，学校还需撰写工作简讯至系统平台，内容质量优秀的，也可以推送至平台门户网站。

3. 案例剖析

2017年开始，按照《南岸区现代学校发展督导评估指导意见》的要求，结合五类型学校督评指标体系内容，建立健全“学校自主上报与督评中心调研监测”相结合的现代学校治理与发展动态监测机制。区教育督导评估中心通过南岸区教育督导管理系统，由学校自主采集“现代学校治理与发展核心数据”，其结果纳入五年一周期现代学校发展动态监测数据库。报表共有 6 个模块，采用“4+2”方式构建。其中，“4”代表现代学校制度、队伍建设、教育教学、资源管理，“2”代表规范办学、学校荣誉，如图 6–59 所示。

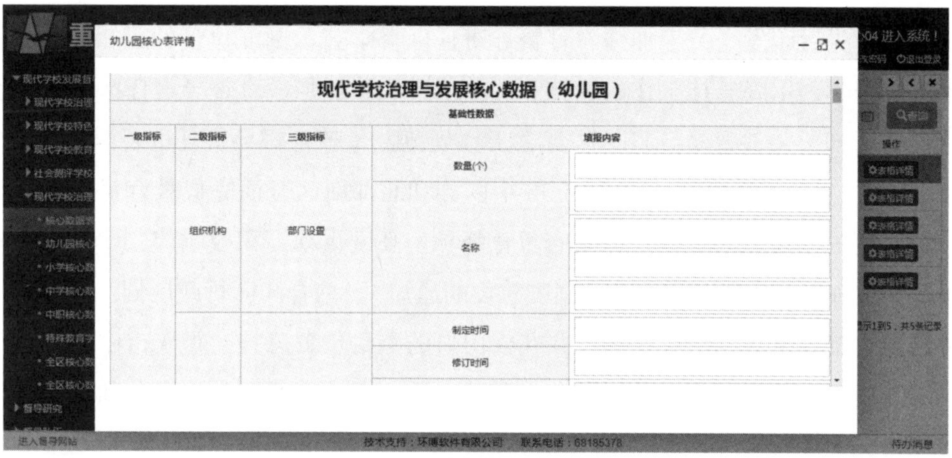

图 6–59　重庆市南岸区教育督导管理系统—现代学校发展督导评估—幼儿园核心数据填报图

填报内容以数字采集为主，辅以简要文字说明，个别地方涉及附件上传。为方便不同类型学校填写，系统平台按照《南岸区现代学校发展督导评估指导意见》划分五类型学校分别为幼儿园、小学、中学、中职、特殊教育。学校填报完毕，待督评中心工作人员审核后，系统后台将自动生成五类型学校全区核心数据统计表，如图 6–60 所示。整个报表主要用于学校自主采集基础性数据，有利于区域调研监测各校现代学校治理增值性发展情况，印证现代学校综合办学质量。

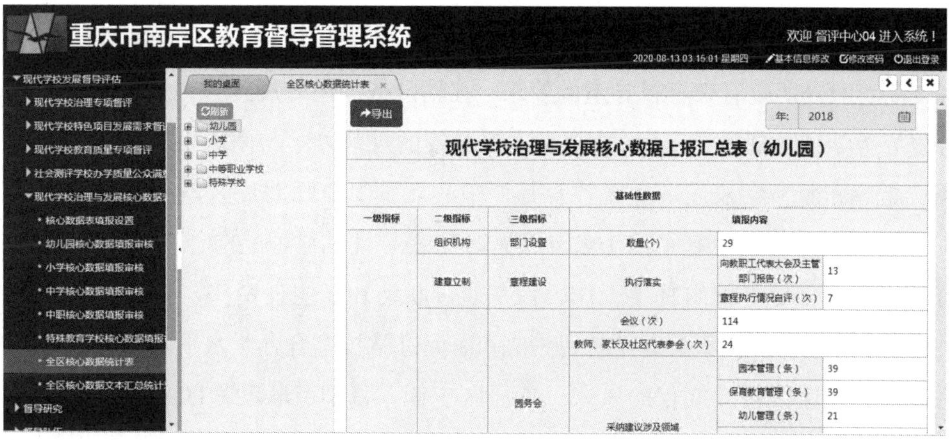

图 6–60　重庆市南岸区教育督导管理系统—现代学校发展督导评估—幼儿园全区核心数据统计表

（六）展示责任督学队伍风采

1. 运行机制

为贯彻落实全国督学责任区制度建设经验交流现场会议精神，深化和健全教育督导责任区制度，强化教育督导功能，落实督学责任，形成常规督导与重点督导相结合的工作机制，重庆市教委、重庆市人民政府教育督导室积极建立教育督导责任区督学公示制度，先后印发《关于加强教育督导责任区督学公示制度建设的通知》《关于做好责任区督学公示牌悬挂工作的通知》《关于进一步加强教育督导责任区督学公示制度建设的通知》《教育督导责任区督学工作规范》《教育督导责任区督学手册》等5个配套文件，于2012年底，在全市38个区县和北部新区全面完成教育督导责任区督学公示制度的建立。区教委、区政府教育督导室高度重视，积极响应，印发《南岸区关于加强教育督导责任区督学公示制度建设的通知》，结合我区行政区划及学校布局，将辖区内学校划分为8个责任区，并在校门口的醒目位置悬挂"重庆市中小学责任督学公示牌"，公示责任区督学的姓名、联系电话，以及责任区学校名称和责任区督学主要职责，便于收集意见和建议，加强监督和指导，督促问题的整改，自觉接受社会的监督。结合当下督导信息化发展的时代需求，系统平台专设"督导队伍"板块，线下公示督导人员信息，线上展示督导人员风采。

2. 工作要求

区政府教育督导室、督评中心要求每批新任责任督学及联动片区主任在新学期开始前，通过系统平台上传个人简介和工作照片，简要描述其工作经历及所获荣誉，以可视化的方式彰显南岸区教育督导队伍的高质量与高水平。

3. 案例剖析

区政府教育督导室下设8个教育督导责任区，每个片区设教育督导责任区办公室主任1名，配合区政府教育督导室的要求，在辖区范围内开展经常性督导、专项督导、综合督导等学校外部督导工作，主要负责对学校的规范办学与内涵发展开展督导工作，监督、指导和服务学校发展。区教育督评中心下设7个联动片区，每个片区设学校督导工作室联动片区办公室主任1名，在区教育督导评估中心指导下开展校本督导、联动督导、需求督导等校内督导工作，旨在通过联动片区主任牵头，整合资源、兼顾各校，侧重于以结合校情彰显办学特色为亮点，促进学校综合办学水平和育人质量提升。为适时展示南岸区督导同仁的风采，责任区主任、督学、联动片区主任积极上传个人简述及照片，如图6-61、图6-62所示。

图 6–61 重庆市南岸区教育督导管理系统—后台管理—督导队伍风采展示界面图

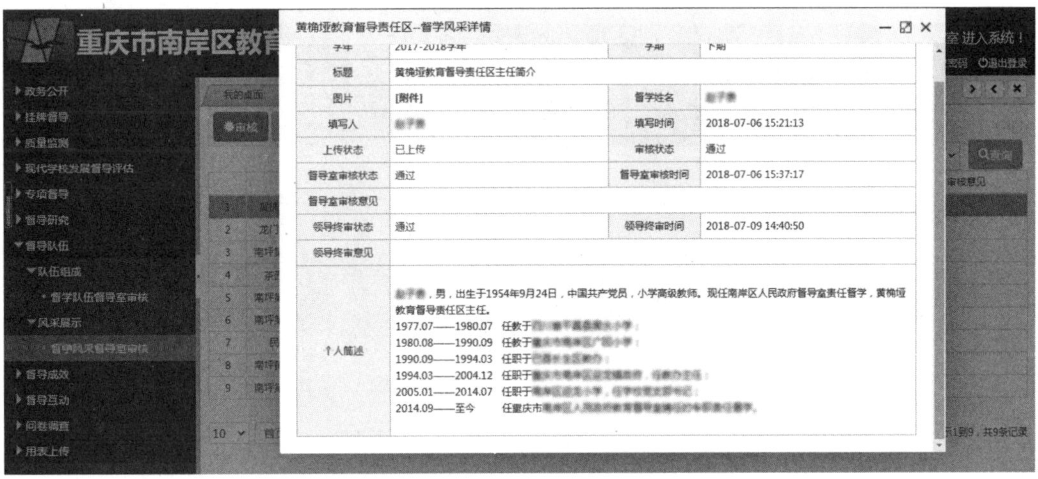

图 6–62 重庆市南岸区教育督导管理系统—后台管理—督导队伍风采展示详情图

经督导室、督评中心审核后，由工作人员直接推送至门户网站，以统一、规范的可视化效果体现南岸区督导风貌，其个人简介在单击图片后便可清楚呈现，如图 6–63、图 6–64 所示。

（七）建立督导评价长效机制

1. 运行机制

实施责任督学挂牌督导是转变政府职能、加强对学校监督指导的重要举措，是密切学校与社会联系，构建政府、学校、社会新型关系的有效方式，有利于促进学校依法办学、规范办学，有利于深入实施素质教育、保障教育公平、提高教育质量，有利于为教育改革发展提供更好的决策参考。为贯彻落实国务院《教育督导条例》和《重

图 6-63 重庆市南岸区教育督导管理系统—门户网站—督导队伍风采展示图

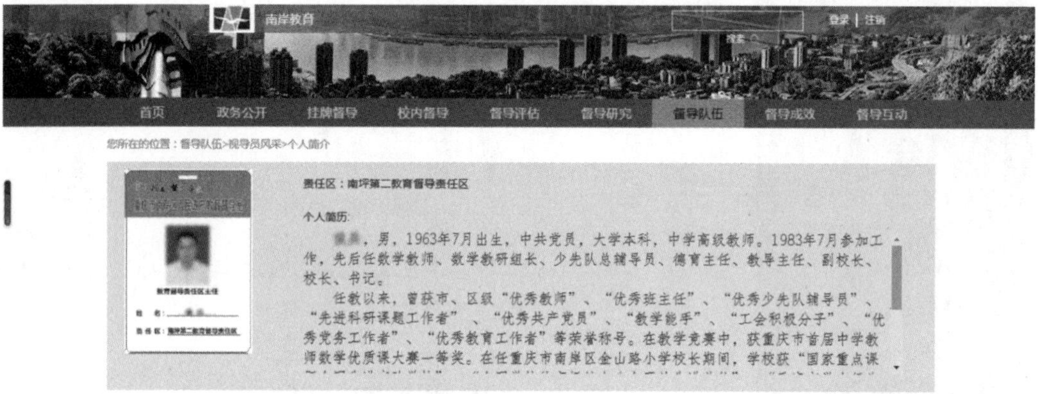

图 6-64 重庆市南岸区教育督导管理系统—门户网站—督学个人风采展示详情图

庆市教育督导条例》精神，按照《国务院教育督导委员会办公室关于印发〈中小学责任督学挂牌督导办法〉的通知》与市级相关工作文件要求，南岸区结合实际，就进一步加强中小学责任督学挂牌督导工作，先后制定了《关于进一步加强中小学责任督学挂牌督导工作的实施意见》《南岸区教育督导责任区挂牌督导实施细则》《南岸区教育督导责任区挂牌督导工作规程》《南岸区教育督导责任区责任督学管理办法》等重要制度、文件，从而提高工作认识、完善工作机制。文件旨在把好责任督学开展督导工作的“度量衡”，规范督导行为，提升专业水平，强化考核标准。在《关于进一步加强中小学责任督学挂牌督导工作的实施意见》中强调“健全责任督学考核制度，将责任督学经常性督导工作开展、指导和服务学校发展成效、服务对象满意度等作为考核重要指标。对年度考核称职的责任督学，予以续聘；对年度考核优秀的督学，给予表彰奖励”。督学考核工作由督导室负责组织实施。学期末，责任区按照考核指标整理提交考核资料，督导室结合学校对责任区、责任督学的常态“五星”评价结果，一并纳入考核量化指标。基于此项工作的重要性，系统平台增设“督导互动”板块，分支“反馈交流”“星级评价”“留言信箱”等三个功能，便于责任区与辖区内学校的反馈、互评，学生、家长、教师等人士对教育的建议留言，最终达成责任区、学校与社会的良性互动。

2. 工作要求

就“星级评价”而言，按照评价对象可分为“学校→责任区”和“责任区→学校”；按照评价过程，分为形成性评价与终结性评价。要求责任区、督学在每次进校开展经常性督导工作后，对学校工作进行星级评价；同时，责任区、督学就同一主题向学校发起评价，学校也会根据责任督学实际工作情况进行星级评价。

3. 案例剖析

2020 年 6 月，南坪第一教育督导责任区为进一步加强责任区内各校校务管理，建立健全规章制度，促进学校优质发展，根据《中小学校责任督学挂牌督导办法》要求，按照南岸区教育督导机构的工作安排，认真落实南坪第一教育督导责任区工作计划，对责任区 10 所学校开展了主题为“校务管理和制度执行情况”的督导工作，10 所学校为 3 所中学、6 所小学、1 所幼儿园。本次督导以听、看、查、访、验为主要督导方式。责任督学通过网上对责任区 10 所学校进行问卷调查、座谈访谈、校园巡视、资料查阅等方式，掌握了各学校校务管理和制度执行情况的第一手资料。总体上 10 所学校的教师、家长、学生对学校的管理满意度较高。同时，针对学校工作中存在的不足与问题，下发了 10 份督导建议书，并与学校领导进行了督查情况反馈。随后，通过系统平台，责任区就该主题向学校发起评价邀请，学校则针对此次责任督学督导工作给予真实的星级评价，而责任区也将在系统平台对该校关于本主题挂牌督导情况作现状分析与评价建议，如图 6-65—图 6-67 所示。

学校与责任区互评成功后，系统后台自动生成每月、每学期的评价统计表，该表可按照学期、月份以及责任区进行排列，支持导出功能，如图 6-68、图 6-69 所示。表格的评分将直接与期末督学考核以及学校综合考核挂钩，进而促进学校与责任督学对督导工作的高度重视。

图 6–65　重庆市南岸区教育督导管理系统—督导互动—责任区对学校发起形成性评价界面

图 6–66　重庆市南岸区教育督导管理系统—督导互动—学校添加责任区形成性评价界面图

图 6–67　重庆市南岸区教育督导管理系统—督导互动—责任区对学校发起形成性评价界面图

图 6-68 重庆市南岸区教育督导管理系统—督导互动—责任区对学校形成性评价学期统计图

图 6-69 重庆市南岸区教育督导管理系统—督导互动—学校对责任区形成性评价月统计图

三、信息系统平台优质维护

（一）升级专项督导模板设计

1. 案例背景

2014 年 2 月，国务院教育督导委员会下发国教督〔2014〕1 号文件，公布 2013 年全国义务教育发展基本均衡县（市、区）名单，南岸区为全国首批 293 个义务教育基本均衡发展县（市、区）之一。2017 年，教育部印发《县域义务教育优质均衡发展督导评估办法》，引导各地将义务教育均衡发展向着更高水平推进，我国义务教育开始了由“基本均衡”走向“优质均衡”，进入全面提高质量的新阶段。2019 年，国务院教育督导委员会印发《县域义务教育优质均衡发展国家督导评估认定工作规程》，进一步完善督评指标。同年 12 月，印发《重庆市义务教育优质均衡发展区县督导评估工作方案》。至此，从国家到市级层面已全面启动义务教育优质均衡发展认定工作。南岸区、委区政府抢抓区域教育优质均衡发展机遇，加快推进教育现代化强区建设，“书香南岸 · 幸福教育”成为南岸区教育领域综合改革发展的一张亮丽名片，成为南岸区政治、经济、社会、文化发展的重要组成部分。

2. 案例分析

2019 年，为巩固和提升南岸区义务教育优质均衡发展成果，统筹推进区域内城乡义务教育一体化改革，持续、全面提高义务教育质量，加快建设教育现代化强区，结合国家及重庆市系列文件精神，制定了《南岸区创建全国义务教育优质均衡发展区的工作意见》，为全面启动创建工作做好前期准备。2020 年，南岸区政府与中国教育科学研究院共建全国教育综合改革实验区，推进“教育治理现代化视域下督导评估助推区域义务教育优质均衡发展”合作项目。

南岸区教育督导机构充分用好南岸区教育督导管理系统，盘活大数据，提档升级“专项督导”板块功能，实时监测区内义务教育优质均衡发展状况。按照教育部《县域义务教育优质均衡发展督导评估办法》以及国务院教育督导委员会办公室《县域义务教育优质均衡发展国家督导评估认定工作规程》中督评标准、流程与要求等内容，督导室自主研发“义务教育优质均衡发展差异系数动态监测统计表”与各学段指标达标说明，如图 6–70 所示。

图 6–70 重庆市南岸区教育督导管理系统—专项督导—义务教育优质均衡发展差异系数动态监测图

重庆市南岸区教育督导管理系统—义务教育优质均衡测算功能图如图 6–71 所示。

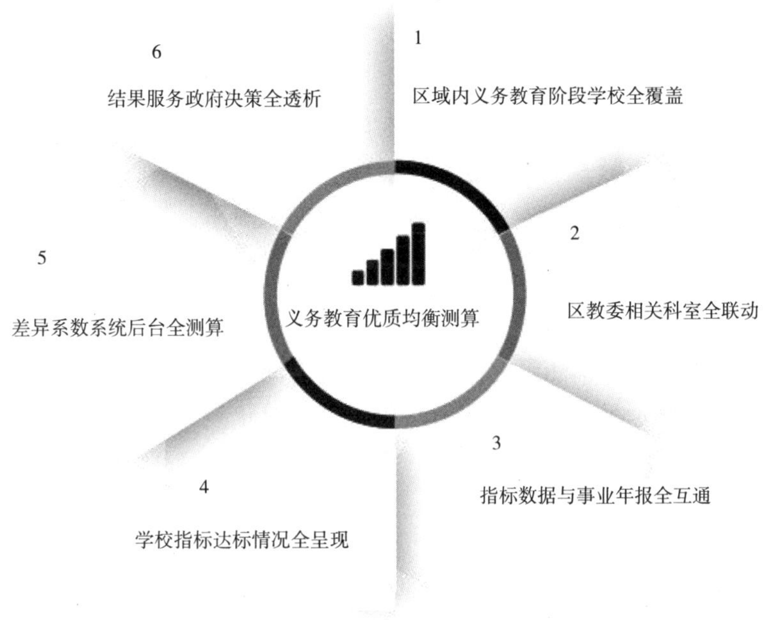

图 6–71 重庆市南岸区教育督导管理系统—义务教育优质均衡测算功能图

•学校全覆盖：按照学段划分为小学、初中、九年一贯制（小学部）、九年一贯制（中学部），城镇、农村进行分表填报，可覆盖区域内义务教育阶段所有学校。

•科室全联动：表格不仅需要学校自主填报，也需要对应科室进行审核指导。

•数据全互通：表格所填数据按照事业年报统一口径。

•结果全呈现：每所学校的优质均衡达标情况，都会在表格填报后自动呈现，对不达标项目系统将自动标红。

•后台全测算：系统将通过后台运算，自动生成差异系数，按义务教育优质均衡发展规定指标测算的小学、初中差异系数分别不高于 0.50、0.45。

•决策全透析：测算结果全力服务政府决策，为其提供真实可靠的数据参考。

3. 案例点评

在如今教育及教育督导信息化发展时代需求的推动下，借用信息技术对区域学校办学质量动态监测无疑是最有效、最快捷的方式。系统通过后台运算，实现对区内义务教育均衡情况年度数据自主分析与预警监测，其分析报告结果为教育行政主管部门协调业务科室工作开展，乃至区政府领导统筹各部门履行教育职责，发挥重要参考作用。同时，该板块功能的优化，提升了指标数据计算的效率，减少和避免了人工处理数据的错误，从而大大减轻了工作量，而且更加快捷地为区内教育现代化建设提供了决策依据，推动了南岸区创建义务教育优质均衡发展区的进程。

（二）改善平台资料审核功能

1. 案例背景

信息技术与教育的融合发展已经到了“互联网 +”的高速发展时期，教育督导也呈现出智能化、科技化的发展态势。南岸区顺应时代要求，结合国家文件精神，积极建设教育督导管理系统，为南岸“智慧督导”保驾护航。该系统自投入使用以来，为南岸区教育督导事业提供了有力的技术支持和数据支撑，是南岸区教育督导事业不可或缺的重要组成部分。但随着新时期人民群众对优质均衡教育发展的需求，督导工作的专业速度加快，系统平台功能完善需与时俱进。因此，2019 年底，督导室提出了系统平台功能的二期新增及优化方案。

2. 案例分析

南岸区教育督导管理系统平台由督导室、督评中心专设工作人员对平台进行日常管理，包括平台运行维护、督导资料审核。此次功能优化侧重点：一是提高工作人员审核效率；二是增加“两区”协作互动。以“挂牌督导”中内容最丰富的“督导过程管理”为例，以往针对该板块的资料上传，责任督学通常是将该主题用表进行一次性打包，如图 6–72 所示。

图 6–72 重庆市南岸区教育督导管理系统—挂牌督导—督导过程管理界面图

由于上传的资料过于零散，内容较繁杂，极大加重了工作人员审核资料的工作量，同时也不利于后续对该板块内容的数据分析和整合。在此次优化方案中，督导室专门提出将“督导过程”的资料按照“方案、查阅资料记录表、问卷调查记录表、访谈记录表、教育教学活动、校园巡视、进校督导反馈”为类别，进行归类管理，如图 6–73 所示。

图 6–73　重庆市南岸区教育督导管理系统—挂牌督导—督导过程管理整改升级界面图

3. 案例点评

技术要服务于工作，需要对技术的不断更新与强化，南岸区教育督导管理系统作为南岸区教育督导事业发展的“左膀右臂”，如果因为功能的滞后，造成工作的滞后，就失去了它原本的建设意义。当然，这要求督导工作人员充分了解平台运行模式，积极与使用者交流沟通，不断优化功能，真正让信息技术支持教育督导，让教育督导助推教育现代化。

（三）健全平台运行互动机制

1. 案例背景

重庆市教育事业发展“十三五”规划明确提出“以完善基础设施建设、搭建城乡一体化公共信息平台、推进‘互联网 + 教育’为主要内容，进一步加强教育信息化水平建设”。2017 年，市政府教育督导室委托重庆第二师范学院研发完成了重庆市教育督导管理信息系统（以下简称“市级平台”），并于 2018 年在全市各区县全面启动试行，通过系统的使用，基本实现了教育督导工作的线上线下结合，减轻了责任督学部分事务性的工作压力，进一步强化了督导队伍建设和督学工作的管理，提高了教育督导工作效率。此时，南岸充分运用市级平台，与之前区级教育督导管理系统（以下简称“区级平台”）进行数据关联，实现市、区两级平台的内容互用、功能互补、结果互联。

2. 案例分析

一是内容互用，2017年，区级平台使用以来，从“政务公开”“督导工作”“质量监测”“现代学校发展督导评估”“专项督导”“督导研究”“督导队伍”“督导成效”“督导互动”“问卷调查”等方面强化我区教育督导工作与互联网的深度融合，尤其是挂牌督导工作中“责任区工作”“督导互动”的有效使用。如今，市级平台规定“学期工作要点”“学月工作计划”“督学督导记录”“访谈记录”“教学观察记录”“约谈情况登记”“征求意见记录”“学月督导报告”“学期工作总结”等使用要求，与区级平台上传内容有效统整，相关内容合二为一。二是功能互补，市级平台中责任督学“签到打卡”功能与配套的“督导助手”App互动可准确做好督学考勤管理，要求督学根据实际情况进行工作记录及现场督导打卡签到。打卡成功后，方可进行现场数据采集，包括照片、视频和音频的上传。该功能非常利于南岸区教育督导队伍的有序组织，督导室将每月督学打卡记录汇总结果在月末督导工作例会上做通报，以此作为督学考核的重要环节。三是结果互联，按照上级专项督导工作要求，各区县形成组织方案、工作通报、自评报告等文本材料，并上传至市级平台，由上级教育行政主管部门或教育督导部门进行汇总分析，反馈评价结果，促进各区县持续优质发展。

3. 案例点评

南岸区教育督导管理系统是因区制宜创建而成的，具有独特的设计理念与设计思路，市级、区级平台实现数据共享、功能互补，两者的互通互联使得区域教育督导工作更规范、更准确，数据资源得到了最大的利用，督导效能也得到了最大的提升。

附　件

附件 1

责任督学答疑二十问

责任督学责任重大，工作涉及面广，为帮助责任督学答疑解惑，区域针对责任督学工作实际，根据国务院《教育督导条例》《中小学校责任督学挂牌督导办法》《关于深化新时代教育督导体制机制改革的意见》《深化新时代教育评价改革总体方案》等文件精神，结合区域自身积累实践经验，编辑了责任督学若干问题答疑。问题编订旨在帮助责任督学进一步把握工作方向，抓住工作重点，提升工作能力。

（一）何为教育督导与挂牌督导?

答：教育督导是指县级以上人民政府及其教育行政部门为保证国家有关教育的法律法规、方针政策的贯彻执行和教育目标的实现，依照国家有关规定，对所辖地区教育工作进行监督、检查、评估、指导的制度。对于这一定义，可以从以下方面理解：

一是教育督导是政府及其教育行政部门管理教育的一种行为。教育督导组织及其成员进行的督导活动是行使本级政府对所辖地区教育工作进行监督和指导的职权。

二是教育督导的依据是国家的法律、法规和教育方针政策。教育督导人员要依照有关教育督导方面的规定，遵循教育规律，对教育行政工作和学校工作进行监督和指导。

三是教育督导的基本程序是监督、检查、评估和指导。教育督导是对教育工作的监督和检查，同时也是运用教育科学理论和技术对督导对象进行教育评估和指导的过程。

四是教育督导的目的在于保障国家有关教育的法律法规、方针政策的贯彻执行以及教育目标的实现，改进教育工作。

挂牌督导是指县（市、区）人民政府教育督导部门为区域内每一所学校设置责任督学，对学校实施专项督导、综合督导和经常性督导。其中经常性督导事项主要有以下八个方面：校务管理和制度执行情况；招生、收费、择校情况；课程开设和课堂教学情况；学生学习、体育锻炼和课业负担情况；教师师德和专业发展情况；校园及周边安全情况，学生交通安全情况；食堂、食品、饮水及宿舍卫生情况；校风、教风、学风建设情况。

两者的区别与联系：教育督导是国家推进“管办评”分离的重要一环，具有督政、督学、监测评估的职能，而挂牌督导只是教育督导中与“督学”相关的一部分工作。

（二）责任督学的基本职责有哪些？

答：责任督学的基本职责有：

一是对学校依法依规办学进行监督；

二是对学校管理和教育教学进行指导；

三是受理、核实相关举报和投诉；

四是发现问题并督促学校整改；

五是向教育督导部门报告情况，并向政府有关部门提出意见和建议。

（三）《关于深化新时代教育督导体制机制改革的意见》的指导思想、主要目标及“加强对学校的督导”的要求是什么？

答：“一、总体要求（一）指导思想。以习近平新时代中国特色社会主义思想为指导，全面贯彻党的十九大和全国教育大会精神，紧紧围绕确保教育优先发展、落实立德树人根本任务，以优化管理体制、完善运行机制、强化结果运用为突破口，不断提高教育督导质量和水平，推动有关部门、地方各级政府、各级各类学校和其他教育机构切实履行教育职责。（二）主要目标。到 2022 年，基本建成全面覆盖、运转高效、结果权威、问责有力的中国特色社会主义教育督导体制机制。在督政方面，构建对地方各级政府的分级教育督导机制，督促省、市、县三级政府履行教育职责。在督学方面，建立国家统筹制定标准、地方为主组织实施，对学校进行督导的工作机制，指导学校不断提高教育质量。在评估监测方面，建立教育督导部门统一归口管理、多方参与的教育评估监测机制，为改善教育管理、优化教育决策、指导教育工作提供科学依据。……三、进一步深化教育督导运行机制改革。……（八）加强对学校的督导。完善学校督导的政策和标准，对学校开展经常性督导，引导学校办出特色、办出水平，促进学生德智体美劳全面发展。重点督导学校落实立德树人情况，主要包括学校党建及党建带团建队建、教育教学、科学研究、师德师风、资源配置、教育收费、安全稳定等情况。

指导学校建立自我督导体系，优化学校内部治理。完善督学责任区制度，落实常态督导，督促学校规范办学行为。原则上，学校校（园）长在一个任期结束时，要接受一次综合督导。各地要加强对民办学校的全方位督导。”

（四）《深化新时代教育评价改革总体方案》对教育督导的相关要求是什么？

答：“（一）落实改革责任。……教育督导要将推进教育评价改革情况作为重要内容，对违反相关规定的予以督促纠正，依规依法对相关责任人员严肃处理。（二）加强专业化建设。构建政府、学校、社会等多元参与的评价体系，建立健全教育督导部门统一负责的教育评估监测机制，发挥专业机构和社会组织作用。……”

（五）《重庆教育现代化 2035》对教育督导工作要求是什么？

答：“提高政府管理服务效能。……全面深化落实教育督导体制机制改革，完善督政、督学、评估监测‘三位一体’的教育督导制度体系。健全与教育现代化目标相适应的教育督导机构，建设同教育强市地位相匹配的教育督导队伍，全面提升教育督导的专业化水平。强化督政督学，完善区县政府履行教育职责评价制度，健全中小学校管理评价制度，加强督导结果公开和使用，提高教育督导的权威性和实效性。……”

（六）南岸区教育督导工作方略是什么？

答：南岸区教育督导遵循的“三三三”工作方略：“三中心”工作理念，“三维度”工作目标，“三强化”工作举措。

一是“三中心”工作理念：以学生为中心，指导学生健康成长为根本；以教师为中心，引领教师专业成长为方向；以学校为中心，促进学校内涵发展为目标。

二是“三维度”工作目标：以依法依规督评学校办学行为为基点，强化规范办学；以回应需求指导学校内涵发展为重点，着力特色办学；以优化治理构建现代学校制度为亮点，凸显开放办学。

三是“三强化”工作举措：明确工作要求，强化职责履行；创新工作机制，强化片区联动；注重效能考核，强化导向激励。

（七）南岸区校内督导与挂牌督导履职范围有何不同？

答：校内督导统筹学校视导队伍优质资源，结合学校实际，相机开展校本督导、联动督导和需求督导，为精准式挂牌督导提供客观真实的数据与信息。挂牌督导是责任督学以规范学校办学行为“保基本”，与联动片区校内督导互动促发展。

（八）南岸区挂牌督导工作的“五认真、五着力”的要求是什么？

答：责任督学在督导实践中应该遵循“五认真、五着力”的工作要求，即：一是认真听取汇报，着力总结学校工作的做法和亮点；二是认真组织问卷，着力收集原始信息和数据；三是认真组织访谈，着力记录真实的意见及建议；四是认真查阅资料，着力佐证学校工作开展情况；五是认真反馈情况，着力做到客观公正与有效指导。

（九）南岸区教育督学“三多三要”的内涵是什么？

答：督导人员“三多三要”的内涵指的是：要严于律己、博学善思，多建言献策；要敢于担当，不回避问题，多协同参与；要当好现代学校发展的指导者、促进者，多引领示范。

（十）南岸区教育督导责任区和教育督导联动片区的关系是什么？

答：教育督导责任区的基本职责：按区政府教育督导室工作要求，结合五项基本职责和八个经常性督导主题，坚持督促与指导并重，充分履行监督、指导与服务的职能，认真开展经常性督导、专项督导和综合督导，及时了解与掌握学校发展现状，发现问题和不足，提出意见建议。

教育督导联动片区的基本职责：按区教育督导评估中心的要求，加强对片区内督导的组织管理，加强片区示范引领，统筹优质资源，回应片区学校内涵发展需求，强调实地调研，提供区域学校督导决策参考。

两者的联系：在南岸区“一中心两支点”引领下，教育督导联动片区和教育督导责任区形成校内外督导良性互动机制，实现挂牌督导与校内督导“双轮驱动”，凝聚教育督导专业发展合力。

（十一）南岸区责任督学如何读懂学校需求？

答：责任督学读懂学校需求应做到：

一是关注教育动态走向。责任督学应及时关注、了解教育动态及前沿，熟悉热点、难点和重点问题，尤其是教育法律法规、政策方针等。

二是熟悉学校学情、师情、校情。督导前，应主动了解被督导学校的办学理念、课程设置、师资队伍、生源情况、文化环境及特色活动等，分析、探讨学校可能存在的问题或困难，提前做好准备工作。

三是组织开展专项督导。就某一方面开展专项督导，通过校园巡视、资料查阅、问卷调查、人员访谈等方式采集信息，综合分析与诊断得出督导结果，并与之前的结论比对、统整，结合校方督导现场情况说明，读懂学校需求。

（十二）南岸区责任督学挂牌督导确定问卷对象时需注意些什么？

答：确定问卷对象时要注意：首先，要根据调查目的和主题确定问卷调查的对象，尽可能覆盖不同类型的人群，并根据学校教职工人数或学生人数按比例确定问卷调查的应测人数。其次，在确定问卷调查对象时，要尽可能选择合理的抽样方式来保障搜集数据的真实性和有效性，尽可能保证问卷对象覆盖的全面性。

（十三）南岸区责任督学实施访谈的技巧是什么？

答：南岸区责任督学实施访谈的技巧：一是访谈前，责任督学要进行简要的自我介绍，告知受访教师访谈目的，让其放下戒备，拉近彼此距离，轻松访谈。二是访谈中，责任督学的问题要具体化、有针对性，先问一般性问题，再问敏感性问题。要注意重视教师的个体感受，帮助受访教师打消心中顾虑。三是访谈后，要对参与访谈的老师表示谢意，注意素材的收集整理，提取有效信息，印证督导结果。

（十四）南岸区责任督学校园巡视如何以小见大？

答：南岸区责任督学校园巡视是教育督导主要方式之一，通过校园巡视发现学校办学中存在的问题，要善于以小见大，见微知著，通过个别来窥知其全体，透过表象探究其本质，善于在日常的平凡小事中发现某些潜在的规律，透过细小的现象看本质，从而建言改进措施，促进学校发展。

校园巡视中尽量做到“三个注重”：注重从细节中看学校管理的力度、注重从细微中看学校管理的精度、注重从细小处看学校管理的效度，比如在巡视学校厕所是否干净、有无异味中就能反映学校常规管理是否到位、制度执行是否到位等。通过细心督导，帮助学校提炼办学特色和亮点。同时，审慎思考，精准把握学校办学中存在的问题，提出改进意见和建议。

（十五）南岸区责任督学如何辨别督导信息的真实性？

答：教育督导只有“明真情”才能“说实话”。教育督导往往因学校的“高度重视”难以获取“常态化”的办学实情。辨别督导信息的真实性可以从以下几方面着力：一是信息采集手段多样化，听看查访验相结合。二是信息采集方式灵活性，“明察”与“暗访”相结合，实地察看与网络调研相结合。三是信息采集渠道广泛性，校内的师生、家长与校外社区群众的访谈、座谈和调查问卷等多元采集信息的方式相结合。

（十六）南岸区责任督学如何观课、议课?

答：督学观课的目的是既要直观了解学校的课堂教学质量，又要通过对师生课堂教学活动的观察，考察学校管理的实效性。督学观课有别于学科教研员听课，侧重于整体、综合性评价。通过督导教师的教育教学工作，不仅观察课堂教学活动，还要透过教学活动关注教学以外的东西。比如：是否按规定贯彻执行政策法规、是否融合现代教育思想、是否落实课程改革倡导的新教育理念、是否创建与执行相关教育教学管理制度等。

（十七）南岸区责任督学如何高效采集、梳理与汇总督导信息?

答：南岸区责任督学高效采集、梳理与汇总督导信息的做法：

一是读懂指标和细则。责任督学须根据指标要点和细则以更好地采集、汇总信息。

二是熟悉督评工具。责任督学必须熟悉督评工具，包括关注重点、使用说明、填写要求等。

三是明确任务分工。责任督学须任务分工明确，工作流程安排合理，时间分配恰当。

四是多元采集信息。督导中，责任督学要眼观六路、耳听八方，多渠道、多主体采集督导信息。

五是抓住问题关键，及时汇总信息，提出针对性建议。

（十八）南岸区责任督学查阅资料的注意事项是什么?

答：南岸区责任督学查阅资料的注意事项：

一是责任督学根据督导工作的需求，确定查阅资料的内容、时间和地点，并要求学校确定一名具体责任人配合工作。

二是责任督学就学校提供的材料认真进行查阅，查阅过程中，应尊重学校办学特色，不宜公开的信息要严格保密。

三是责任督学对查阅资料的情况进行认真记录。发现问题后，要及时提出意见和建议。必要时，可在督导报告中体现相关的意见和建议，并及时上报区政府教育督导室。

四是尽量使用信息化手段，快速、便捷地多维度采集信息。

（十九）南岸区责任督学反馈交流应该关注的事项是什么?

答：南岸区责任督学反馈交流时应该关注的事项：

一是凡陈述的数据和事实，均要分析原因，提出建议。

二是结合当前教育动态发展趋势，联系学校实际，彰显学校亮点，提炼学校办学经验。

三是态度友善，语言规范，听取学校意见反馈，充分展现责任督学的专业素养和人格魅力，助力学校内涵发展。

（二十）南岸区深化教育督导改革，探索“3+1+2+N”责任督学挂牌督导主题组合模式中的数字、字母具体指什么？

答：南岸区探索创新责任督学挂牌督导八个主题组合模式，坚守精准督导主线，坚持问题导向，提升指导质量，增强兜底保障，着力促进现代学校内涵发展再上新平台。

其中，“3”指的是影响学校规范办学行为的必选式主题，主要有“校务管理和制度执行情况；校园及周边安全情况，学生交通安全情况；食堂、食品饮水及宿舍卫生情况”3个；“1”指的是提升学校教育教学质量的自选式主题，主要从“课程开设和课堂教学情况；学生学习、体育锻炼和课业负担情况；教师师德和专业发展情况”之中任选其一；“2”指的是常态式主题，主要有“招生、收费、择校情况；校风、教风、学风建设情况”2个；“N”指的是督学通过接听电话、接受来访、接收信件等方式，收集到的涉及学校急难险重问题的接诊式主题。

其中，“3+1”代指的主题是责任区全年进校督导4次的保底数据；“2”代指的主题与责任区全年进校督导开展“3+1”主题合并在一起开展挂牌督导，不单独进校施行；“N”是责任区视群众反映学校实际存在问题的情况，据实决定进校挂牌督导的次数。

附件 2

文本例证提供者目录

序号	选用文本名称	文本文体	供稿者	所在单位	选入的章节
1	规范校务管理 强化制度执行	案例	刘思全	茶园教育督导责任区	第三章第一节
2	由投诉电话引起的一次专项督导	案例	何珊	龙门浩教育督导责任区	第三章第一节
3	督课堂教学 促专业成长	案例	王敏	南坪第三教育督导责任区	第三章第一节
4	全面调研 科学服务 建言献策 切实改善学校周边环境——南坪四海小学门口安全隐患的解决	案例	陈竹	弹子石教育督导责任区	第三章第二节
5	聚焦课堂观察 促进教师成长	案例	何琦嫣	南坪第二教育督导责任区	第三章第二节
6	巧用个别访谈 增强督导实效	案例	高红	茶园教育督导责任区	第三章第二节
7	行走在培训班的路上	案例	曾雪梅	南坪第一教育督导责任区	第三章第二节
8	从学生作业中“督”什么?	案例	陈瑜虹	南坪第一教育督导责任区	第三章第二节
9	关于南坪第一教育督导责任区学校“教师师德和专业发展情况”经常性督导报告（2018—2019 学年度下期）（节选）	督导报告	何刚	南坪第一教育督导责任区	第三章第三节
10	茶园教育督导责任区关于“课程开设和课堂教学情况”满意度调研报告（节选）	调研报告	陈瑜虹	茶园教育督导责任区	第三章第三节
11	龙门浩教育督导责任区关于“课程开设和课堂教学情况”满意度调研报告（节选）	调研报告	史健兴	龙门浩教育督导责任区	第三章第三节
12	播撒智慧 共享精彩——做好挂牌督导中的反馈工作	案例	余静	黄桷垭教育督导责任区	第三章第三节

续表

序号	选用文本名称	文本文体	供稿者	所在单位	选入的章节
13	强化师德建设 指导专业成长——“教师师德与专业发展”主题挂牌督导	简讯	罗艳芳	南坪第三教育督导责任区	第三章第三节
14	再见“晓刚”	随笔	史健兴	黄桷垭教育督导责任区	第三章第三节
15	规范电话处置流程 还教师一个清白	案例	何天权	茶园教育督导责任区	第四章第三节
16	重视安全督导 压实安全底线	案例	周晓伍 李平 万夏	龙门浩教育督导责任区	第四章第三节
17	严格制度落实 规范课程设置	案例	杨玲	弹子石教育督导责任区	第四章第三节
18	充分发挥督学职能 助力学校解决问题	案例	李平	龙门浩教育督导责任区	第四章第三节
19	严格制度落实 规范课程设置 ——记对XX中学“校务管理和制度执行情况”主题经常性督导（节选）	案例	杨玲	弹子石教育督导责任区	第六章第二节
20	聚焦教学评一致性 提升课堂教学质量——龙门浩教育督导联动片区需求督导工作报告（节选）	工作报告	郭世群	龙门浩教育督导联动片区	第六章第二节
21	南坪第一教育督导责任区关于“校务管理和制度执行情况”主题的经常性督导报告（2019—2020学年度下期）（节选）	工作报告	何刚 杨薇 赵孝梅 黄利新	南坪第一教育督导责任区	第六章第二节

参考文献

[1] 石灯明 . 我国教育督导制度的发展历史及其经验教训 [J] . 当代教育论坛 .2005（19）：5-9.

[2] 周海涛 , 朱玉成 . 教育督导的国际共性特征和我国变革动向 [J] . 社会科学战线 ,2018（6）：227-236.

[3] 何秀超 . 教育督导推进教育“管办评”分离的思考 [J] . 教育研究 ,2019（2）：124-130.

[4] 董宏燕 . 校内外合力督导助现代学校发展 [N] . 中国教育报 ,2018-05-22（5）.

[5] 汪莉 . 多元主体参与视角下公立中小学治理结构之重塑 [J] . 基础教育 ,2012,9（4）:61-65.

[6] 张国华 . 依法治教　督导是先锋 [N] . 人民日报 ,2012-07-13（18）.

[7] 庞丽娟 . 教育供给侧结构性改革 : 改什么 , 如何改 [J] . 民主 ,2017（10）:10-11.

[8] 姚玉阁 , 于艳东 . 信息化时代下的高校教学督导工作创新研究 [J] . 集宁师范学院学报 ,2019,41（5）:84-87，98.

[9] 窦苗苗 . 高等继续教育发展中的政府督导机制研究 [J] . 当代继续教育 ,2020,38（3）:17-22.

[10] 王道泉 . 关于责任督学履行督导职责的实践探索 [J] . 甘肃教育 ,2019（18）:21.

[11] 蒋保华 . 区域教育治理的“守望者”：南京市秦淮区教育督导坚守与创新之路 [J] . 江苏教育 ,2018（7）:6-14.

[12] 叶仁荪 . 全面深化新时代教育督导体制机制改革　着力推动教育督导“长牙齿”

［J］. 江西教育 ,2020（10）:22-23.

［13］韩烨 . 加强教育督导队伍建设的国际经验与启示［J］. 北京教育 , 2019（8）：98-100.

［14］卢焕雄 . 发展督学素质能力提升教育督导质量［N］. 中国青年报 ,2020-03-09（8）.

［15］程蓓 . 欧洲国家督学队伍培训工作经验及对我国的启示［J］. 外国中小学教育 , 2019（5）：35-41，34.

［16］任友群 . 40 年教育信息化发展“变与势”［J］. 师资建设 , 2018, 31（11）:50-53.

［17］张伟静 . 弹指一挥间 , 中国教育信息化巨变 70 年［J］. 中国教育网络 , 2019（10）：7-10.

［18］包茹华 , 董宏燕 . 激活教育“神经末梢”：南岸创新联动片区机制下校内督导实践研究［M］. 重庆：西南师范大学出版社，2019.

后 记

组织编写《教育治理现代化视域下教育督导责任区督学挂牌督导实践研究——以重庆市南岸区的探索创新为例》一书，是遵照《中国教育现代化 2035》关于“健全教育督导体制机制，提高教育督导的权威性和实效性”规定的重要举措，是贯彻落实中共中央办公厅、国务院办公厅印发《关于深化新时代教育督导体制机制改革的意见》精神的实践探索，更是区域责任督学挂牌督导专业发展的必经之路。

此书由南岸区教育督导评估中心负责组织编写。区委教育工委委员、区教委副主任赵波对本书的编写工作给予了关心、指导与支持。区教育督导评估中心主任董宏燕具体组织、参与和审定全书文稿。其中，第一章编写者为董宏燕、苏婷，第二章、第三章编写者为董宏燕、赵孝梅、李学英、陈瑜虹，第四章编写者为董宏燕、万夏，第五章编写者为董宏燕、史健兴，第六章编写者为董宏燕、陈思思。

参与本书指标实践探索的同志有陈瑜虹、侯兵、周忠玉、周晓伍、杨玲、刘莉、彭晓毅、赵子贵、刘凌缨、黄利新、陈晓红、陈志、余静、何天权、高红等责任督学；参与本书文本例证提供的同志有刘思全、何珊、陈竹、何琦嫣、高红、曾雪梅、陈瑜虹、何刚、赵孝梅、余静、罗艳芳、史健兴、何天权、周晓伍、李平、万夏、杨玲、郭世群、杨薇、黄利新。在此，一并表示衷心的感谢！

如今，本书交付刊印出版是对近年来南岸责任督学挂牌督导主要工作与阶段成效的肯定，是对南岸未来持续深化教育督导专业发展的激励，更是对一批又一批热爱教育事业，钟情于教育督导的同仁们奋发有为、开拓进取的鼓舞！因水平有限，书中难免有不当和疏漏之处，请读者批评指教。

编　者

2020 年 10 月于重庆